KB056044

가치
통섭

가치
통섭

펴 낸 날 2015년 11월 20일

지 은 이   설재풍
펴 낸 이   최지숙
편집주간   이기성
편집팀장   이윤숙
기획편집   윤은지, 주민경, 윤일란
표지디자인 이윤숙
책임마케팅 윤은지
펴 낸 곳   도서출판 생각나눔
출판등록   제 2008-000008호
주   소   서울시 마포구 동교로 18길 41, 한경빌딩 2층
전   화   02-325-5100
팩   스   02-325-5101
홈페이지   www.생각나눔.kr
이 메 일   webmaster@think-book.com

• 책값은 표지 뒷면에 표기되어 있습니다.
  ISBN 978-89-6489-527-6 03110
• 이 도서의 국립중앙도서관 출판 시 도서목록(CIP)은 서지정보유통지원시스템 홈페이지
  (http://seoji.nl.go.kr)와 국가자료공동목록시스템(http://www.nl.go.kr/kolisnet)에서
  이용하실 수 있습니다(CIP제어번호: CIP2015027798).

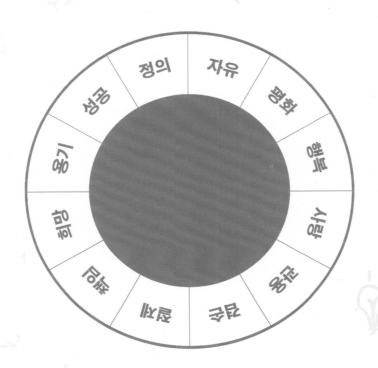

가치 통섭

전인적인 삶을 찾아
비밀의 문을 두드리는 이에게

설재풍 지음

생각나눔

전인적인 삶을 찾아
비밀의 문을 두드리는 **이에게**

어떤 사람이 벽에서 물이 새 들어오는 것을 발견하고 설비가게를 찾아갔다. 그는 가게 주인에게 물었다.

"우리 집 벽에서 물이 새는데 수리해 줄 수 있나요?"

가게 주인은 매우 철학적인 사람이었다. 그는 손님의 말을 다 듣고 나서 다음과 같이 말했다.

"물론 가능합니다. 그런데 댁의 집은 자신의 몸에 낯선 사람이 손대는 걸 별로 좋아하지 않을 겁니다. 어떠세요. 직접 수리해보시지 않겠어요? 원하신다면 제가 그 방법을 알려드리지요."

만약 가게 주인의 제안에 동의한다면
문을 열고 들어오시오.

문을 열며

우리는 가끔 아프리카 초원의 물소를 떠올린다. 굶주린 사자의 공격을 피해 달아나는 물소들, 그들은 사자의 먹이가 되지 않기 위해 무조건 달린다. 달리다가 공격의 화살이 사라지면 달리기를 멈추고 뒤돌아본다. 그리고 다시 무심히 풀을 뜯으며 가던 길을 간다. 한 무리의 사자들에게 뜯어 먹히고 있는 동료의 모습을 외면한 채.

삶의 들판에서 물소처럼 달리다가 뒤돌아본 사람은 이런 질문을 하게 되리라.

아무리 열심히 살아보겠다고 다짐하지만 갈수록 팍팍해지는 이유는 무엇인가?

왜 우리는 그토록 돈을 벌기 위해 몸부림치며 삶을 희생시켜야 하는가?

인간이 인간을 믿지 못해서 방범창을 해야 하는 불신의 사회, 각종 범죄와 폭력들은 잡초처럼 무성하게 자라고 사람들은 심한 스트레스와 각종 병적 징후들에 시달리고 있는 현실.

정녕 우리에게 길은 없는 것인가?
조화롭고 전인적인 삶으로 멋지게 인생을 보낼 수는 없을까?

이 책은 이런 질문들에 답하기 위해 고심한 흔적이다. 물소처럼 정신
없이 달리다가 이게 아닌데 싶을 때, 삶이 버거워 포기하고 싶어질 때,
왠지 모를 분노로 가슴이 벌렁거릴 때, 사회적으로 이상 징후(죄의식 없
는 막가파식 살인, 무책임한 충동 자살, 인간의 존엄을 위협하는 폭력, 자본의 승자 독
식 같은)를 목격할 때…. 누구나 한 번쯤 삶에 대해 본질적인 질문을 던
지며 고민하기 마련이다.

그러나 삶은 영원한 숙제다. 그 답은 오로지 우주정신만이 알고 있을
게 분명하다. 우주정신이 우리에게 보내는 메시지를 이해하지 않고서
삶의 핵심을 논할 수 없다.

그래서 이 책은 거대 담론인 우주 세계로부터 물꼬를 튼다. 사실, 인

간세계는 우주정신의 발현에 불과하다. 우리가 사는 지구는 온우주의 일부이며, 온우주는 우주정신에 의해 창조되었기 때문이다.

온우주를 창조한 우주정신은 오늘도 수많은 정보–에너지를 내보내고 있다. 우리는 우주정신이 보내는 메시지를 읽어내야 한다. 시시각각 파동치는 정보–에너지를 통해서 우리는 우주정신과 교감한다. 이것이 가능한 이유는 온우주에 존재하는 모든 것들의 심연으로 들어가면 정보와 에너지만 남기 때문이다.

우리가 자유, 관용, 희망 등으로 부르는 가치도 실체는 없다. 단지, 정보–에너지 형태로 인식될 뿐이다. 우리는 다만, 정보–에너지들을 다발로 묶어서 가치로 명명한 후 사용한다. 마치 날짜나 시간처럼 우주 세계의 현상을 인문학적 용어로 표현한 데 불과하다. 그러므로 가치는 지극히 인간적이며 우주적이다. 가치는 정보–에너지를 통해서 우주 세계와 인간 세계를 매개한다.

가치에 대한 기존의 통념에 기초하여 이 책을 읽는 사람은 매우 혼란스러울 것이다. 왜냐하면, 이 책은 외계인 이티(ET)처럼 특이한 관점으로 세상을 바라보고 있기 때문이다. 정보-에너지 관점에서 우주 세계와 인간 세계를 이해하고 가치의 세계를 풀어낸 것이 이 책의 특이점이다.

왜 이러한 특이한 시도와 모험을 감행한 것일까?

역사적으로 많은 사람(선각자)들이 삶의 본질을 찾아 실험정신을 발휘하였다. 그들의 지향점은 사랑, 평화, 자유, 행복 같은 주제들이다. 놀랍게도 이것들은 우리가 가치라고 부르는 덕목들이다. 그만큼 가치는 많은 사람의 주요 관심사다.

그렇다면 왜 그토록 많은 사람이 가치에 관심을 가지는 걸까?

가치는 삶의 등불이며 행동의 나침반이기 때문이다. 그것은 우리의 사고방식을 결정하고 행동양식을 지배한다. 우리가 안갯속을 헤맬 때 긍정적 가치는 빛이 되어준다. 선각자들은 긍정적 가치를 조성함으로써 암흑의 세계를 빛으로 채우고자 했다. 그들은 생활의 진보와 정신적 진화를 통해 삶을 완성하길 원했으며 긍정적 가치가 이를 달성할 수 있는 유용한 도구임을 알고 있었다.

그러나 긍정적 가치와 부정적 가치가 공존하는 곳이 우리가 사는 세상이다. 요즘 문제가 되고 있는 병적 징후들의 이면에는 부정적 가치가 도사리고 있다. 우울, 불안, 좌절, 분노 등은 부정적 가치의 종류들이다. 부정적 가치들이 증폭되면 사회적인 문제로 발전할 수 있다. 예컨대, 불특정 다수를 겨냥한 묻지마식 살인은 불안, 좌절, 분노 같은 부정적 가치가 극대화된 결과다. 일부에서는 이에 대처하기 위해 인성교육을 강화해야 한다고 말한다.

그런데 인성교육이란 무엇인가? 인성교육은 덕목교육이며 덕목은 곧 가치이다. 인성교육의 본질에 가치가 숨어있다는 얘기다. 만약 어떤 사람이 인성교육의 방편으로 예절교육을 강화해야 한다고 주장했다면 이때의 예절이란 무엇인가?

가치의 관점에서 보면 예절은 겸손이라는 가치의 하위요소(가치)다. 예절은 독립적인 가치이면서 핵심가치인 겸손의 구성요소 중 하나에 해당한다. 물론, 인성교육에 절대적으로 필요한 요소가 무엇인지에 대해서는 논란의 여지가 많다.

　엄밀히 말해서 온우주에는 헤아릴 수 없이 많은 정보-에너지가 있으며 그것들은 다양한 형태로 묶어서 분류될 수 있다. 정보-에너지의 묶음이 가치이므로 가치 또한 셀 수 없을 정도로 다양하다. 그래서 전인체를 완성하는 데 필요한 최소한의 핵심가치를 추출할 수밖에 없다. 즉, 전인적 인간으로서 성장하는 데 필요한 핵심가치를 추출하여 통합적으로 접근할 필요가 있다. 마치 다양한 음식물을 섭취하도록 하여 영양실조에 걸리지 않게 하듯이 어느 특정한 가치만 주입(교육)해서는 인성교육의 목표를 달성할 수 없다. 한 인간으로서 성숙한 삶을 살기 위해서는 최소한 12개의 핵심가치(자유, 평화, 행복, 사랑, 관용, 겸손, 절제, 책임, 희망, 용기, 성공, 정의)를 고르게 섭취할 수 있도록 도와줘야 한다.

이 책은 이러한 점에 주목하고 특정한 한두 개의 가치가 아닌 가치 세계 전체를 통섭하고자 노력했다. 정보−에너지 관점을 바탕으로 우주 세계로부터 인간세계에 꼭 필요한 핵심가치 12개를 추출하여 체계적으로 엮어보았다.

1부의 이론적 내용은 가치로 집을 짓는 초석이다. 우주, 가치, 인간세계에 대한 혁신적인 시각은 엉뚱하면서도 모종의 연결고리를 찾게 해줄 것이다. 정보−에너지 관점으로 세상을 보면 '따로인 세계'가 '함께의 세계'로 뒤바뀌는 이상한 경험을 하게 된다.

2부부터는 12개의 핵심가치에 관한 상세한 서술로 가치에 대한 실제적인 이해를 높이려 했다. 역설이 가미된 엉뚱한 얘기들은 가치에 대한 실천적 의미를 새롭게 해주리라.

2부 정제군(자유/ 평화/ 행복/ 사랑), 3부 억제군(관용/ 겸손/ 절제/ 책임), 4부 촉진군(희망/ 용기/ 성공/ 정의)의 내용들은 매우 구체적이며 실제적이다.

우리가 우주정신의 축소판이라 하더라도 우리의 발은 지표면에 놓여 있음을 직시해야 한다. 현실을 먹고 사는 우리에게 구체적인 콘텐츠는 중요한 문제다. 이들 콘텐츠는 가치로 지어진 집의 지붕이 될 것이다. 아쉽게도 지붕이 완성되지 않은 가치의 집은 비가 들치고 있다. 그 집안에서 많은 사람들이 조화롭고 전인적인 삶을 구가할 수 있으려면 12개의 프로그램을 짜서 지붕을 얹혀야 한다.

그러나 어찌 한꺼번에 가치의 집이 완성되기를 바랄 것인가? 미완의 부분은 차후의 과제에 속하리라. 언젠가 실제적인 가치 프로그램들로 집이 완성되는 날, '가치의 밭'에서 추수의 기쁨을 함께 누릴 수 있기를 기대한다.

2015. 10월
가치를 심는 사람
설 재 풍

가치 통섭

CONTENTS

문을 열며

 제1부

우주, 가치 그리고 인간

정제군 가치

제1부

우주, 가치 그리고 인간

우주세계
World of the Universe

가치세계
World of value

인간세계
Human World

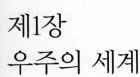

제1장
우주의 세계

World
of the
Universe

우리가 사는 세상은 크게 물질계와 정신계로 구분할 수 있다. 작게는 옷이나 신발, 연필 같은 것들로부터 크게는 건물, 도로 같은 손으로 만지고 볼 수 있는 실체가 물질계다. 이 물질계는 매우 실제적이며 그것들은 하드웨어적인 속성을 지닌다.

이에 비하여 정신계는 생각과 사고를 가능하게 하는 의식의 세계로 모든 정신적 활동의 근원이다. 이 정신계는 보이지 않지만, 물질계의 생성과 운용을 주관하는 소프트웨어다. 말하고, 표현하고, 무언가를 만드는 모든 정신적 활동은 소프트웨어적 성질을 띤다.

말하자면, 우리는 하드웨어와 소프트웨어가 결합한 세계에 살고 있다. 하드웨어는 단순히 컴퓨터 같은 기계의 부속품이나 장치를 의미하지 않는다. 그것은 존재하는 모든 물질로 구성된 세계이다. 오감으로 느끼고, 만지고, 볼 수 있는 실체들의 총칭이 하드웨어다.

소프트웨어 또한 컴퓨터를 구동시키는 프로그램 같은 비물질적인 요소에 국한하지 않는다. 그것은 어떤 물질적 실체를 있게 한 근원으로써 정신적인 요소들의 집합이다. 현존하는 모든 물질세계를 만들고 어떤 현상을 발생시키는 정신적 활동의 주체가 소프트웨어다.

우리의 일상을 들여다보자. 아침에 집을 나서면 버스나 기차 또는 자가용 같은 교통수단을 이용해서 직장에 출근한다. 이런저런 자료나 도구 등을 만지고 사람을 상대하고 점심시간이 되면 식당으로 가서 밥을 먹는다. 일과를 마치면 다시 집으로 돌아오는 하루 생활 자체는 하드웨어(물질)와 소프트웨어(정신)가 결합한 체계이다. 생각하고 움직이는 전 과정이 하드웨어(물질)와 소프트웨어(정신)의 상호 작용이란 말로 압축될 수 있다.

자, 이제 우리의 시선을 지구 밖으로 돌려보자. 광활한 우주 어디선가 전혀 모르는 어떤 생명체도 우리와 같은 세계(하드웨어와 소프트웨어가 결합한)를 누리고 살 것이다. 그 생명체의 모습이나 생활방식 등은 알 수 없더라도 물질계와 정신계로 이루어진 세상에 존재한다는 사실은 분명하다. 물론, 생명체의 의식의 수준도 알 수 없다. 그 생명체의 의식 수준이 굼벵이 수준일 수도 있고, 우리처럼 고등사고가 가능할 수도 있다. 아니면 상상을 초월할 만큼의 지능을 지닐 수도 있다. 하여튼, 우주 공간에 생존하는 생명체는 두 가지(물질과 정신)를 함유하지 않으면 안 된다. 도대체 왜 그럴 수밖에 없는 걸까?

이유는 간단하다. 우주 자체가 물질계와 정신계로 이루어져 있기 때문이다. 우리가 살고 있는 지구, 그리고 태양, 수많은 행성과 항성들, 무수한 은하. 아직도 찾지 못한 별들이 있는 이 우주는 고체, 액체, 기체 같은 다양한 물질로 구성되어 있다. 이 물질들은 우주를 구성하는 하드웨어를 만드는 요소다. 만약 이들 요소가 작용하여 물질계인 하드웨어가 만들어지지 않으면 우주 안의 모든 생명체는 생존이 불가능하다.

그런데 우리는 의문을 품게 된다. 너무나 정교하게 만들어진 우주의 체계와 질서의 근원은 무엇인가? 이 물음을 해결하기 위해 오늘도 수많은 과학자와 연구자들이 허블 망원경을 들여다보고 있다. 아직도 새로운 별을 발견하고 있고, 만유인력 같은 우주의 법칙을 찾아내고 있지만, 도대체 무엇이 이러한 현상들을 만들어내는지에 대한 의문은 풀리지 않고 있다. 아마 이것은 영원히 풀리지 않는 숙제일 것이다. 우리가 나 자신의 정신세계를 볼 수 없듯이 이 우주의 물질계를 만들어내는 정신계도 볼 수 없기 때문이다.

그러나 볼 수 없다고 해서 존재하지 않는 것은 아니다. 우리가 생각하고 말하지만, 생각의 실체를 볼 수 없는 바와 같다. 비록 볼 수 없지만, 우주의 물질계를 만들어내는 정신은 존재한다. 마치 우리의 정신세계처럼 우주에도 정신계가 존재한다는 말이다. 즉, 그것은 우주 생성의 소프트웨어다. 이 우주의 소프트웨어는 보이지 않지만, 우주의 하드웨어와 쌍벽을 이루는 중요한 요소다.

우리는 우주의 소프트웨어에 의해 창출된 하드웨어 덕분에 숨을 쉴 수 있다. 우리가 사는 세상은 거대한 우주 체계의 일부이다. 그만큼 우주의 소프트웨어와 하드웨어는 본질적으로 우리의 삶을 지배하고 있다.

우리의 생살여탈권을 지닌 소프트웨어를 '우주정신'이라 명명하고, 그 실체인 하드웨어를 '온우주'라고 부르자. 우주정신과 온우주는 우주라는 형체를 이루는 두 가지 축이다. 마치 우리 몸이 정신과 육체로 이루어져 있듯이 우주도 우주정신과 온우주로 구성되어 있는 것이다.

소프트웨어와 하드웨어의 결합체인 우주 40

우 주 = 우주정신(소프트웨어) + 온우주(하드웨어)

  그런데 우리는 우주정신을 볼 수 없다. 분명히 존재하는데 어떻게 그것을 확신할 수 있단 말인가? 과학이 발달한 오늘날, 조금씩 그 비밀이 풀리고 있지만 확실한 답은 없다.

  그러나 우리는 육체와 정신의 관계를 경험적으로 알고 있다. 육체가 아프면 마음도 아프고, 마음이 아프면 육체가 아프다. 즉, 정신계와 물질계는 서로 긴밀히 연관되어 있다. 그 사람의 정신을 알려면 육체를 보면 되고, 육체를 보면 정신을 알 수 있다. 물론, 전부를 다 알 수는 없다. 그렇지만 어떤 사람의 얼굴이나 몸가짐을 보면 대개는 어느 정도 감을 잡는다. 그 사람이 어떤 사람인지.

  우주도 마찬가지다. 우주정신을 알려면 온우주를 알면 된다. 그것이 가능한 이유는 정신이나 물질이나 근본적으로 파고들면 정보와 에너지로 구성되어 있기 때문이다. 정보와 에너지는 정신계와 물질계의 공통분모이다. 정신이 보이지 않는 정보와 에너지로 이루어져 있듯이 물질도 잘게 쪼개서 극도로 세분화하면 최종적으로 정보-에너지의 형태만 남는다.

2. 정보와 에너지

1) 정보와 에너지의 개념

정보는 동양철학 성리학(性理學)에서 말하는 이(理)와 유사한 개념으로 어떤 속성을 띠도록 이미 정해져 있는 본질적인 성질이다. 동양철학의 이기론(理氣論, 사물의 현상을 이와 기로 설명하는 학설)에서는 사물에 들어 있는 원리나 이치 같은 형이상학적 개념으로 이(理)를 파악하지만, 우주에 존재하는 모든 만물을 분석해보면 그것은 곧 정보이다.[30] 말하자면 분자나 원자 또는 아원자(중성자, 양성자, 전자, 아직 밝혀지지 않은 어떤 물질) 속에 들어있는 정보에 따라 사물은 현상학적으로 존재한다. 어떤 사물도 정보 없이 존재할 수 없고 기능하지 못한다.

따라서 정보는 필연적으로 내재한 생래적 요소이다. 이것은 이(理)처럼 사물을 생성하는 근원적 원리이다.

이러한 정보는 혼자서는 움직일 수 없고 반드시 에너지를 동반하여 작용하는 특성을 지닌다. 에너지는 동양철학에서 기(서양의 ether, 인도의 prana와 유사개념)로 표현되고 있으며, 어떤 속성을 표출하게 하는 힘을 지니고 있다. 즉, 원리나 이치(정보)를 현실화시키는 추진제 역할을 하는 것이 기(에너지)이다. 기(氣)가 발동하면 양(陽)이 생기고, 기(氣)가 고

요하면 음(陰)의 기운이 돈다. 이러한 기(氣)의 작용에 의해 우주 만물이 탄생한다.[30]

기(氣)가 우주 만물 속에 들어 있는 이(理)를 발현하여 실체화시키는 질료로서 기능하는 것처럼 에너지 또한 사물 속에 본래 들어있는 정보를 드러내는 실제적 인자이다. 즉, 에너지는 기(氣)처럼 만물 생성의 원리인 정보(이, 理)를 가시화시키는 주제자로 시간과 공간의 제약을 받으면서 인식 가능한 현상들(온우주에 존재하는 물질, 인간의 삶과 감정 등)을 만들어낸다.

2) 정보와 에너지의 관계

동양철학에서는 우주 만물 생성의 원리를 이(정보)와 기(에너지)로 분리해서 보는 입장(이기이원론, 理氣二元論)과 합일해서 보는 입장(이기일원론, 理氣一元論)이 있지만, 이(정보)와 기(에너지)의 관계는 선후, 경중을 따질 수 없다.

예컨대, 태양 속에는 세상에 밝음을 주고 생명체의 성장을 돕도록 하는 정보(이)가 들어 있으며, 그것은 빛과 열이라는 에너지(기) 형태로 존재한다. 만약 태양 속에 핵융합을 가능하게 하는 정보가 없으면 태양 빛과 태양열은 생성되지 않는다. 반대로, 태양 빛과 열이 없다면 이와 관련된 정보 또한 존재하지 않는다. 따라서 정보와 에너지는 상보적인 관계이다.

정보의 보고인 컴퓨터를 생각해보자. 컴퓨터는 짧은 순간에 엄청나게 많은 정보를 처리하고 저장한다. 컴퓨터를 사용해 본 사람은 알 것이다. 시간이 지나면서 컴퓨터(본체, 모니터 등)가 뜨거워지고 있다는 점을. 정보처리로 뜨거워진 컴퓨터를 식히기 위한 팬이 내장되어 있을 정도다. 컴퓨터가 전자나 전기적 신호로 정보를 처리할 때 (+), (−)전기적 에너지에 의해서 열이 발생하기 때문이다. 만약 열이 발생하지 않는다면 컴퓨터의 기능은 정지되고 만다. 이처럼 정보(이)와 에너지(기)는 거의 동시적이다. 정보가 움직이기 위해서는 에너지를 필요로 하고, 에너지 속에는 정보가 담겨있다.

정보와 에너지 관계를 보여주는 컴퓨터 41

장미꽃이 아름답게 피어나기 위해서는 이들 정보−에너지가 상호작용해야 가능하다. 장미꽃의 씨앗 속에는 이미 장미로 자라도록 정해진 정보(이)가 있다. 그래서 장미꽃은 장미꽃이지, 국화나 개나리 같은 다른 꽃으로 변질될 수 없다. 장미를 어디에 심든지 그것은 장미꽃으로 피어나도록 운명 지어졌다. 우주정신이 이미 그렇게 되도록 정보를 이식해 놓은 것이다.

그런데 동일한 장미꽃 씨앗을 심어도 모두 똑같이 아름답게 피어나는 것은 아니다. 어떤 장미는 정말 탐스럽고 아름답게 꽃봉오리를 맺지만, 어떤 장미는 그렇지 않다. 왜 그럴까? 그것은 에너지(기)의 차이 때문이다. 장미가 피어나기(정보의 발현) 위해서는 영양분(에너지)이 필요하다. 알다시피 햇빛, 물, 토양, 공기 속에 들어 있는 에너지로부터 성장에 필요한 영양분을 얻어야 한다. 이들 환경적 요소들은 장미꽃이 스스로 영양분(에너지)을 만들도록 촉진하는 역할을 한다. 장미꽃 씨앗 속에는 이미 성장에 필요한 기본적인 영양분(에너지)이 내재해 있지만, 외부환경으로부터 공급받는 에너지에 따라 성장에 차이가 난다.

이와 관련하여 흥미로운 실험결과[99]가 눈에 띈다. 우주에서 수경 재배한 호박이나 오이, 고추가 지구에서 발아시킨 동일 품종의 그것보다 3배 이상 큰 성장을 보였다는 것이다. 지구와 다른 우주 공간의 환경(햇빛, 물, 공기, 무중력, 가스와 먼지 같은 물질 속에 들어 있는 에너지)이 이러한 차이를 만들었다고 할 수 있다. 즉, 지구뿐만 아니라 우주의 환경에 따라 생명체의 성장에 차이가 있음을 암시해준다.

우리는 이 실험의 결과로부터 지구에 생존하는 동식물의 성장이 지역적으로 차이가 발생하듯이 우주에서도 똑같은 현상이 발생하리라 예측할 수 있다. 아마 우리가 모르는 미지의 우주별 속에는 상상할 수 없을 정도의 거대한 생명체(또는 미세한 생명체)가 존재할지 모른다.

이렇듯 우주정신은 정보와 에너지를 하나의 쌍으로 엮어서 온우주 공간에 뿌려놓았다. 그래서 정보가 있는 곳에는 에너지가 존재한다.

하찮은 돌멩이를 떠올려 보자. 돌멩이 속에도 정보가 있다. 돌멩이가 화강암이라면 화강암으로 존재하도록 하는 정보, 즉 분자, 원자, 아원자 등의 물리적인 구조로 이루어져 있고, 이들 구조는 화강암이 지구뿐만 아니라 온우주를 구성하는 물질이라는 정보를 담고 있다.

그런데 이 돌멩이 속에도 에너지가 있다. 물론, 무생물이기 때문에 자의적으로 에너지를 생산하거나 방출하지 못한다. 이들 무생물은 외부의 자극(에너지)을 매개로 자신이 지닌 에너지를 발산할 수 있다. 칠보석이나 맥반석 같은 돌멩이는 건강에 좋은 에너지를 발산하여 치료제로 쓰이기도 하지 않던가. 물론 무생물이기 때문에 관찰하기 어렵지만, 어떤 형태로든지 정보-에너지의 흐름은 존재한다.

36가지 에너지를 방출하는 칠보석과 혈을 풀어주는 락듐엑티브를 발산하는 맥반석 42

정보와 에너지의 관계를 좀 더 이해하기 쉽게 바나나를 예로 들어보겠다. 중간크기의 바나나 한 개(126g)에는 탄수화물 29g, 식이섬유 4g, 당분 21g, 단백질 1g, 칼륨이 450g 정도 함유되어 있다[88]. 이들 성분은 바나나를 구성하는 정보이다. 그리고 이들 성분을 세분화하면 분자에서 원자, 양자 알갱이까지 파고들어 갈 수 있다. 예컨대, 탄수화물을 이루는 분자-원자-아원자, 식이섬유와 당분을 구성하는 분자-원자-아원자 같은 각각의 정보들이 바나나를 생성한다.

가치
통섭

그런데 이러한 정보를 지닌 바나나는 110Kcal 열량을 가지고 있다. 이 열량은 곧 에너지이다. 126g의 바나나 한 개 속에는 110Kcal의 에너지가 들어있는 셈이다. 이 에너지는 바나나 자체에 이미 존재하며 동물이 섭취할 경우 그의 몸속에 110Kcal의 에너지가 이동하게 된다. 물론 바나나를 먹는 동물은 바나나의 에너지뿐만 아니라 정보(구성 성분)도 함께 섭취하게 된다.

이 밖에도 정보-에너지의 상관관계를 보여주는 예는 얼마든지 있다. 식물에 시끄러운 록 음악과 잔잔한 클래식 음악을 들려주게 되면 클래식 음악을 들은 식물들이 더 잘 자란다. 왜 그럴까? 음악이라는 정보 속에도 에너지가 들어있기 때문이다. 우리가 멋진 음악을 듣고 기분이 좋아지는 이유도 음악의 정보 속에 들어있는 에너지 덕분이다. 음악뿐만 아니라 종이에 적힌 글씨에도 정보-에너지가 있어서 '너는 멋진 나무다' 같은 긍정적인 표현이 적힌 글씨를 보여줘도 나무가 잘 자란다고 하니 신기한 일이다.

3. 정보와 에너지의 이동

우주정신이 지닌 정보와 에너지는 파동(주파수)의 형태로 이동한다. 모든 정보와 에너지는 그 자체로는 이동할 수 없고 파동을 동반한다. 말하자면 파동은 정보와 에너지를 운반하는 추진체이다. 우주정신에 따라 필요한 곳에 정보와 에너지를 실어 나르는 역할을 파동이 한다.

따라서 정보가 움직이고 에너지가 파생될 때는 파동이 일어난다.

파동은 공간이나 물질의 한 부분에서 생긴 주기적인 진동이 시간의 흐름에 따라 주위로 멀리 퍼져나가는 현상으로 흔히 주파수로 표기된다. 주파수는 전파가 공간을 이동할 때 1초 동안에 진동하는 횟수를 말하며, 전자파의 존재를 실험적으로 증명한 독일의 과학자 헤르츠(H. R. Hertz)의 이름을 따서 Hz라는 단위를 사용하고 있다. 온우주에 존재하는 모든 사물에는 정보-에너지가 있고, 그것들의 움직임에는 고유의 주파수가 있음이 실증되었다.

파동에 의한 정보-에너지의 이동에서 가장 주목해야 할 점은 '주파수 동조현상'이다. 주파수가 동일한 정보-에너지끼리 연결된다는 단순한 논리이다. 온우주에 있는 수많은 사물은 주파수가 일치하는 것과 교류하게 되어 있다고 한다.

물을 이용한 실험을 실시했던 에모토 마사루의 얘기가 실증적인 사례가 될 수 있다.[12] 그에 의하면 '감사', '사랑'이라는 긍정적인 말은 물의 결정체를 정육면체로 만들지만, '망할 놈', '죽여버릴 거야' 같은 부정적인 말은 찌그러지고 흉한 모양의 결정체를 만들어낸다는 것이다. 말 대신 글씨를 써서 물에 보여주더라도 비슷한 결과가 나왔으며, 심지어 들려주는 음악에 따라서 결정체가 달라졌다고 한다.

우리가 알고 있다시피 말이나 글, 또는 음악 같은 것에는 정보와 에너지가 들어있다. 우리는 그것들에 들어 있는 정보에 따라 생각하는 한편, 그것들이 가진 에너지에 따라 어떤 감정을 경험한다. 우리가 좋은 말과 글, 음악을 들으면 기분이 좋아지는 이유는 그것들의 긍정적인 정보-에너지와 마음속의 긍정적 정보-에너지가 서로 교류하기 때문이다.

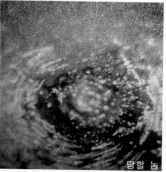

고맙습니다   망할 놈

정보와 에너지로 교감하는 물 43

에모토 마사루의 실험이 의사 과학적 측면(객관적으로 충분히 입증되지 않은)이 있지만, '주파수 동조현상'을 이해하는 데 도움을 준다. 그의 실험에서 객관적으로 설명할 수 없는 공명 현상이 발생한 까닭은 무엇일까? 우리는 물의 특정 정보-에너지가 말과 글, 음악 등의 특정 정보-에너지와 연결되어 교류했기 때문에 그와 같은 결과가 나왔다고 유추해 볼 수 있다. 따라서 우리는 인간적 용어를 사용하여 다음과 같은 결론을 얻게 된다(긍정적. 부정적이라는 표현은 인간 중심적인 용어로 우주 현상을 과학적으로 기술하는 단어가 아님).

첫째, 긍정적인 정보-에너지와 긍정적인 정보-에너지는 서로 연합된다.

둘째, 부정적인 정보-에너지와 부정적인 정보-에너지는 서로 연합된다.

셋째, 긍정적인 정보-에너지와 부정적인 정보-에너지는 서로 연합하지 않고 교차한다.

우주정신은 모든 만물을 탄생시키는 근원으로서 우리가 흔히 말하는 신과 같은 역할을 한다. 신과 같은 세계는 보이지 않지만, 분명히 존재하며 우주 만물을 창조하고 주관한다. 마치 태풍의 눈처럼 그 자체는 비어 있되 채워져 있다. 그것은 우주 만물을 주관하는 정보와 에너지를 가지고 있지만, 그 자체로는 특정한 모습이 없다. 말하자면 공(空)의 세계이다. 공의 세계에 있는 우주정신은 정보, 에너지 자체이다. 우주정신은 정보와 에너지를 통해서 자기 뜻을 구현한다. 그리고 정보-에너지의 전달과 이동은 파동(주파수)의 형태로 이루어진다.

파동치며 이동하는 정보와 에너지는 온우주를 있게 한 원초적 형질이다. 이것은 우주정신의 소프트웨어적 언어라 할 수 있다. 우주정신은 정보-에너지 형태로 프로그램되어 있으며, 프로그램에 따라 물질계인 온우주가 생겨났다. 말하자면 온우주는 우주정신을 구현하는 하드웨어이다. 하드웨어인 온우주 안에 존재하는 모든 것들은 물질적이면서 동시에 정신적이다. 우주정신에 의해 태어난 물질계는 우주정신이 지니고 있는 정보-에너지(소프트웨어)의 결과이기 때문이다.

가장 큰 온우주는 그 자체로의 정보와 에너지를 가지고 있으며, 그 안에 속한 은하 역시 그 자체로의 정보와 에너지를 지니고 있다. 마찬가지로 은하계 안에 속해 있는 항성계나 행성계 역시 그 자체로의 정보와 에너지를 지닌다. 그리고 행성에 존재하는 사물이나 생명체 역시 그 자체의 정보와 에너지를 가지고 있다. 생명체 안에 있는 세포나 조직, 핵 등의 구조들도 그 자체의 정보와 에너지를 지닌다.

말하자면, 온우주는 위계적으로 존재하고 있다. 핵이나 원자 같은 가장 작은 단위로부터 가장 큰 온우주까지 체제적으로 관계를 맺고 있다. 상위 체제는 하위 체제의 정보와 에너지를 내포하면서 그 자체의 정보와 에너지를 지닌다. 즉, 하위 체제를 내포하면서 그 하위 체제를 초월하는 자신의 정보와 에너지를 가지고 있다. 이것은 곧 각각의 체제 속에 우주정신이 들어 있음을 의미한다.

이러한 체제적 위계 구조는 우주정신을 알기 위해서 굳이 지구 밖으로 뛰쳐나갈 필요가 없다는 사실을 깨닫게 해준다. 우리 자신의 몸을 살피거나 지구 안에서 일어나는 현상을 탐구해도 우주정신을 만날 수 있다.

중국 송나라 때의 유학자인 정이천도 '일물(一物)의 이(理)는 곧 만물 (萬物)의 이(理)다'라는 유명한 명구를 남겼다.[30] 그에 의하면 일물(一物)에는 일물(一物)의 이(理)가 있고 일사(一事)에는 일사(一事)의 이(理)가 있듯이 이(理)는 어느 때 어느 곳이나 존재한다.

우주정신도 이와 같아서 주변의 소소한 사물이나 일상 속에 있다. 우리가 생활하는 공간은 체제적으로 온우주의 일부분이기 때문이다.

정 보	온우주	에너지
정보	은하계	에너지
정보	행성계	에너지
정보	생물계	에너지
정보	세포	에너지

위계적인 정보와 에너지로 조직된 온우주

1) 창조의 원리

우주정신은 자신을 스스로 창조하는 자유의지를 지니고 있다. 자신의 필요에 따라 새로운 정보와 에너지를 생성한다. 그리고 새로운 정보와 에너지에 따라 새로운 물질계가 탄생한다. 우주정신 자신이 창조의 원리에 따라 온우주를 탄생시켰듯이 창발성은 우주정신의 가장 근본적인 특성이다.

최초에 온우주가 대폭발로 탄생한 뒤 온우주에 흩어진 성간물질(대부분 가스와 먼지로 이뤄진 것으로 에테르 또는 에너지 장이란 말로 표현하기도 함)이 별의 탄생에 직접적으로 관련되어 있음이 밝혀졌다. 이 성간물질은 온우주에 무한히 퍼져있으면서 이들 사이에 밀도의 차가 발생하면 회전현상이 일어난다. 질량의 차이가 클수록 회전하는 속도는 빨라지는 반면, 중심부는 수축하고 이 수축현상으로 인해 대단히 많은 에너지가 발생한 결과 새로운 별이 탄생한다는 것이다.

아마 지금 이 순간에도 은하계의 별들 사이에 분포하고 있는 성간물질이 응집되어 새로운 별들이 탄생하고 있을지 모른다(주로 은하계의 변두리에서 신생별이 탄생한다고 함).

대표적인 학설인 빅뱅이론에 의하면 우리가 사는 태양계도 대폭발로 생긴 성간물질이 먼저 태양을 만들고 남아있는 잔여 물질로 행성들을 만들었다고 한다. 우리 은하계만 해도 천억 개의 별이 있으며 태양계는 중심이 아닌 변두리에 속한다고 하니, 우주정신의 창조력은 도저히 상상이 가지 않는다.

이렇듯 우주정신의 정보-에너지는 임계점(임계온도, 임계밀도, 임계압력 등)에 있는 특정한 상황에서 새로운 질서와 구조를 만들어내는 놀라운 능력을 발휘한다. 임계점은 특정한 조건이 갖춰지면 기존의 형태와는 전혀 다른 질적 변화를 가져오는 전환점이다. 예컨대, 전기 포트에 물을 끓일 경우를 생각해보자.

전기 포트 안에 계속 열이 가해지더라도 쉽게 끓지 않던 물이 100℃에 도달하면 갑자기 끓기 시작한다. 우리가 이미 알고 있는 바와 같이 물은 99℃가 되도 끓지 않는다. 반드시 100℃에 도달해야 끓는다. 물에 있어서 100℃는 액체에서 기체로 질적 변화를 가져오는 전환점이다. 바로 이 전환점을 임계점이라 부른다.

우주정신은 임계점을 설정해 놓고 어떤 조건이 임계에 달하면 물질이나 생명체가 탄생할 수 있는 구조를 만들어 놓았다. 그러므로 적당한 습기와 온도, 공기 등이 갖춰지면 이들 환경에 작용하는 정보-에너지가 박테리아 같은 생명을 탄생시킬 수 있는 것이다.

하나의 예를 들면, 높은 열로 가열한(일종의 소독) 바다 모래와 스테로이드, 그리고 증류수가 든 시험관 속의 끈적이는 액체 속에서 나뭇잎이나 백혈구 또는 적혈구 모양의 미생물을 발견했다는 실험결과가 있다.[99] 물론, 모든 실험과정은 진공상태에서 이뤄졌다. 외부에서 어떠한 생명체가 침투될 수 없는 상태에서 불과 5일 만에 다양한 생명체가 탄생했다고 한다. 쉽게 믿기 어려운 실험결과로부터 우리는 우주정신의 창조성을 읽을 수 있다.

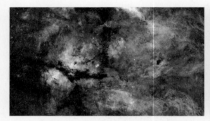

온우주 창조물질인 가스와 먼지 44　　　　　빅뱅에 의한 우주 탄생 45

2) 변화와 성장의 원리

우주정신의 본질적 특징은 자기실현을 지향한다는 점이다. 자기실현의 과정은 변화와 성장의 연속이다. 온우주가 지금도 팽창하고 있듯이 모든 생명체는 목적 지향적으로 발전한다. 맹목적이고 우연히 진화하는 것이 아니라, 우주정신의 뜻에 따라 정교한 정보—에너지 체계를 갖춘 구조로 발전한다. 거대한 은하도 서로 부딪혀 대폭발을 일으키거나 하나로 합해져서 더 큰 은하로 발전하고, 온도가 높은 희고 푸른색 별은 점점 커지면서 붉은색 별로 변한다.

'10년이면 강산도 변한다'고 했다. 물이 흘러 계곡이 생기고 토양과 바위가 깎여 지형지물이 변한다. 무생물도 변화하는데 생물은 어떻겠는가?

생물 역시 세포의 수가 많아지고 복잡해지는 과정에서 변화와 성장을 경험한다. 줄기세포가 각종 장기로 분화되어 성장하는 과정은 신비 그 자체다. 세포 증식에 의한 생물의 발육은 변화와 성장의 원리에 따른 것이다. 새싹에서 시작된 나무가 자라 꽃을 피우고 열매 맺기까지의 과정도 변화와 성장의 원리를 직접적으로 보여준다.

이러한 변화와 성장의 원리에서 주목할 점은 '적응 유연성'이다. 모든 생명체는 변화와 성장을 위하여 환경에 적응하고 유연해질 필요가 있다. 만약 '적응 유연성'이 부족하다면 변화를 통한 성장은 원활하게 이루어지지 않는다. 온우주 자체가 변화하므로 생명체 역시 변화하지 않고서는 생존을 기대할 수 없다. 변화된 환경에서 생존 가능성이 높은 생명체일수록 매우 적응적이고 유연하다.

유명한 다윈의 '적자생존의 법칙'이 성립하는 이유도 바로 이 '적응 유연성' 때문이다. '적응 유연성'은 변화와 성장을 촉진하는 호르몬과 같다. 생명체는 '적응 유연성' 기제를 통하여 변화와 성장을 가져오고, 개체들의 변화와 성장은 온우주의 진보로 이어진다.

변화와 성장을 도모하는 생명체 46

3) 순환의 원리

우주에 있는 모든 정보와 에너지는 상호 교류와 순환을 한다. 온우주의 정보와 에너지는 은하계로 은하계의 정보와 에너지는 행성계(항성계)로 행성계의 정보와 에너지는 그 안에 속한 모든 사물이나 생명체의 정보와 에너지로 흐른다. 반대로, 행성계에 속한 사물이나 생명체의 정보와 에너지는 그 위 단계의 체제를 포함한 온우주로 순환한다.

순환의 법칙에 의해 정보와 에너지는 사라지지 않고 온우주에 분포하게 된다. 비록 물질의 형상이 사라질망정 그가 지니고 있는 정보-에너지는 없어지지 않고 우주정신에 귀속된다.

낙엽(분자, 원자, 아원자가 지닌 정보와 에너지)이 땅에 떨어져 거름(낙엽의 분자, 원자, 아원자가 분해되어 형성된 정보와 에너지)이 되고 거름은 새로운 씨앗의 자양분이 되지만, 본질적으로 정보-에너지는 없어지지 않는다. 우리가 매일 마시는 물도 마찬가지이다. '물-수증기-구름-비-물'의 순환과정에서 물과 관련된 정보-에너지의 형태만 바뀌지 물을 있게 한 정보-에너지 자체는 사라지지 않는다.

이것은 마치 에너지 보존의 법칙과도 같다. 에너지의 형태만 바뀌지, 본질적으로 그 양은 변하지 않는다는 물리학의 법칙 말이다.

에너지 보존법칙: 위치에너지-운동에너지 47   에너지 보존법칙: 화학에너지-빛에너지 48

순환의 법칙은 미시체계인 원자의 구조를 보아도 알 수 있다. 원자의 핵 주변을 도는 전자들은 정지되어 있지 않고 끊임없이 원을 그리며 순환하고 있다. 거시체계인 태양계 역시 태양을 중심으로 행성들이 원을 그리며 돌고 있으며, 태양 자체도 고정되어 있지 않고 27일 주기로 자전을 한다(태양은 유체이기 때문에 위도별로 조금씩의 차이가 생긴다. 적도가 약 23일~25일, 75°가 30일~33일, 극지방이 35일 정도의 주기를 가진다. 그런데 실제 지구도 태양과 같은 방향으로 자전을 하므로 지구의 적도에서 볼 때 대략 27일 정도의 주기가 생긴다).

이렇게 자전하는 태양도 거시적 안목으로 보면 은하계를 중심으로 돌고 있으며(초속 200Km), 은하계나 은하단도 회전하며 이동하고 있음(초속 600Km)이 관찰되었다[106]. 이 순환의 법칙은 물질 구성의 기초 단위인 원자로부터 온우주에 걸쳐 일어나는 일반적인 현상이다.

마찬가지로 태어난 모든 생명체도 언젠가는 죽게 되며, 죽음과 동시에 그의 육체와 정신은 물질세계(온우주)와 정신세계(우주정신)로 각각 돌아간다. 즉, '탄생－변화와 성장－죽음'의 구조 속에 들어 있는 정보－에너지는 반복적으로 순환한다.

태양계 행성들의 순환 49

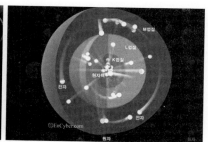

원자 내 전자들의 순환 50

현재의 사물과 현상들은 과거의 그것으로부터 영향을 받았으며, 또 미래의 그것들에 영향을 미칠 것이다. '과거－현재－미래'라는 시간의 개념이 비록 상대성(수성의 1년은 88일, 하루는 58.7일이며 금성의 1년은 224.7일, 하루는 243일이다. 지구와 비슷한 화성의 1년은 687일, 하루는 24.6시간이며 목성은 1년이 12년, 하루가 10시간이다. 또한, 토성, 천왕성, 해왕성은 1년이 각각 29.5년, 84년, 164.8년이고 하루가 10.7시간, 17시간, 16시간이다.[25])을 지니지만, 시간에 따라 흐르는 정보−에너지는 연속적이다.

논란이 되고 있는 진화는 정보−에너지의 연속적인 흐름에 기인한다. 현재의 생명체 형태는 과거의 그것에 내포된 정보−에너지가 변증법적으로 발전한 결과이며, 미래의 그것은 현재의 정보−에너지가 변증법적으로 발전한 결과이기 때문이다.

6. 우주정신과의 소통

우주정신 세계에는 크게 두 가지 정보−에너지 장이 있다. 하나는 긍정적인 정보−에너지 장이며, 다른 하나는 부정적 정보−에너지 장이다. 밝음과 어둠, 생산과 파괴, 질서와 무질서 등의 정보−에너지 장들이 혼재되어 있다. 우주정신은 전적으로 긍정적인 정보−에너지 장으로 구성되어 있다고 속단하기 쉽지만, 자세히 보면 그렇지 않다는 사실을 알 수 있다.

온우주에 있는 절반 이상의 별들은 북두칠성의 미자르처럼 외성이 아니라 쌍성 이상이다. 쌍둥이별들은 밝은 별과 어두운 별이 서로 쌍을 이루면서 밝았다가 어두워지는 변광성을 이룬다. 서로 마주 보고

가치
통섭

돌다가 어느 한쪽 별이 다른 쪽 별을 가리면 '식'이 일어나서 어둡게 보인다. 이러한 식변광성의 대표적인 별이 페르세우스 자리의 알골(악마)이다.

이와는 달리 카페이드 맥동변광성은 별이 소멸하는 과정에서 스스로 축소와 팽창을 반복하여 밝음(더워짐)과 어둠(차가워짐)이 생긴다.[25] 거대한 성운도 오리온 대성운 같은 밝은 성운이 있는가 하면 말머리성운 같은 암흑 성운이 있다. 지구에도 낮(밝음)과 밤(어둠)이 있지 않은가.

오리온 대성운51

말머리성운52

그리고 태양은 지구에 있는 생명체를 성장하게 하는 유용한 빛을 주지만, 피부암을 일으키는 자외선이나 전자기파의 혼란을 초래하는 태양풍(플레어)도 함께 보낸다. 별은 태어나지만, 때가 되면 대폭발을 일으키며 파괴된다. 이렇듯 생산과 파괴는 함께 공존하고 있다.

온우주가 만유인력 같은 일정한 질서에 따라 움직이지만, 무질서도 존재한다. 태양계만 해도 화성과 목성 사이에 있는 소행성과 혜성들이 궤도를 이탈하여 무작위로 달려들어 다른 행성을 위협하기도 한다. 이미 정설로 받아들여지고 있는 공룡의 멸종 원인도 소행성의 무질서 운동에 따른 충돌의 결과이다. 온우주에는 무질서하게 돌아다

니는 먼지와 가스 등으로 가득하다는 사실도 이미 밝혀졌다.[25]

이렇듯 서로 상반된 현상들이 공존하는 세계가 온우주이다. 그리고 그것은 긍정과 부정을 조합하여 중립을 지향하는 우주정신의 뜻에 의한 것이다. 이것은 부정적인 현상에는 부정적인 정보–에너지가, 긍정적인 현상에는 긍정적인 정보–에너지가 들어 있다는 의미이기도 하다(부정적, 긍정적이라는 용어는 온우주의 현상을 인간적으로 이해하기 쉽게 사용한 것에 불과함).

긍정이든 부정이든, 각각의 장에서는 파동을 일으켜야 정보–에너지의 이동이 있게 된다. 우리가 긍정적인 주파수를 날리면 긍정적인 정보–에너지 장이 발산하는 주파수와 만나게 되고, 반대로 부정적인 주파수를 날리면 부정적인 정보–에너지 장이 발산하는 주파수와 만나게 된다.

이러한 주파수의 일치에 따라 서로 연결되고 연결된 것들은 일명 '끌어당김의 법칙'에 의해 소통하고 현실화의 과정을 거친다. 그러나 단순히 의식적 차원에서 날리는 주파수는 그만큼 힘이 약하기 때문에 연결이 되더라도 끌어당김의 현상이 발생하지 않고 금방 사라져 버린다. 어떤 것과 연결되어 우리가 의식할 수 있는 현상으로 나타나려면 집합 무의식 장기저장고가 있는 무의식세계에 접근해야 한다.

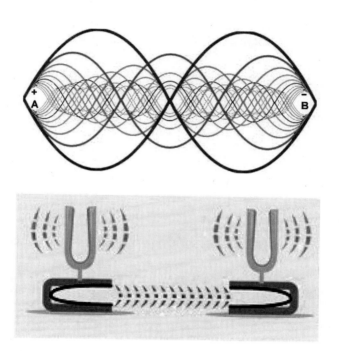

파동 현상과 주파수 동조현상 53

제2장
가치의 세계

World
of
value

1. 가치의 개념과 속성

　　　　가치가 무엇인지 한마디로 말하기는 매우 어려운 일이다. 가치의 바탕이 되는 절대적 형질(근본 모양과 성질)은 우주정신의 뜻에 따라 창조되었기 때문에 우주정신을 이해하지 않고서는 제대로 알 수가 없다. 우주정신 세계는 인간의 힘으로 다 알 수도 없고 해석도 불가능하다. 그래서 가치에 대해 정의 내리는 것 자체가 불가능한 일인지 모른다.

　그러나 인간은 지각체계를 동원하여 온우주에 나타난 절대적 형질을 이해하고자 노력하였다. 우리가 발 딛고 있는 땅은 무엇으로 이루어졌는가? 우리가 매일 마시는 물과 공기의 성분은? 우리 삶의 근원인 태양과 우주의 정체는 무엇인가? 생명체의 유지와 소멸의 과정은 어떻게 이뤄지는가? 생각과 느낌이 가능한 이유는?

　인류는 아주 오래전부터 이와 같은 온우주의 절대적 형질에 대한 의문을 풀기 위해 고심해 왔다. 그 결과 많은 의문이 풀렸으나, 아직도 답을 얻지 못한 수수께끼는 너무나도 많다. 아마 인간이 신의 경지에 도달하지 않는 한 절대적 형질에 대한 완벽한 이해는 영원한 숙제로 남게 될 것이다.

분명한 것은 절대적 형질을 있게 한 근원에 정보-에너지가 도사리고 있다는 점이다. 모든 사물은 정보-에너지 없이 존재할 수 없다. 만약 어떤 현상이나 실체가 있다면 정보-에너지의 작용 결과다.

절대적 형질에 내포된 정보-에너지는 인간의 의지와는 무관하게 이미 존재한다. 그렇기 때문에 선험적이다. 그것은 온우주의 생성 이후 억겁의 세월 동안 창조되고, 변화·성장, 그리고 순환되어 왔다. 물론, 정보-에너지 형태로써 말이다.

예컨대, 우주정신의 뜻에 따라 창조된 햇빛과 토양의 정보(분자, 원자, 아원자적 물리적 구조 및 비물리적 성향)와 에너지(차갑거나 더운 또는 중간 정도의 기운으로 전자기적 파동 형태)가 주어지면 식물은 새싹을 틔우고, 동물은 번식을 한다. 이러한 현상은 우리의 경험이나 의지와는 상관없이 이미 그렇게 되도록 정해져 있다.

다행스럽게 우주정신의 분신인 인간은 지혜를 발휘하여 정보-에너지 세계를 탐구해 왔으며, 그동안 밝혀낸 정보-에너지들을 인문학적으로 의미 있게 조직해오고 있다. 즉, 자연과학이나 철학 같은 여러 분야에서 밝혀낸 정보-에너지의 실체들을 인류에게 유용한 형태가 되도록 유사한 그룹끼리 분류하여 큰 주제로 묶기 시작한 것이다.

마치 수확한 과일을 품질에 따라 선별기로 분류한 다음 각각 상자에 포장하는 과정과도 같다. 이때 각각의 과일은 정보-에너지, 상자는 가치에 비유될 수 있다.

이렇게 정보-에너지들을 먼저 범주화하여 묶은 다음 공통분모를 찾아 인문학적 개념으로 풀이한 것이 가치다. 말하자면, 가치는 절대적 형질에 내포된 정보-에너지의 공통된 특성을 인간적 용어로 표현한 명명척도(이름을 부여하여 사물을 구분하는 방식)이다.

예컨대, 행복이란 가치는 '호수와 숲이 어우러진 길을 걸을 때 얻는 정보와 에너지', '바라던 일이 이루어졌을 때 얻는 정보와 에너지', '친구들과 즐거운 한 때를 보내면서 얻게 되는 정보와 에너지' 등의 공통적 속성(포근함, 시원함, 즐거움 같은 긍정적 정보-에너지)이라 할 수 있다.

우리는 일상생활을 하면서 차례를 기다려 물건을 사거나 방 청소를 해야 하는 등의 일을 겪는다. 물론, 이것들 속에도 정보-에너지가 담겨있다. 이들 정보-에너지들은 '책임'이나 '절제' 같은 가치로 명명할 수 있을 것이다. '책임(절제)'과 관련된 개별적인 상황이나 현상들을 소재(제재)라 한다면 이들을 종합하는 주제가 가치다.

우리가 인식한 가치 가운데 중요하게 여기는 핵심가치는 개인마다 독특한 삶의 주제가 된다. 그것은 삶이 지속되어야 하는 이유를 설명해주며 인생의 이정표를 제시해 준다. 우리는 그 이정표를 따라 오늘을 살아가고 있다. 또한, 그것은 생각과 판단의 기준이 되기도 한다. 우리는 가치에 의하여 상황을 파악하고 해석하여 어떤 결정을 내린다. 그리고 그 결정의 결과는 행동으로 나타난다. 이렇듯 가치는 삶의 이유와 목표를 제시해 주고 사고의 기준점 역할을 한다.

현실치료를 주창한 윌리엄 글래서(W. Glasser)는 이른바 통제이론에서 가치여과기를 중요한 개념으로 등장시켰다.[15] 그가 말한 바로는 현실 세계에서 들어오는 정보-에너지는 감각체계와 지각체계를 거쳐 지각된 세계로 흘러드는 경로를 밟는다. 가치여과기는 지각체계 내에 있으면서 최종적으로 정보-에너지를 걸러낸다.

이것은 감각체계와 지식여과기를 통과한 정보-에너지가 가치여과기를 거치지 않으면 의미 있게 조직되지 않는다는 점을 시사한다. 가치여과기는 지식여과기를 통과한 정보-에너지들을 긍정적 가치(즐거운 느낌을 주는 것)와 부정적 가치(고통스러운 느낌을 주는 것), 그리고 중성적 가치(아무런 느낌을 주지 않는 것)로 분류하여 지각된 세계로 내보내게 된다. 이러한 가치여과기의 기능은 가치가 상대적이며 주관적이라는 사실을 일깨워준다.

왜냐하면, 가치여과기는 사람마다 각각 다른 형태를 띠기 때문이다.

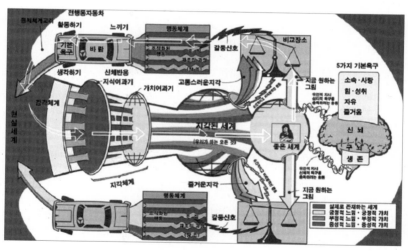

현실치료의 통제이론 15

1) 가치의 종류

우주정신은 인간의 의지나 생각을 초월하여 온우주에 존재하면서 절대적 형질을 심어 놓았다. 사실 절대적 형질이라는 말조차 인간적 용어에 불과하다. 그저 정보-에너지 현상으로 나타날 뿐이다. 단지, 우주정신을 이해하는 수단으로서 말과 글이 동원된 결과다.

정보-에너지 현상(절대적 형질)은 인간의 의식세계에서 인지되고 해석되었다. 절대적인 정보-에너지 현상은 이제 상대성을 띠게 된다. 인간은 자신이 지각한 정보-에너지를 취사선택하여 가공한다. 그리고 그것들을 분류하여 의미 있는 정보-에너지로 조직한 다음 인문학적 용어로 포장하여 저장한다. 이러한 과정에서 탄생하는 것이 상대적 가치다.

상대적 가치는 절대적 형질을 개인적으로 이해하고 받아들인 결과다. 이것은 대단히 주관적이다. 개인의 욕구, 흥미, 관심, 태도 같은 주관적 요소에 따라 차별적으로 형성된다. 사람마다 주관적 요소가 다르기 때문에 상대적으로 형성되는 가치 또한 다르다.

욕구, 흥미, 관심, 태도 같은 주관적 요소는 인간의 심리적 메커니즘의 구성요인이다. 따라서 상대적 가치는 심리적 메커니즘의 작동 결과다.

날아가는 새를 보고 평화로움을 느꼈다고 가정해보자. 우리는 날아가는 새를 보는 경험을 통해서 절대적으로 존재하는 형질(새의 날갯짓과 울음소리, 푸른 하늘 속에 담긴 정보-에너지 같은)을 인식하게 된다. 우리가 그 모습을 보고 어떤 평화로움을 느꼈다면 이때의 평화는 상대적인 가치다.

같은 현상을 보고 있지만, 사람마다 받아들임이 같을 수 없다. 어떤 사람은 자유를, 또 다른 사람은 희망을 느낄 수 있다. 그러나 상대적 가치를 유발하는 새들의 날아가는 모습과 관련된 형질은 절대적으로 동일하다. 그것을 자유 또는 희망, 아니면 그 어떤 가치로 명명하든 상관없이 보편적으로 존재한다. 단지 우리가 그것을 인식하는 방식에 따라 형성되는 가치가 다를 뿐이다. 새를 보고 있는 그 순간의 욕구나 흥미 등에 따라서 상대적으로 서로 다른 가치가 형성되는 것이다. 이것은 바로 절대적 현상(형질)에 대한 선택적 수용과 가공의 결과이다. 인간은 주관적 요소에 따라 절대적 형질을 선택적으로 받아들인다.

가치의 종류에 대한 이해를 돕기 위해 『프린들 주세요』의 내용을 차용해 본다.

말썽꾸러기지만 영리한 주인공 닉은 볼펜을 '프린들'로 명명한다. 주변에서 뭐라고 하건 말건 그에게 볼펜은 '프린들'이다. 그는 문구점에 가서 "프린들 주세요."라고 한다.

닉의 이러한 돌발적인 행동에 또래 아이들이 하나둘 동조한다. 그리고 이내 많은 사람들이 볼펜 대신 '프린들'이란 단어를 사용한다. 닉의 모험은 급기야 언론에 보도되고, 이제 볼펜을 '프린들'이라 부르는 것은 자연스러운 현상이 되었다.

이 이야기에서 볼펜이라고 하는 물질적 형상은 절대적이다. 이 물질적 형상은 '볼펜' 또는 '프린들', 아니면 또 다른 어떤 이름으로 불리더라도 변하지 않는다. 그래서 이것은 절대적 형질(볼펜의 재질, 구조, 모양 속에 들어 있는 정보-에너지)이다.

절대적 형질은 변하지 않지만 이에 대한 명칭은 유동적이다. 사람에 따라 볼펜은 언제든지 '명프세'나 '지올루' 같은 또 다른 이름으로 불릴 수 있다. 이것은 볼펜이라는 절대적 형질에 대한 지극히 개인적이며 주관적인 선택이다. 그렇기 때문에 이 세상에는 수많은 상대적 가치가 존재한다. 처음 닉이 혼자 생각한 '프린들' 속의 정보-에너지는 개인이 주관적으로 수용한 상대적 가치다.

그런데 많은 사람이 볼펜을 '프린들'이라 부르는 것에 동조한다. 이 때의 '프린들'은 무엇인가? 이제 '프린들'은 사람들 사이에 합의된 용어가 되었다. 이것은 '프린들'이 객관화되었다는 점을 뜻한다. 즉, '프린들' 속의 정보-에너지는 사회적으로 객관화된 가치가 된다.

사전적 의미로 풀이되는 대다수의 가치는 이렇게 객관화되었다. 말하자면 주관적(상대적) 가치는 개인적 차원이며 객관적(절대적) 가치는 집단적(사회적) 차원이다.

이 두 가지 가치의 구분 점은 '사회적(집단적)으로 얼마나 합의되었느냐'이다. '프린들 주세요'가 어디서든지 유효하려면 사회적으로 합의된 약속이 있어야 한다. 가치도 마찬가지다. 주관적(상대적) 가치가 객관적(절대적) 가치로 되기 위해서는 사회적 합의점(공통점)이 있어야 가능하다.

사회적으로 합의된 객관적(절대적) 가치는 인류 문명이 탄생한 이후부터 축적되어 왔으므로 그 종류는 헤아릴 수 없을 정도로 많을 것이

가치
통섭

다. 그러나 주관적(상대적) 가치와 비교하면 그 수는 적을 수밖에 없다. 왜냐하면 주관적(상대적) 가치는 이 세상에 존재하는 사람의 수만큼 다양하기 때문이다.

2) 가치의 분류

온우주에 퍼져있는 정보-에너지를 인간의 두뇌로 전부 파악하는 일은 불가능하다. 우리는 다만 그 가운데 일부를 인식하여 가치로 묶을 수밖에 없다. 이것은 곧 취사선택의 문제로 버리고 취하는 선택적 행위에는 정형화된 기준이나 틀이 필요하다.

마치 어려운 수학 문제를 풀기 위해 수학 공식이 필요한 것처럼 정형화된 기준이나 틀이 있다면 복잡한 현상을 이해하는데 한결 수월하다. 문제는 정형화된 기준이나 틀을 어떻게 구축하느냐이다. 이를 위해 잠시 숫자 놀이를 해보자.

보통 12라는 숫자는 천문학적으로 유용하게 통용될 수 있다. 1년이 12개월이며, 하루가 12의 2번 반복이다. 말하자면 12진법에 따른 것이다. 12진법은 고대문명 때부터 온우주를 이해하는 기본적인 수 개념이었다.

우리의 선조들은 온우주의 완전한 질서와 주기를 12라는 숫자로 표현하고자 했다. 태양의 궤도를 30도씩 12등분 하고 각각의 기점에 12개의 별자리를 붙인 황도십이궁(黃道十二宮). 해와 달의 원운동을 본뜬 원형 시계가 같은 각도로 12 숫자로 표시되었고(10으로는 동일한 각도가 나오지 않음) 그리스 신화나 인도의 베다 경전에 등장하는 주요 신의 종류는 12이다. 예수의 제자 또한 12명이지 않던가.

12가 종교적인 영역에서 널리 차용된 이유는 '온우주의 완전함'을 구현하기 쉬운 숫자이기 때문이다.

동양의 12간지도 마찬가지다. 원래 12간지는 목성의 공전주기(1년)에 따른 것이다. 태양과 달 다음으로 지구에 영향을 미치는 행성이 목성이다(크기에 비례한 인력작용). 태양계 행성 중에서 가장 큰 목성의 공전 위치를 12등분 하여 완전한 원(1년)이 되는 주기를 12간지로 표현했다.

12라는 숫자는 아서 왕의 원탁의 기사 수(12명), 『걸리버 여행기』에 나오는 주인공 걸리버의 키(소인국 사람의 12배)에도 반영되었다. 그뿐만 아니라 우리가 무심결에 보아 넘기는 생활용품에도 12라는 숫자를 발견할 수 있다.

예컨대, 피아노 건반은 한 옥타브가 12개의 반음으로 이루어져 있으며, 대부분 축구공은 20개의 흰색 정육각형에다 12개의 검은색 정오각형이 더해졌다. 연필 한 다스와 컴퓨터 키보드의 기능키도 대부분 12개(F1~F12)이다.

이렇듯 12는 온우주와 인간세계를 이해하는 매우 중요한 숫자이다. 10진법이 보편화하기까지 12진법은 사물을 이해하고 분류하는 수학적 기초가 되었다.

사실 12의 바탕은 3이다. 3은 1차원의 세계가 2차원으로 전환되는 중요점이다. 도형의 최소단위가 삼각형이라는 사실을 떠올리면 이해하기 쉽다. 원이 도형의 완성이라면 삼각형은 그 시발이다. 삼각형은 3개의 선으로 이루어져 있다. 2개의 선으로는 삼각형을 만들 수 없다는 점을 상기해보라. 세 개의 변과 세 개의 각이 있어야 삼각형이 된다. 이 삼각형은 가장 기본적인 2차원 도형이다. 말하자면 삼각형은 2차원 이상의 실체를 만들어내는 기초이다.

이러한 의미에서 3이라는 숫자는 특별한 의미를 지닌다. 세발자전거, 나폴레옹이 쓰고 다닌 세모난 모자, 야구의 삼진 아웃, 삼총사 같은 세 명의 현자들이 등장하는 얘깃거리들, 그리고 동화에서는 세 번째에 성공적인 모델을 등장시켜 교훈을 주고자 한다. 잘 아는 『아기돼지 삼 형제』가 대표적인 예이다.

이렇듯 3은 행운의 숫자로 널리 활용되고 있다. 행운의 숫자로 만들어진 삼각형 4개를 연결하면 어찌 될까? 이번에는 3차원 도형의 가장 기초가 되는 사면체가 된다. 평면에서 입체가 구현되는 기본이 바로 3×4가 되는 셈이다. 즉, 12는 3이 4묶음 되어 만들어진 숫자이다. 3개월을 1분기로 정하여 4번 반복하면 1년(12개월)이 되고, 온대지방의 경우 계절(3개월)을 4번 묶어서 1년(12개월)으로 삼고 있다.

따라서 3은 어떤 현상의 기초로 삼을 만하다. 우주정신이 창조한 수많은 형질 속에 들어 있는 정보-에너지를 유목화한 가치도 기본적으로 3가지면 충분할 것이다. 그러나 3은 최소단위이기 때문에 부족

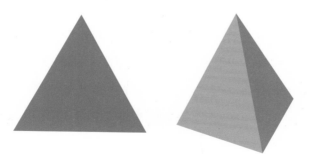

2차원 면의 시초인 삼각형과 입체공간의 탄생 구조인 사면체

한 감이 있다. 수학적 개념으로 이해할 때 3의 4묶음인 12가지면 어느 정도 충족되리라 본다. 이 12는 평면에서 입체적인 공간의 완성 숫자이기 때문이다.

우주는 기본적으로 입체적이다. 이 입체적인 공간에는 수많은 별과 생물이 존재한다. 이 광활한 우주 공간에 얼마만큼의 형질(가치)이 존재하는지 아무도 모른다. 단지 인간의 지혜로 인식할 수 있는 범위 내에서 완전함을 추구할 뿐이다. 12는 이러한 노력의 결과로 탄생한 신비의 숫자이다.

이와 같은 이유로 사물의 기초가 되는 3을 적용해 정제군, 억제군, 촉진군, 세 가지로 유형화한 다음 4개씩 대분류하여 12개의 핵심가치를 추출하였다. 12진법(3×4)을 응용한 셈이다.

정제군은 에너지가 잔잔한 호수처럼 평정된 상태로 자유, 평화, 행복, 사랑이 해당되며, 억제군은 에너지를 억제해야 할 필요성이 있는 관용, 겸손, 절제, 책임 등의 가치다. 에너지를 끌어올려야 되는 촉진군의 가치들로는 희망, 용기, 성공, 정의 등이 할당되었다.

이들 12개의 가치는 세상을 돌리는 수레바퀴이다. 인간이 인식할 수 있는 수많은 가치를 어느 정도 포용할 수 있다는 점에서 대표성을 띤다. 그래서 대분류한 것이다. 대분류한 가치는 범위가 가장 넓어서 그 하위의 가치들을 포용한다. 즉, 대분류한 가치는 온우주에 퍼져있는 정보-에너지들을 가장 크게 범주화해서 묶어 놓은 핵심 가치이다. 그래서 정보-에너지를 묶어 놓은 다발의 크기에 따라 이를 다시 세분류할 수 있다. 가치를 세분화하는 이유는 온우주에 산재하여 있는 정보-에너지의 실체를 보다 명료하게 이해할 수 있기 때문이다.

세분류한 가치는 대분류한 핵심 가치의 구성요소에 해당한다. 이들의 관계를 정리해 놓으면 다음과 같다.

유형	대분류	세분류
정제군	자유	자율, 초연, 독립
	평화	평온, 화합, 협동, 여유
	행복	기쁨, 건강, 풍요, 만족, 감사
	사랑	나눔, 배려, 헌신
억제군	관용	용서, 수용, 신뢰
	겸손	예의, 친절, 존중
	절제	중용, 인내, 양보
	책임	근면, 성실, 의무
촉진군	희망	긍정, 신념, 동기(의지)
	용기	명예, 도전, 결단, 봉사
	성공	창의, 열정, 성취
	정의	공정, 정직, 진리, 평등

물론 이들 가치는 모두 긍정적 가치다. 솔로몬(R. Solomon)의 반대과정이론(Opponent Process Theory, 인간이 경험하는 정서는 언제나 대립하는 쌍으로 이루어져 있음)처럼 12개의 긍정적 가치 이면에는 부정적 가치가 존재한다. 부정적 가치도 우주정신의 표현으로 긍정적 가치의 모태이다. 12개의 긍정적 가치와 쌍을 이루는 부정적 가치는 억압, 불화(갈등), 불행, 증오(무관심)/ 비난(복수), 오만, 방종, 무책임/ 절망, 비굴, 실패,

불의 등으로 압축할 수 있다.

우주정신이 부정적 가치를 만들었다는 점에 의문을 제기할 수도 있다. 그러나 부정적 가치도 우주정신의 표출이다. 모든 것은 긍정적 가치와 부정적 가치의 조합으로 이루어져 있다. 두 종류의 가치가 쌍으로 이루어져 있기 때문에 본질적으로 우주정신은 가치 중립적이다. 어느 곳에도 치우치지 않고 공(空)의 형태로 존재한다. 이것은 상반된 가치가 존재하기 때문에 가능한 일이다.

다음의 얘기에 귀 기울여보자.

하늘에서 천사가 내려와 행복을 나눠주겠다고 하여 사람들이 구름처럼 모여들었다. 그런데 천사는 '행복 바구니'와 함께 '불행 바구니'를 각각 나눠주었다.

이에 사람들은 "행복을 나눠준다고 해놓고 왜 불행을 나눠주는 겁니까?"라고 항의했다. 이에 대해 천사는 어떤 말을 했을까?

"행복과 불행은 서로 떨어질 수 없는 사이입니다. 싫다면 모두 돌아가십시오."

『내 인생에 힘이 되어준 한마디』에 나오는 이 이야기의 주인공 천사는 진리를 알고 있었다. 반대과정이론에 따라 이 세상이 움직인다는 사실을.

최근의 양자역학 연구에서도 한 쌍의 전자들이 서로 긴밀히 얽혀 있어서 한 전자가 업 스핀(회전 운동) 하면 다른 전자는 반대로 다운 스핀 되는 현상을 밝혀냈다.[111]

개미들의 세계를 보라. 그들의 세계에도 죽음, 병, 패배, 전쟁 등이 있다. 나무들은 어떤가? 겉으로 보기에는 평화로워 보이는 나무들의 세계에도 같은 일이 벌어지고 있다. 병들어 죽어가는 나무(재선충의 피해를 입은 소나무 같은)를 구하기 위해 인간이 나설 정도다. 우주정신이 창조한 생명체는 부정적 가치에 자극받고, 그것을 벗어나서 긍정적인 가치를 얻고자 노력한다. 변화와 성장은 이러한 과정에서 이루어진다. 긍정적 가치만 있다면 변화와 성장이라는 우주정신의 속성은 구현되기 어려울 것이다.

3. 역동적인 가치 관계

긍정적 가치와 부정적 가치는 역동적으로 상호 작용하고 있다. 우리가 지각하는 가치의 세계는 긍정적 상태에서 부정적 상태로 또는 부정적 상태에서 긍정적 상태로 시시각각 변화한다. 엄밀히 말해서 이들 간의 구분마저 모호하다. 단지 언어적 구분일 뿐이며 현상학적 측면에서 보면 경계를 정하기 애매하다. 예컨대, 억압상태에서 자유로운 상태로의 이행과정 중 어느 부분을 기준점으로 정할지 난감하다. 이것은 순전히 주관적인 생각이나 느낌에 의존할 수밖에 없다. 개인의 주관적 요인에 좌우되기 때문에 객관적으로 긍정적 가치와 부정적 가치를 구분하는 일조차 어렵다.

우리는 단지 정언적 기술을 통하여 두 가지 가치를 구분할 수 있을 뿐이다. 긍정적 가치는 사회적 또는 개인적 성장과 발전을 가져올 수 있지만, 부정적 가치는 그렇지 못하다. 이때의 기준점은 개인과 사회(집단)의 성장 가능성이다. 말하자면 변화와 성장이라는 우주정신의 두 번째 원리가 여기에도 적용된다.

우주정신은 모든 사물이 변화하고 성장하도록 설계하였다. 온우주가 태초의 암흑으로부터 광명의 세계로 나온 뒤 계속 성장하고 있는 바와 같이 모든 사물은 성장하게 되어 있다. 그렇기 때문에 개체뿐만 아니라 군집 또는 종 전체의 성장을 촉진하는 가치일수록 긍정적이다. 개체는 성장하지만, 더 큰 집단의 발전을 저해한다면 긍정적이라 할 수 없다. 말할 것도 없이 개체뿐만 아니라 집단의 성장을 방해하는 가치는 부정적이다.

그런데 모든 사물은 체제적으로 그 자체가 우주정신 세계이다. 말하자면 우주정신이 지니고 있는 속성을 잠재적으로 가지고 있다. 사람이 어둠보다는 밝음을 지향하고 끊임없는 성장을 갈구하는 이유가 우주정신의 속성 때문이다. 그래서 모든 사람은 긍정적 가치를 좋아하고 추구한다. 우리가 부정적 가치 상태에서 긍정적 가치 상태로 전환을 시도하는 까닭이다.

우리는 긍정적 가치 상태에 있을 때 우주정신의 본성에 근접하게 된다. 즉, 긍정적 가치는 우리 자신과 다른 사람의 발전을 가속화시키는 성장 촉진제 역할을 한다. 우리는 변화와 성장의 과정을 통해서 우주정신의 존재를 경험한다.

그러나 개인 간의 갈등이나 불화를 일으키는 부정적 가치도 상황에 따라서 개인과 집단의 성장을 가져올 수 있다면 긍정적 가치로 분류해야 한다. 이것은 가치를 구분할 때 맥락적으로 이해해야 한다는 의미이다. 가치를 정언적 개념에 따라 단정적으로 이해하기보다는 상황과 역할에 따라 기능적으로 받아들일 필요가 있다. 가치를 긍정적, 부정적 측면으로 구분할 필요가 있다면 개체와 집단, 또는 온우주의 성장 가능성에 기여하는 정도가 그 기준점이 될 것이다.

구분 기준	개체(개인)의 성장 가능성	집단(사회)의 성장 가능성
긍정적 가치	+	+
부정적 가치	+	−
	−	+
	−	−

4. 우주정신과 가치

우주정신은 빛과 어둠이 공존하는 정보-에너지 세계를 주관한다. 그것은 헤아릴 수 없는 무게와 부피를 지녔기 때문에 표현할 수 없다. 표현할 수 없기 때문에 인간의 영역이 아니다. 그러나 표현하지 않고서는 인간 세상이 존재할 수 없으므로 인간의 힘을 빌려 생명의 눈동자로 가시화했다. 그 눈동자는 우주의 중심을 의미하며 원의 형태로써 존재한다. 원은 모순되지 않는 완전한 비례 구조로 되어 있다. 그 어떤 도형도 원의 완벽함을 따라갈 수 없다. 원이 일그러져서 네모나 세모 등의 형태가 될 수는 있어도 네모나 세모가 원이 될 수는 없다. 그러므로 원은 그 자체로 존재하며 어떤 것에 의존하지 않는다.

최근에 발달한 과학기술(NASA의 X선 관측위성 찬드라, 전파 망원경, 근적외선 영상기술 등)은 은하들의 중심이 검은 블랙홀로 되어있음을 입증했다.[54] 태양 질량의 열 배에서 수억 배 이상의 무게를 지닌 이 블랙홀은 은하의 눈동자다. 은하의 눈동자인 블랙홀은 태양같은 거대한 별을 빨아들이기도 하고 제트(고에너지 덩어리인 플라즈마나 X선 같은 입자)를 분출하기도 한다. 은하의 중심은 종종 활성화되어 폭발(26,000년 주기)하는데, 별의 탄생물질인 우주 먼지, 감마선, 전자기파 같은 에너지를 파생한다.[26] 엄청난 질량으로 응축된 블랙홀은 은하의 중심인 흑암의 세계에서 에너지를 흡입하고 방출하는 일을 반복하고 있다. 그것은 매우 어둡기 때문에 잘 보이지 않고 관찰하기도 쉽지 않다. 만약 보이지 않는 정신계에 있는 우주정신을 실체화한다면 블랙홀과 유사하리라.

실제로 7일간 뇌사 상태에서 임사체험을 한 이븐 알렉산더는 모든 존재의 뿌리인 중심근원이 칠흑같이 어두운 곳이었으나 빛이 만발하는 세계였다고 증언하였다.[112]

상식적으로 생각해 볼 때 창조와 순환이 이루어지기 위해서는 흡입과 방출 기능이 있어야 한다. 정보-에너지가 한 곳에 정체되어 있으면 창조나 순환 과정이 제대로 이루어질 리 만무하다. 이는 마치 썩은 물이 고여 있는 연못과 같다. 이런 연못에는 풍부한 식생이 자랄 수 없다.

따라서 정보-에너지의 흡입과 방출을 원활하게 할 수 있는 매체가 필요하다. 이 매체는 흡입과 방출 과정에서 정보-에너지를 가공하거나 생산해 낼 수 있는 능력을 지니고 있다. 즉, 정보-에너지의 주관자이다. 이 주관자는 정보-에너지를 생산하고 처리하는 공장 역할을 한다. 정보-에너지의 주관자는 다름 아닌 우주정신이다.

우주정신은 흑암의 상태에서 물질계를 만들고 빛을 내보내 생명체가 살 수 있도록 하였다. 우주정신의 정보-에너지에 따라 온우주 체제들은 각각 고유의 존재양식을 만들어 탄생과 성장, 순환의 과정을 밟아 나간다.

인간세계의 탄생 역시 마찬가지이다. 우주정신의 정보와 에너지를 받아 인간세계가 탄생했으며, 온우주 안의 다른 체제들처럼 탄생과 성장, 순환의 과정을 거치고 있다. 인간은 우주정신이 부여한 자신의 지적 능력을 활용하여 온우주를 탐구한 결과 문명의 발달을 가져왔다.

우주의 눈동자 블랙홀 54

무리 지어 이동하는 버펄로 피쉬 55

제1부 우주, 가치 그리고 인간

인간세계에서 가장 큰 결실은 온우주의 현상을 이해하고 의미를 부여함으로써 스스로 문명을 발달시켜왔다는 점이다. 이것은 곧 우주정신이 온우주를 탄생시키는 과정과 유사하다.

인간은 우주정신의 뜻에 따라 탄생했으며 집단을 이루게 되었다. 인간의 집단 형성은 은하계나 태양계 등 각각의 체제와 동일한 현상이다. 별들이 모여 은하나 태양계를 이루듯이 비슷한 형질들은 그룹화하는 경향이 있다. 그러므로 인간뿐만 아니라 모든 생명체도 같은 이치에 따라 모여서 살아간다.

모든 생명체가 존재하는 곳에는 어둠과 밝음이라는 근본적인 정보-에너지의 흐름이 있다. 인간은 이것을 가치라는 용어를 사용하여 이해하고자 노력한다. 어두운 정보-에너지의 흐름은 부정적 가치로, 밝음의 정보-에너지의 흐름은 긍정적 가치로 나타내는 지적 능력을 발휘하였다.

우주정신은 처음에는 어둠이었기 때문에 온우주 탄생 초기에는 부정적 형질이 넘쳐났다. 예컨대, 혼돈, 무질서, 충돌, 억압 등이다. 이러한 부정적 형질은 지금까지 남아있어서 인간세계에서 부정적 가치로 명명하게 이른다. 우리가 흔히 듣게 되는 불행, 증오, 비난, 오만, 방만, 무책임, 절망, 비굴, 실패, 불의 같은 부정적 가치가 예이다. 그러나 부정적 가치는 불필요하고 해악한 것이 아니며 긍정적 가치의 근원이 된다. 마치 어둠에서 밝음이 탄생한 것처럼 가치 역시 부정적 가치가 긍정적 가치를 탄생시키는 모체가 된다. 이것은 우주정신이 변화와 성장이라는 원리를 만들어냈기 때문이다. 만약 처음부터 밝음만이 있었다면 변화와 성장을 통하여 더 밝음으로 나가지 못했을 것이다. 그러나 어둠에서 출발했기 때문에 조그마한 빛으로도 밝아진다. 이와 마찬가지로 인간세계에도 긍정적 가치만 존재하게 되면 변화와 성장이라는 우주의 섭리는 제대로 적용되기 어려울 것이다.

그러므로 긍정적 가치는 부정적 가치와 쌍을 이루며 인간세계에 존재한다는 사실을 인정해야 한다. 솔로몬의 반대과정이론처럼 이들 두 가지 가치는 상보적이다. 부정적 가치가 없으면 긍정적 가치가 없으며 긍정적 가치가 없으면 부정적 가치 또한 존재하지 않는다. 이들 두 개의 상반된 가치는 우주정신의 순환 원리에 따라 서로 연합하여 반복되는 특성이 있다. 예컨대, 희망은 절망에서 나오며 절망은 희망에서 나오는 이치와 같다.

5. 가치와 심리

우주정신의 뜻에 따라 창조된 인간의 마음속에는 우주정신의 원리가 들어있다. 우주의 모든 존재는 체제적 개념으로 볼 때 우주정신의 축소판이다. 말하자면 온우주에 존재하는 절대적 형질은 모든 만물 속에 이미 들어 있다. 예컨대, 날아가는 새들의 모습 속엔 절대적 형질(새의 날갯짓과 비상 장면 등을 연출하게 하는 정보-에너지)이 우리의 의지와 상관없이 이미 들어있다. 우리가 어떤 가치(평화 같은)를 느끼든 그렇지 않든 무관하게 절대적 형질은 존재한다.

절대적 형질을 알게 해주는 매체는 날아가는 새들 말고도 안개 낀 물가에 피어 있는 갈대나 푸른 초원, 청명한 하늘 등 수없이 많다. 말하자면 절대적 형질을 담고 있는 정보-에너지는 다양한 형태로 사물에 투영되어 있다.

그런데 우리는 어떻게 사물에 들어 있는 정보-에너지를 감지할 수 있는가? 이에 대한 해답을 찾기 위해 잠시 사이코메트리(psychometry)의 세계로 들어가 보자.

사이코메트리는 특정한 대상(사물)에서 어떤 감각(시각, 청각, 후각, 통각)을 읽어내는 초감각 능력을 말한다. 유적지의 바위를 만졌더니 유적의 유래와 역사가 영상으로 보이거나 소리로 들리는 경우, 또는 죽은 사람의 유품을 만지면 그 사람의 일생이 보이는 경우, 심지어 TV를 시청하다가 이와 관련된 사실적인 영상이 떠오르는 경우가 있다.

이 사이코메트리를 이용해 미해결된 사건의 범인을 잡은 실제 사례(영국 경찰이 넬라 존스의 사이코메트리를 이용해 미술품 도난 사건과 연쇄살인 사건 등을 해결함[107])가 실증적으로 보고 될 정도다.

물론, 사이코메트리는 일부 제한된 아주 특별한 사람들에게서 나타나지만, 이 현상의 본질은 정보-에너지의 교류이다. 즉, 대상(매체)에 들어있는 정보-에너지와 마음의 정보-에너지가 동조현상을 일으켜 지각이 가능한 형태로 인식되는 것이다.

우리는 마음속(무의식세계)에 저장된 객관적(절대적) 가치(정보-에너지나 데이터 형태로 집합 무의식 장기저장고에 저장되어 있음)나 주관적(상대적) 가치(정보-에너지나 데이터 형태로 개인 무의식 장기저장고에 저장되어 있음)를 참조하여 자극(날아가는 새들의 모습으로부터 들어온 정보-에너지 같은)을 처리한다. 만약 우리 마음속에 자유나 평화와 관련된 가치(정보-에너지 또는 데이터)가 들어 있지 않다면 우리는 날아가는 새를 보고도 자유나 평화를 느끼지 못한다. 자극을 처리하는 작업통제관리기가 참조체계인 무의식세계로부터 합당한 데이터(가치)를 찾지 못하기 때문이다.

즉, 마음속에 들어 있는 가치(정보-에너지, 데이터)와 자극 속에 들어있는 가치(정보-에너지)가 일치했을 때 우리는 어떤 가치(자유나 평화 같은)를 경험할 가능성이 높아지게 된다. 물론, 이때에 경험된 가치는 주관적(상대적) 가치로 작업통제관리기에 의해 처리된 객관적(절대적) 가치(자극 속의 정보-에너지)가 주관적으로 인식된 결과이다. 말하자면 객관적(절대적) 가치(자극 속의 정보-에너지)는 주관적(상대적) 가치로 전환되어 다시 무의식세계(개인 무의식 장기저장고)에 저장되는 심리적 과정을 거친다.

마음의 작용에 의해서 객관적(절대적) 가치가 주관적(상대적) 가치로 전환되는 현상에 주목하자. 아무리 객관적(절대적) 가치가 존재하더라도 마음으로 인식되지 않으면 주관적(상대적) 가치는 생성되지 않는다. 즉, 자극으로부터 평화(아니면 다른 가치)를 느끼기 위해서는 작업통제관리기가 무의식세계에 들어있는 데이터(정보-에너지와 가치 등)들을 끌어다가 적절히 활용할 수 있어야 한다. 이것은 자극에 대한 마음의 작용으로 우리가 흔히 겪는 일이다. 아무리 맛있는 음식(긍정적 정보-에너지, 긍정적 가치)을 먹어도 마음속에 걱정, 근심, 불안(부정적 정보-에너지, 부정적 가치)이 가득하면 제대로 그 맛을 느끼지 못하는 바와 같이 마음의 역할은 중요하다.

그런데 마음이란 무엇인가? 마음도 본질적으로 정보-에너지의 모둠체이다. 물질적으로 봤을 때 마음도 세포 조직이다. 세포는 살아있고 각 세포는 의식을 가지고 있다. 말하자면 세포는 우리 몸에서 의식을 가지고 있는 가장 작은 단위라고 볼 수 있다. 물론 그 의식은 정보–에너지를 지닌 파동으로 내·외적으로 교류한다. 내적으로는 세포 간, 외적으로는 온우주 만물과 원하는 대로 파동을 주고받을 수 있다.

의식의 최소단위인 세포에 정보–에너지가 어떠한 형태로 기능하는지를 밝혀낸 결과가 이른바 '셀룰러 메모리(cellular memory) 현상'이다. 이것은 장기를 이식받은 사람이 장기기증자의 행태(성격이나 능력, 습성)를 그대로 보이는 기현상을 말한다. 그림에 전혀 소질이 없는 사람이 화가의 장기를 이식받은 후 그림에 탁월한 솜씨를 발휘한다든지 우울증으로 자살한 사람의 장기이식자가 갑자기 똑같은 증상으로 목숨을 끊는 경우가 있는가 하면, 살인자의 장기를 이식받은 사람이 살인 충동을 자주 느끼고 공격적 행동을 하는 사례가 있다[108]. 심지어 피살당한 소녀의 장기를 이식받은 사람이 소녀가 피살당하는 꿈을 꾸고 꿈속에서 본 사람을 몽타주로 그려서 범인을 잡는 믿지 못할 일도 있다.

이러한 '셀룰러 메모리 현상'에 대해 아직 논란이 많지만, 세포가 최소단위의 의식체계일 수 있다는 사실을 증명해 준다. 이식받은 장기 속에 들어 있는 정보–에너지가 어떤 형태로든지 영향을 주었다고 볼 수 있다.

이렇듯 우리 몸은 의식 덩어리이며, 그것은 정보–에너지 체제이다. 우리는 자신이 인지할 수 있는 의식의 부분을 마음으로 조절함으로써 주관적(상대적) 가치를 만들어내고 온우주와 교류하고 있다. 물론, 마음속에서 일어나는 정보–에너지의 종류에 따라 교류하는 형태도 다양할 것이다.

가치
통섭

제3장
인간의 세계

Human
World

1. 인간의 구조

　　우주 세계의 일부인 인간 역시 하드웨어와 소프트웨어로 구성되어 있다. 우리의 육체와 마음은 각각 물질적 구조와 비물질적 구조로써 하드웨어와 소프트웨어에 해당한다.

　하드웨어로써 육체는 골격 및 근육, 각종 장기로 구성되어 있고 이들 조직은 세포가 기본단위이다. 각각의 세포는 독립적이면서 상호의존적으로 연결되어 있다. 어느 한쪽의 세포가 치명상을 입으면 다른 곳의 세포에도 악영향을 미치게 된다. 이들 세포는 온우주의 구성원리에 따라 체제적으로 작동한다. 최소 단위의 세포는 그 자체의 정보–에너지를 갖고 있으며 상위의 조직은 하위 세포들의 정보–에너지가 포함된 그 자체의 정보–에너지를 지닌다. 그들 나름의 고유한 정보와 에너지는 궁극적으로 우주정신의 정보–에너지와 연결되어 있다.

　우리는 여기서 위계적으로 존재하는 정보–에너지 체제의 최종단계가 우주정신이란 점을 상기해야 한다. 본질적으로 모든 사물은 우주정신에 의해 창조되었기 때문이다. 말하자면, 육체도 정보–에너지로 이루어진 물질체제이다.

우리 몸의 중요한 장기 중 하나인 심장을 예로 들어보자. 알다시피 심장의 최소 단위는 세포이고 세포들은 혈액순환과 관련된 정보–에너지에 의해서 쉬지 않고 운동한다. 이들 세포는 혈액을 순환시키는 기능을 하도록 프로그램된 정보에 의해 움직이며 작동 과정에서 에너지를 필요로 한다. 만약 이러한 정보–에너지가 없다면 심장은 제대로 작동할 수 없다.

뼈나 근육도 마찬가지다. 우리 몸을 지탱하고 움직일 수 있도록 하는 각각의 기능들이 정보형태로 프로그램화되어 있으며 뇌의 지시에 따라 그 기능을 이행한다. 물론 이들 조직이 기능을 이행할 때 에너지도 함께 동반된다. 만약 에너지가 없다면 프로그램된 정보는 처리될 수 없다.

예컨대, 뇌의 명령(정보)은 (+), (−) 성질을 띤 나트륨(Na)과 칼륨(K)의 이온이 전기적 형태로 각각의 세포에 전달되며 세포는 미토콘드리아에서 생산해낸 에너지를 바탕으로 뇌의 명령을 이행한다. 뇌의 명령(정보)이 각각의 세포에 전달되는 과정이나 세포가 뇌의 명령(정보)을 수용하여 처리하는 과정에서 에너지는 필수다.

인간의 육체가 정보–에너지로 구성되어 있듯이 소프트웨어인 마음도 정보와 에너지로 형성되어 있다. 마음의 정신활동, 즉 생각하고 판단하는 일련의 사고는 정보–에너지의 처리 과정으로 요약할 수 있다. 감각세계로부터 의식세계 그리고 무의식세계로 구성된 마음은 자극 속에 들어 있는 정보와 에너지를 처리하는 심리기제이다. 우리가 마음을 주고받는다고 할 때 달리 표현하면 정보–에너지의 교류이다. 정신적 활동 자체가 정보-에너지의 생성과 이동이기 때문에 마음도 본질적으로 정보-에너지다. 마음과 육체의 정보-에너지는 고유한 주파수를 가지고 파동치며 교류한다.

정보-에너지로 연결되어 있는 마음과 육체의 관계는 쉽게 찾아볼 수 있다. 맛있는 음식을 생각하면 입안에 침이 고인다든지 성교장면을 떠올리면 성기가 발기하는 경우가 단적인 예이다. 또 중요한 면접이나 시험을 앞두고 손이나 등에서 땀이 나는 신체화 증상도 그중 하나다.

가짜 약을 진짜 약으로 믿고 복용하게 되면 진짜 약을 먹는 것과 유사한 효과를 볼 수 있는 일명 '플라세보 효과(Placebo Effect)'도 또 다른 증거다. 비교적 최근까지 의사가 가짜 약을 처방하여 환자의 병을 치료했던 이 방법이 가능한 이유도 마음과 육체를 연결하는 통로인 정보-에너지가 있기 때문이다.

한편, 이와 반대로 몸이 피곤해서 짜증이 난다거나 신체적 장애로 인하여 지적·정서적 지체가 발생하는 경우가 있는데, 이것 또한 육체와 마음의 연결현상을 보여주는 예이다.

이렇게 볼 때 인간은 정보와 에너지 덩어리라고 할 수 있다. 하드웨어인 육체와 소프트웨어인 마음의 작동원리가 정보-에너지이기 때문이다.

인간의 정보와 에너지 구조는 첫째, 인체의 모든 부위를 하나로 연결하고 둘째, 우주정신이 지닌 정보, 에너지와 공명하여 송수신을 하고 셋째, 우주정신의 원리에 따라 창조 및 변화와 성장, 그리고 순환작용을 일으킨다.

말하자면 인간은 본질적으로 우주정신의 축소판이다. 인간이라는 개체 역시 온우주와 연결된 체제적 시스템의 일부분이기 때문이다.

2. 마음의 구조와 작동 과정

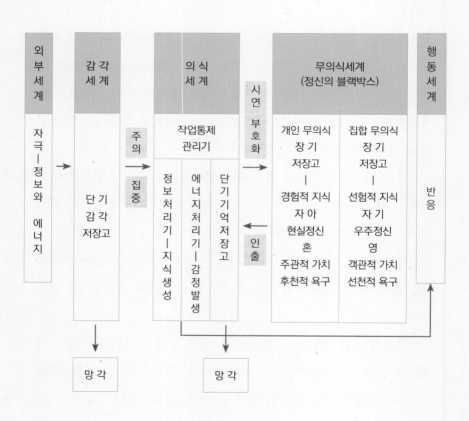

1) 감각세계

인간은 끊임없는 자극(정보와 에너지)에 노출되어 있다. 외부세계에서 들어오는 정보-에너지를 맨 처음 처리하는 곳은 감각세계이다. 흔히 오감으로 묘사되는 영역이다. 오감에 의해서 수용된 정보-에너지는 단기감각저장고에 일시적으로 저장(시각정보의 경우 약 0.25초)되어 있다가 대부분 망각해 버리고 주의집중을 받은 일부 정보-에너지만 의식세계에 투입된다. 통계에 의하면 인간의 뇌는 1초에 1,100만 개 정도의 정보-에너지가 감각세계에 들어오지만, 이 가운데 약 40개 정도만 의식세계에서 인식된다고 한다.[31] 그만큼 감각세계는 순간적이며 단기감각저장고의 정보-에너지 저장능력은 휘발성에 가깝다.

이곳에 들어온 정보의 양에 비해 저장능력이 떨어지기 때문에 대부분의 정보-에너지를 소실하게 된다. 이는 정보-에너지의 과다 유입에 따른 심리기제 및 체제를 보호하기 위한 마음의 전략이라 할 수 있다. 외부세계에서 들어온 다량의 정보-에너지를 모두 저장하게 된다면 마치 동맥경화에 걸린 것 같은 현상이 발생하게 된다. 처리해야 할 능력에 비하여 과다 유입된 정보-에너지로 말미암아 과부하가 걸릴 수밖에 없다. 이는 곧 마음구조의 파괴로 이어지고 심각한 심리적인 장애를 발생시킬 것이다. 따라서 단기감각저장고의 망각현상은 자연스러운 현상이다.

2) 의식세계

(1) 작업통제관리기의 기능

감각세계에서 의식세계로 넘어온 정보–에너지는 작업통제관리기의 통제를 받는다. 작업통제관리기는 의식세계에서 가장 중요한 역할을 하는 조직으로 다음과 같은 기능을 한다.

첫째, 작업통제관리기는 감각세계의 단기감각저장고에 저장된 정보–에너지 가운데 흥미나 관심을 가질만한 것들을 유입시킨다. 이것은 의식세계의 주의집중 현상을 말한다. 즉, 작업통제관리기는 필요불가결한 정보–에너지에 우선순위를 두기 때문에 단기감각저장고에 저장된 정보–에너지 가운데 꼭 필요한 것을 의식세계에 들여오게 된다. 이러한 이유 때문에 단기감각저장고에 있는 대부분의 정보–에너지는 소멸하고, 극히 일부만 의식세계에 인입된다. 작업통제관리기는 단기감각저장고에 저장된 정보–에너지를 선별하는 기준을 정할 때 무의식세계의 장기저장고에 들어있는 요소들을 참조한다. 예컨대, 자아(후천적)나 자기(선천적)가 원하는 욕구를 참조하여 유입되는 정보–에너지에 선택적으로 집중한다. 시끄러운 파티장에서 일반적인 소음은 무시하지만, 자신의 이름이 들리면 귀를 기울이는 칵테일 파티(cocktail party) 효과는 작업통제관리기의 주의집중 현상을 보여주는 예이다.

둘째, 주의집중으로 유입된 정보–에너지의 흐름을 조절하고 관리한다. 감각세계에서 거의 동시적으로 유입된 정보–에너지는 작업통제관리기에 의해서 분리된 채, 정보처리기와 에너지처리기로 이송된다. 분리된 정보와 에너지는 두 기관에서 각각 처리된 다음 그 결과는 다시 작업통제관리기에 의해 관리된다.

셋째, 정보처리기와 에너지처리기에서 처리된 결과(지식과 감정)를 바탕으로 각성 및 통찰, 판단, 종합 등의 고차원적 사고를 한다. 이는 곧 작업통제관리기의 핵심적 기능으로 의식세계의 수준을 가늠한다. 말하자면 작업통제관리기는 컴퓨터의 CPU(중앙처리장치)에 비유되는 것으로 의식세계 전체를 통제하고 관리하는 역할을 한다. 이러한 차원 높은 기능이 가능한 이유는 감각세계에서 들어온 정보-에너지를 작업하고 관리할 때 무의식세계에 저장된 요소들(경험적 지식, 선험적 지식 같은)을 참조할 수 있기 때문이다. 경험적, 선험적 지식이 풍부할수록 지혜와 통찰의 기회가 많아지고 차원 높은 인식활동이 이루어질 가능성이 높다.

넷째, 정보-에너지의 처리 과정에 관여하여 생성된 결과물(지식, 지혜, 통찰력, 이해심 등)을 단기기억저장고에 저장하거나 시연(청각, 시각에 의한 반복적 처리)과 부호화(단위로 묶기, 의미부여 등)를 통해 무의식세계(개인 무의식 장기저장고)에 저장한다. 작업통제관리기는 작업했던 내용을 일단 단기기억저장고에 저장한 다음 필요와 유용성에 따라 개인 무의식 장기저장고에 저장한다. 물론, 개인 무의식 장기저장고로 결과물들이 저장될 때는 시연이나 부호화를 통해서 가능하다.

시연을 통한 무의식세계로의 데이터(정보-에너지) 저장을 응용한 사례가 잠재의식 광고이다. 잠재의식 광고는 영상화면에 상품광고물 사진을 끼워 넣어서 구매력을 높이는 방법이다. 영화의 움직이는 화면은 1초에 24프레임의 사진이 연속적으로 돌아가면서 만들어진다. 그런데 이 가운데 1개 프레임에 제품(콜라 같은) 사진을 살짝 집어넣고 계속 돌리면 작업통제관리기가 반복적으로 처리하는 효과를 얻게 된다. 마치 감각세계(시각)의 단기감각저장고에 있는 제품(콜라 같은) 사진을 망각하지 않고(처음에는 망각하지만, 수차례 반복되므로) 인식하는 주의집중 현상과 유사하다.

영화의 주요화면이 부호화(감동적인 장면에 대한 의미부여)로 개인 무의식 장기저장고에 저장되는 것과는 다른 형태이다. 시연에 의한 제품(콜라 같은) 사진의 무의식세계로의 저장은 의식세계의 맹점이다. 즉, 원하든 원하지 아니하든 반복적 자극이 주어지고 이에 따른 처리가 이뤄지면(시연) 무의식세계에 각인되는 효과를 얻게 된다.

이것은 작업통제관리기의 취약점을 보여주는 것으로 세뇌교육(강제적인 반복 학습)은 작업통제관리기의 약점을 활용한 대표적인 예이다. 똑같은 내용을 듣기 싫도록 들려주면 원하지 않아도 자동으로 개인 무의식 장기저장고에 저장되는 결과를 가져온다.

다섯째, 무의식세계의 장기저장고에 들어있는 내용물(지식, 정신, 영혼, 욕구 등)을 인출하여 활용한다. 무의식세계에는 두 가지 장기저장고가 있다. 개인 무의식 장기저장고에는 후천적인 경험에 의해 생성된 데이터(정보-에너지)들이, 집합 무의식 장기저장고에는 경험과 무관한 선험적인 데이터(정보-에너지)들이 보관되어 있다. 작업통제관리기는 외부로부터 들어온 자극이나 내부에서 발생한 자극을 처리할 때 무의식 세계에 저장되어 있는 데이터(정보-에너지)를 참고한다.

여섯째, 의식세계에서 이루어진 작업의 결과에 따라 반응하도록 행동세계에 명령을 내린다. 정보처리기와 에너지처리기에서 이행된 결과(지식, 감정)와 무의식세계에서 인출한 데이터(정보-에너지)를 바탕으로 종합한 내용을 행동세계로 내보낸다. 즉, 마음속에서 결정한 내용을 실행하도록 지시한다.

(2) 작업통제관리기의 발달 수준

작업통제관리기는 개인의 의식구조를 결정짓는 중요한 요소다. 풍부한 경험과 촉진적인 환경, 그리고 유전적으로 우성인자가 발달에 긍정적인 영향을 미친다. 작업통제관리기는 정보−에너지 처리 경험을 많이 할수록 발달하며 그 성장 속도는 피아제의 이론에서처럼 변증법적으로 이루어진다. 즉, 기존의 의식구조의 관점에서 정보−에너지 처리 결과를 해석하는 동화, 새로운 정보−에너지 처리 결과에 맞게 의식구조를 변형시키는 조절, 그리고 잠재적 의식구조의 균형 상태인 평형의 과정을 거치며 발달한다.

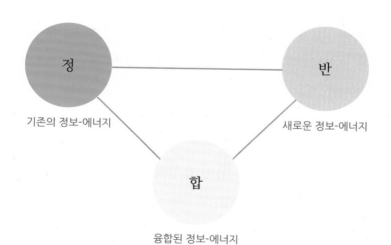

정보와 에너지의 변증법적 처리 구조

개인의 의식 수준, 즉 의식구조(작업통제관리기)의 발달 정도에 따라 정신적, 육체적 생활력에 차이가 발생한다. 의식구조가 발달하여 있을수록 감각세계에서 들어온 정보–에너지를 효과적으로 분리하여 두 기관(정보처리기, 에너지처리기)에 분배할 수 있을 뿐만 아니라 두 기관에서 생성된 지식(정보처리기)과 감정(에너지처리기)을 통합하여 고등사고를 할 수 있다. 또한, 시연과 부호화 능력이 발달하여 있기 때문에 단기기억저장고에 저장된 처리 결과물(정보처리기와 에너지처리기에서 생성된 지식과 감정을 종합한 데이터)을 무의식세계의 장기저장고에 저장할 확률이 높아진다. 작업통제관리기는 무의식세계의 장기저장고에 저장된 내용물을 참조하여 해석, 판단, 종합하는 일을 하기 때문에 장기저장고에 저장된 데이터가 풍부할수록 능률적으로 기능할 수 있다.

그런데 단기기억저장고에서 무의식세계의 장기저장고에 데이터를 저장하는 일을 작업통제관리기가 관장하기 때문에 사실상 작업통제관리기의 발달 정도가 의식 수준을 결정한다. 당연하지만 의식 수준이 높을수록 고차원적인 사고와 인식작용이 가능하게 된다. 고차원적 사고와 인식이 가능하다는 표현은 의식세계의 층이 두껍다는 의미이다. 즉, 작업통제관리기의 발달 정도가 의식세계의 층을 좌우하게 되는 것이다.

의식세계의 층의 차이는 생물의 종 안에서뿐만 아니라 종 밖에서도 발생한다. 예컨대, 사람과 사람, 코끼리와 코끼리 또는 원숭이와 원숭이뿐만 아니라 사람과 코끼리, 코끼리와 원숭이 간에도 의식 수준의 차이가 발생한다.

작업통제관리기의 수준별 특성을 정리하면 다음과 같다.

발 달 수 준	의식의 층	의식구조	처리 요소
상	두꺼움 (고차원)	매우 복잡 / 정밀	우주정신, 영, 객관적 가치, 자아실현 및 초월 욕구
중	보통임 (중간차원)	복잡	현실정신, 혼, 주관적 가치, 소속· 사랑의 욕구, 자존 욕구
하	얇 음 (저차원)	단순 / 간단	생리적 욕구, 보존 본능, 안전의 욕구

(3) 정보처리기와 에너지처리기의 기능

단기감각저장고(감각세계)로부터 유입된 정보-에너지는 1차적으로 작업통제관리기에 의해 정보와 에너지로 분리되고 이들은 각각 정보처리기와 에너지처리기로 이송된다.

정보처리기는 인지적인 작업을 담당하는 곳으로 들어온 정보를 분석하고 해석하여 지식을 생성시킨다. 즉, 정보처리기는 인지적인 작업공간이다. 이곳에서는 정보를 가공하여 다양한 지식을 만들어내는 역할을 한다. 들어온 정보를 처리하여 지식의 형태로 구성한 다음 작업통제관리기에 넘긴다.

다른 기관인 에너지처리기는 정서적인 영역을 담당하여 의식세계에 들어온 에너지를 인식하고 처리한다. 에너지의 형태에 따라 긍정적·부정적 감정, 그리고 중성적 감정을 생성하기 때문에 이곳에서는 다양한 감정들이 발생한다. 생성된 감정은 즉각적으로 작업통제관리기로 보내지고 작업통제관리기는 정보처리기의 인지적 처리 결과와 조합하여 판단을 내리게 된다.

이들 두 개의 처리기는 각자 맡은 역할이 다르지만, 거의 동시적으로 정보와 에너지를 처리한다. 이 둘은 마치 쌍둥이처럼 밀접한 관계를 맺고 서로에게 큰 영향을 미친다. 예컨대, 정보가 부정적으로 처리되면 에너지처리기 역시 들어온 에너지를 부정적 정서(감정)로 인식하려 하고, 부정적 정서(감정)로 에너지를 받아들이면 정보처리기 또한 부정적 정보로 처리하는 경향을 보인다.

이것은 주파수 동조현상과 같은 원리이다. 동일한 주파수끼리 끌어당기는 현상이 이들 기관에서도 발생하는 것이다. 그러므로 이들 기관에서 생성되는 지식과 감정의 동조현상은 크게 세 가지로 분류할 수 있다.

첫째, 긍정적 지식과 긍정적 감정의 동조현상이다. '비질을 하면 깨끗해진다', '걷기를 많이 하니 살이 빠졌다' 같은 지식과 즐거움, 기쁨 같은 감정이 조합되는 경우로 연합관계가 긍정적이다.

예컨대, 여행 도중 유서 깊은 저택을 보고 감탄하였다면 저택이 담고 있는 정보-에너지(거시적으로는 잘 정돈된 정원, 시원한 분수, 저택의 미적 구조 같은 경관. 미시적으로는 정원을 이루는 꽃과 나무들 그리고 분수나 저택의 물질적 구조를 이루는 분자, 원자, 아원자 같은 구성물질의 배열 상태)가 '이 집은 대리석과 화강암으로 마감된 구조물이고, 마당에 정원과 분수가 있는 오래된 집이다'라는 지식을 만들어내고(정보처리기) '아름다운 이 집을 보니 기분이 좋다'라는 감정이 동시적으로 생기는(에너지처리기) 상보적 현상이다.

둘째, 부정적 지식과 부정적 감정의 동조현상이다. '어머니가 아프다', '성적이 떨어졌다' 같은 지식과 슬픔, 좌절 같은 감정이 조합되는 부정적인 연합관계이다.

만약 전원주택을 짓기 위해 대상지를 물색하다 혐오시설(돈사 같은)을 만났다면 혐오시설과 관련된 정보-에너지(경관을 해치는 돈사의 구조물과 구토를 유발하는 냄새 같은 거시적 요소와 돈사의 구조물과 혐오스러운 냄새가 담고 있는 분자, 원자, 아원자 등의 미시적 요소)가 '이곳은 돈사가 있어서 냄새가 많이 난다' 같은 지식을 생성(정보처리기)하고 '혐오스러운 냄새로 불쾌하다'라는 감정이 발생하는(에너지처리기) 경우가 해당한다.

셋째, 중성적 지식과 중성적 감정의 동조현상이다. '1+1=2이다', '비가 온다' 같은 지식과 무덤덤, 담담함 같은 감정이 연합되는 중성적 관계이다.

이러한 중성적 관계는 습성화된 일상에서 흔히 발견된다. 예컨대, 버스로 회사에 출근할 경우를 생각해보자. 회사까지의 도로 사정, 버스의 노선과 구조 등 출근과 관련된 미시적, 거시적 정보-에너지가 중성적 지식과 감정을 생성한다. 중성적 지식으로는 '회사에 출근하려면 ○○버스를 ○○시 안에 타야 한다' 같은 형태일 수 있고, 이때에 느끼는 감정은 대부분 무덤덤하다.

그런데 만약 처리된 정보(지식)와 에너지(감정)가 일치하지 않으면 부조화 현상을 경험하게 된다. 즉, 긍정적인 지식(장미꽃은 사랑을 전할 때 유용하다 같은)이 생성되었는데도 불구하고 부정적 감정(슬픔, 분노 같은)을 경험하게 되면 작업통제관리기는 상반된 처리 결과를 놓고 혼란을 겪게 된다. 이러한 이중적인 처리 결과는 작업통제관리기의 능률을 저하시키고 심리적 장애를 발생시킬 수 있다.

다음은 지식과 감정의 종류를 정리한 것이다.

긍정적 지식	긍정적 감정
나, 타인, 사회, 집단의 성장과 발전 모두를 충족시키는 지식	기쁘다, 기분 좋다, 반갑다, 행복하다, 흐뭇하다, 즐겁다, 사랑스럽다, 자랑스럽다, 뿌듯하다, 눈물겹다, 황홀하다, 벅차다, 짜릿하다, 뭉클하다, 포근하다, 시원하다, 후련하다, 통쾌하다, 감격스럽다, 평화롭다, 평안하다, 위안되다, 든든하다, 태연하다, 만족하다, 신바람 나다, 근사하다, 멋있다, 상쾌하다, 아늑하다, 재미있다
부정적 지식	부정적 감정
나, 타인, 사회, 집단의 성장과 발전을 방해하는 지식	분하다, 답답하다, 억울하다, 서운하다, 섭섭하다, 불쾌하다, 밉다, 얄밉다, 슬프다, 애석하다, 괘씸하다, 당황스럽다, 허탈하다, 실망스럽다, 처량하다, 고독하다, 외롭다, 울적하다, 속상하다, 아쉽다, 부끄럽다, 민망하다, 겸연쩍다, 불안하다, 초조하다, 긴장되다, 조심스럽다, 걱정되다, 절망적이다, 원망스럽다, 후회스럽다, 참담하다, 처절하다, 가엾다, 쓰라리다, 혐오스럽다, 겁나다, 무섭다, 쓸쓸하다, 떨떠름하다, 야속하다, 짜증스럽다, 신경질 나다, 무기력하다, 불만스럽다, 지겹다, 놀라다, 어이없다, 위축되다, 안쓰럽다, 힘겹다, 아리송하다, 조급하다, 가소롭다, 얼떨떨하다, 혼란스럽다, 성가시다, 두렵다, 의기소침하다
중성적 지식	중성적 감정
나, 타인, 사회, 집단의 성장 및 발전과 무관한 지식	무덤덤하다, 담담하다, 그저 그렇다

(4) 정보처리기와 에너지처리기의 발달 수준

작업통제관리기처럼 정보처리기와 에너지처리기의 발달 수준에 차이가 존재하기 때문에 다양한 형태의 심리구조를 만들어낸다. 예컨대, 사람과 사람, 사람과 동물 또는 동물과 동물 간에 정보처리기나 에너지처리기의 발달 수준에 차이가 발생하지만, 개인 내부에서도 두 기관의 발달에 차이가 생긴다. 정보처리기와 에너지처리기의 발달 수준에 따라 다음의 3가지 유형을 가정할 수 있다.

첫째, 정보처리기 우세형(정보처리기〉에너지처리기)이다. 정보처리기의 발달 수준이 에너지처리기보다 높은 경우로 인지적 우세형이라 할 수 있다. 이 유형은 감정처리 능력보다 인지적 구성(지식) 능력이 발달하여 있기 때문에 지적 행동반응을 보일 가능성이 높다.

둘째, 에너지처리기 우세형(정보처리기〈에너지처리기)이다. 이 유형은 에너지처리기가 정보처리기보다 발달하여 있는 관계로 감정이 풍부하다. 감정 우세형으로 감정을 처리하는 능력이 발달하여 있어 다양한 감정을 포착하고 표현한다. 감성적 행동을 할 가능성이 상대적으로 높다.

셋째, 균등형(정보처리기=에너지처리기)이다. 정보처리기와 에너지처리기의 발달 수준이 대등한 관계로 인지적, 정서적 균등형이라 볼 수 있다. 이 유형은 이성적, 정서적 반응 영역이 균형을 이루고 있기 때문에 지적, 감성적 행동을 고르게 할 가능성이 높다.

(5) 단기기억저장고의 기능

단기기억저장고는 컴퓨터에 비유하면 RAM 기억(휘발성 기억)에 해당하는 것으로 이곳에 들어온 데이터는 약 18초 정도 머물다가 망각되거나 작업통제관리기에 의해서 재구성된다. 작업통제관리기는 작업한 데이터들을 일시적으로 단기기억저장고에 저장하고 필요할 경우 시연과 부호화를 통하여 무의식세계의 장기저장고에 저장한다. 그러므로 단기기억저장고에 있는 모든 데이터가 무의식세계의 장기저장고에 저장되는 것이 아니며 불필요한 데이터는 망각된다.

단기기억저장고에 저장되었다가 망각되는 예로는 명함을 받아보고 난 뒤 처음에는 이름을 기억하다가 얼마 지나지 않아 금방 그 이름을 잊어버리는 경우를 들 수 있다. 그러므로 단기기억저장고는 작업통제관리기가 작업하는 동안 생성된 데이터를 한시적으로 보관하는 역할을 한다.

3) 무의식세계

의식세계에 있는 단기기억저장고와 작업통제관리기(정보·에너지처리기 포함)는 전원이 꺼지면 기능이 정지되는 컴퓨터의 RAM과 CPU 같은 특성을 지니고 있다. 말하자면 생물의 전원 공급 장치인 육체가 죽게 되면 사라져 버린다.

이에 비하여 무의식세계에 있는 개인 무의식 장기저장고와 집합 무의식 장기저장고는 육신이 죽어도 사라지지 않는 정신의 블랙박스다. 정신의 블랙박스에 있는 2개의 장기저장고에 있는 데이터(정보-에너지)는 육체가 없어지더라도 우주정신 세계로 귀속된다. 우주정신 세계에서 개인 무의식 장기저장고의 내용은 집합 무의식 장기저장고에 흡수 통합되어 융해된 채 하나의 패키지처럼 존재한다. 그러므로 우주정신 세계에는 패키지화된 수많은 데이터(정보-에너지)들이 혼재되어 있다.

(1) 개인 무의식 장기저장고의 기능

개인 무의식 장기저장고는 출생하는 순간부터 지금까지 경험한 데이터(정보-에너지)들이 저장되는 곳이다. 이곳에는 후천적인 경험으로 생성된 데이터(정보-에너지)가 저장되어 있기 때문에 경험적이며 현실적이다. 이곳의 깊은 심연에는 자아(ego. 후천적으로 만들어진 자신)가 도사리고 있고 주관적인 가치로 구성된 가치체계가 있다. 그리고 이곳은 혼의 세계이다. 인간이 성장하면서 수행한 정신적 활동이 집약되어 응어리진 혼들이 들어있다. 또한, 이곳에는 경험적인 지식과 후천적인 욕구들이 들어 있다. 지금까지 생활하면서 처리된 데이터(정보-에너지)가 도서관의 목록처럼 정리되어 있으며 후천적으로 학습된 욕구(1차적 욕구인 식욕을 채우기 위해 맛있는 음식을 먹어본 경험을 바탕으로 더 맛있는 음식을 찾는 2차적 욕구 같은)가 있다.

개인 무의식 장기저장고의 두께도 사람마다 차이가 난다. 이것은 의식세계인 작업통제관리기의 절대적인 영향을 받은 결과이다. 개인 무의식 장기저장고에 들어있는 데이터(정보-에너지)는 작업통제관리기를 통해서 들어온 것이다. 그러므로 작업통제관리기의 발달 정도와 개인 무의식 장기저장고의 층의 두께는 비례한다. 말하자면 작업통제관리기의 의식구조가 발달할수록 개인 무의식 장기저장고에 들어 있는 데이터(정보-에너지)가 다차원적으로 분포되어 있다. CPU의 성능에 따라 하드디스크에 저장되는 데이터의 양과 질에 차이가 나는 이치와 같다.

그러므로 개인 무의식 장기저장고의 발달 정도도 생물 종의 안과 밖에서 차이가 발생할 수밖에 없다. 인간과 인간, 동물과 동물, 인간과 동물 간에 차이가 있게 된다. 동물도 정신적 활동을 하기 때문에 그 종의 고유 자아나 혼의 세계가 있으며, 단지 두께(층)의 차이가 존재할 뿐이다.

동물에게도 혼이 있는지는 논란의 대상이지만, 동물도 나름대로 정신활동을 하고 있다는 점에서 혼의 존재를 부인할 수 없다. 심지어 어떤 때는 동물에게도 영적인 능력이 있다는 생각을 갖게 하는 경우도 있다. 예컨대, 물가에 온 어린 사슴을 악어가 물고 들어가려 할 때 하마가 나타나 구해주는 장면이나 바다에 빠진 사람을 돌고래가 구해주었다는 얘기는 자신을 초월할 수 있는 영적 능력이 인간만의 고유영역인지 의문을 갖게 한다.

악어로부터 어린 사슴을 구해 준 하마 52

다이버를 구하는 흰 돌고래 52

일부 동물들이 보여주는 영적 정신활동은 동물들이 영적 특성을 지니고 있지 않은 것이 아니라, 영적 특성을 구현할 수 있는 의식세계의 발달이 한정되어 있다는 점을 시사해준다. 만약 동물들이 차원 높은 의식 수준(작업통제관리기의 성숙)을 가지고 있다면 그들도 충분히 영적 생활이 가능할 것이다. 이러한 사실은 인간 역시 의식 수준이 매우 낮으면 동물과 다름없는 생활을 하게 되리란 예측이 가능하다. 모든 사람이 전부 다 영적인 생활을 하고 있지 않다는 사실이 이를 방증한다.

여기서 우리는 모든 사물은 우주정신의 표상이며 축소판이란 점을 상기해야 한다. 온우주가 탄생하면서 생긴 사물 자체가 우주정신의 표출에 의한 것이기 때문에 모든 사물에는 고유의 우주정신이 들어 있다. 사물은 자신의 의식 수준에 따라 우주정신을 인식하고 실현하고자 한다. 우주정신의 실현은 그것을 인식할 수 있는 의식 수준의 차이에 따라 다르게 나타난다. 의식 수준은 서로 다른 생물의 종 간에 차이가 있을 뿐만 아니라 동종 안에서도 차이가 발생한다. 자아를 초월할 수 있는 고차원적 의식 수준을 가질 수 있다면 우주정신의 궁극적 실체인 영에 접근할 수 있게 된다.

(2) 집합 무의식 장기저장고의 기능

영은 무의식세계의 집합 무의식 장기저장고에 들어 있다. 집합 무의식 장기저장고에 저장된 데이터(정보-에너지)들은 선험적이며 개인의 경험과 무관하게 존재한다. 이 집합 무의식 장기저장고에는 선험적 지식(걷는 방법처럼 경험하지 않아도 아는 지식), 자기(self, 선험적으로 결정된 자신), 객관적 가치, 우주정신, 영(자기를 초월한 순수의식), 선천적 욕구(식욕, 성욕 같은 1차적 욕구)들이 들어있다. 말하자면 집합 무의식 장기저장고는 우주정신의 종합세트이면서 무의식세계가 패키지화된 것이다.

모든 생물의 잉태는 두 가지를 의미한다. 첫 번째는 DNA에 의한 육체(하드웨어)의 생성이며, 두 번째는 집합 무의식 장기저장고가 있는 무의식세계(소프트웨어)의 형성이다. 개인 무의식 장기저장고도 형성되어 있지만, 아직 그곳은 텅 비어있는 상태다. 생물이 잉태하는 순간 생물학적 DNA의 구조에 따라 종의 특성이 발현함과 동시에 그 특성에 맞는 무의식세계의 패키지가 들어오게 되어 있다.

　예컨대, 사람이 잉태하면 사람의 영과 자기가, 동물이 잉태하면 동물의 영과 자기가 들어와서 육체와 결합한다. 사람이 동물로 동물이 사람으로 교차적으로 영과 자기가 들어올 수 없다. 이것은 육체와 마음의 정보-에너지가 일치해야 하기 때문이다. 육체의 정보-에너지가 보내는 주파수와 동조현상을 일으키는 무의식세계의 정보-에너지가 끌려오도록 우주정신이 설계한 탓이다. 동종끼리만 생식이 가능하도록 한 DNA 내의 정보-에너지처럼 마음 역시 동종의 것들만 끌어올 수 있다.

　잉태된 생명체가 완성되어 탄생하게 되면 DNA에 의해 감각세계와 의식세계가 점차 발달하게 되고, 이들 세계의 작용에 따른 정보-에너지들은 개인 무의식 장기저장고를 채워간다. 이러한 과정은 우주정신의 원리에 따른 일련의 현상이다. 즉, 우주정신은 육체를 탄생시키면서 집합 무의식을 부여하였고(창조의 원리.) 태어난 육체는 자유의지로 제어할 수 있는 의식을 통하여 변화와 성장을 기하며(변화와 성장의 원리) 육체를 버리는 마지막 단계에 모든 의식은 사라지고, 정신의 블랙박스인 무의식세계의 장기저장고만 원래의 우주정신에 귀속된다(순환의 원리). 우주정신에 귀속되는 정신의 블랙박스는 탄생과정에서 부여받은 집합 무의식과 개인의 정신활동의 결과인 개인 무의식이 융해되어 변증법적으로 발전된 형태이다.

　우리가 육체를 버리고 남긴 정신의 블랙박스는 정보-에너지로만 존재하기 때문에 생각이나 말은 파동으로 감지되고 교류할 뿐이다. 그러므로 육체를 지닌 인간이 우주정신 세계에 연결되려면 정보-에너지 형태로 파동을 일으켜야 가능하다. 그런데 육체를 지닌 인간이 우주정신과 소통하는 통로는 개인 내부에 존재하는 집합 무의식 장기저장고가 있는 무의식세계이다.

우리 자신의 내부에 있는 집합 무의식 장기저장고에 들어있는 우주정신(또는 자기나 영)을 만나기 위해서는 의식적인 노력이 뒷받침되어야 한다. 우주정신은 생명체의 생존과 번식에 필요한 선천적 욕구들은 자동적으로 발현하도록 프로그램화하였지만, 자신의 모습은 좀처럼 볼 수 없게 만들어 놓았다.

우주정신과 만난다는 것은 온우주의 정보-에너지를 실은 주파수와 마음의 주파수를 일치시킨다는 뜻이다. 의식세계가 파동을 일으켜 무의식세계를 자극하면 무의식세계에 있는 정보-에너지 가운데 주파수가 일치하는 것과 교류하게 된다. 주파수대가 같은 의식세계와 무의식세계의 정보-에너지는 상승작용을 일으켜 온우주의 정보-에너지와 연결되기 쉽게 된다. 그러므로 집합 무의식 장기저장고의 문을 열고 우주정신과 소통하기 위해서는 두 가지 조건이 따른다.

첫째, 정보-에너지의 이동은 파동을 통해서 가능하기 때문에 우주정신과 연결되기 위해서는 일단 파동이 발생해야 한다. 의식적으로 생각하는 것 자체가 파동을 발생시키는 행위이다.

두 번째, 주파수가 맞아야 한다. 이를테면 라디오의 주파수처럼 서로의 주파수가 일치해야 송수신할 수 있다. 일명 슈먼공명(Schumann resonance)에 따르면 지구 고유의 주파수인 7.8Hz에 인간의 뇌파를 맞췄을 때 심신이 가장 편안하고 건강한 상태가 된다고 한다. 명상을 하게 되면 뇌파가 알파파(7-8Hz)로 변하여 심신이 이완되고 안녕감을 갖는 이유가 바로 슈먼공명 때문이다. 환자를 치료하는 치료사의 뇌파나 손에서 7~8Hz의 알파파가 발생하는 현상도 같은 맥락이다.[38]

물의 파동 현상 52

슈먼공명 이완 56

3. 인간의 사회화

인간은 결코 혼자 생존할 수 없는 존재이다. 우리는 생존에 필요한 사람들과 다양한 교류를 하며 생활하고 있다. 교류를 달리 표현하면 정보-에너지의 교환이다. 다양한 사람들과의 정보-에너지를 교환하는 행위 자체가 사회화이다. 사회생활에 필요한 것들, 예컨대, 언어, 생존기술, 기대, 역할, 태도, 예절, 규범 등은 정보와 에너지 형태로 구성되어 있으며 학습을 통하여 전달된다. 사회화는 이들 생활양식 속에 있는 정보-에너지를 학습하는 과정으로 외적 사회화와 내적 사회화로 나눈다.

외적 사회화는 사회생활에 필요한 정보-에너지가 작업통제관리기에 탑재될 때 '나' 밖에 있는 다른 사람에 의해서 조종되는 경우를 말한다. '나' 밖에 있는 다른 사람의 예로는 부모나 친구, 또는 교사나 제3자일 수 있다. 내가 원하지 않더라도 조종하는 사람의 의도에 따라야 하기 때문에 외적 사회화는 타율적 사회화의 형태이다.

이에 비하여 내적 사회화는 '나' 자신이 주체적으로 사회생활에 필요한 정보-에너지를 처리하는 경우에 해당한다. '나' 안에 있는 내적 기준(욕구, 기대 등)에 따라서 작업통제관리기의 정보-에너지 처리가 시행된다. 따라서 내적 사회화는 자율적이며 선택적인 사회화 형태이다. 즉, 정보-에너지의 처리 과정에 영향을 미치는 주체가 누구냐에 따라서 외적 사회화와 내적 사회화로 양분된다. 외적 사회화는 그 주체가 타인이기 때문에 비자발적 성격을 띠지만 자기 자신이 정보-에너지 처리의 주체인 내적 사회화의 경우는 자율적, 능동적 성격을 갖게 된다.

사회화의 종류는 정보-에너지 처리 주체에 따라서 외적, 내적 사회화로 구분할 수 있으며 동원되는 방법에 따라서 좀 더 세분화할 수 있다. 작업통제관리기가 정보-에너지를 처리할 때 긍정적 또는 부정적 방법 가운데 어느 것이 사용되었는지에 따라 긍정적 사회화와 부정적 사회화로 나눌 수 있게 된다.

긍정적 방법은 칭찬과 격려 같은 긍정적 보상에 의한 것이며 부정적 방법은 비판, 강요, 억압, 훈계 같은 부정적인 처벌에 따른 것이다. 긍정적 사회화에는 긍정적 보상 방법이, 부정적 사회화에는 부정적 처벌 방법이 보통 사용되고 있으나 반드시 절대적인 것은 아니다. 상황에 따라서 두 가지 방법이 혼용될 수도 있기 때문이다. 동원된 방법의 결과에 따라서 긍정적, 부정적 사회화가 이루어진다. 그러므로 사회화의 형태는 긍정적 외적 사회화, 부정적 외적 사회화, 긍정적 내적 사회화, 부정적 내적 사회화 등 모두 4가지다.

첫째, 긍정적 외적 사회화는 사회화의 주체가 자신이 아닌 외부의 사람이나 사물이지만 사회화의 방법이 긍정적인 경우이다. 이 형태의 경우에는 사회화의 주체들이 주로 쓰는 방법이 정적 강화(기대나 역할에 맞는 행동을 하도록 조장하기 위해 좋아하는 긍정적 강화물을 수여)나 부적 강화(기대나 역할에 맞는 행동을 하도록 조장하기 위해 싫어하는 부정적 강화물을 제거)를 주로 사용하게 된다. 긍정적 강화물(칭찬이나 격려, 배려 같은 좋아하는 것)을 주거나 부정적 강화물(청소하기, 집안일 거들기 같은 싫어하는 것)을 제거시킴으로써 사회화 과정을 촉진한다.

둘째, 부정적 외적 사회화는 '나' 밖의 사회화 주체들이 사회화 방법으로 부정적 방법을 동원하는 경우이다. 주로 수여성 벌(기대나 역할에 맞지 않은 행동을 하면 싫어하는 것을 부과)이나 제거성 벌(기대나 역할에 맞지 않은 행동을 하면 좋아하는 것을 박탈)을 사용하여 타율적으로 사회화 과정을 이행시킨다.

셋째, 긍정적 내적 사회화는 사회화의 주체가 자신이라는 점을 빼면 긍정적 외적 사회화 형태와 같다. 즉, 자기 자신이 사회화의 주체가 되어 스스로 사회생활에 필요한 것들을 선택적으로 학습한다. 대부분 자기 스스로 긍정적 강화물을 주거나 부정적 강화물을 제거하여 사회화 과정을 달성한다.

넷째, 부정적 내적 사회화는 사회화의 방법이 부정적이지만 사회화의 주체가 자신이라는 점에서 부정적 외적 사회화 형태와 구별된다. 이 형태는 자기 자신을 수여성 벌이나 제거성 벌과 같은 처벌의 방식으로 사회화시켜나간다.

긍정적(부정적) 외적 사회화가 주로 원하지 않는, 책무적인, 기성적인, 현실적인, 공통적인 특성을 지니는 반면, 긍정적(부정적) 내적 사회화는 원하는, 필요에 의한, 창조적인, 이상적인, 개성적인 특성을 지니게 된다.

사회화의 형태를 정리해보면 다음과 같다.

형 태	사회화의 주체	형성 방법	보 기
긍정적 외적 사회화	'나' 밖의 요소 (타인)	주로 긍정적 타인 강화와 보상	학교에서 학생으로서 본분을 다하면 타인으로부터 보상받는 상황(청소를 열심히 하여 모범상을 받음)
부정적 외적 사회화	'나' 밖의 요소 (타인)	주로 부정적 타인 처벌	학교에서 학생으로서 본분을 어기면 타인으로부터 처벌받는 상황(수업시간에 떠들어 반성문을 작성함)
긍정적 내적 사회화	'나' 안의 요소 (자신)	주로 긍정적 자기 강화나 보상	학교에서 학생으로서 본분을 다하여 스스로 보상을 주는 상황(어려운 친구를 도와주고 잘했다고 스스로를 칭찬함)
부정적 내적 사회화	'나' 안의 요소 (자신)	주로 부정적 자기 처벌	학교에서 학생으로서 본분을 다하지 못해 스스로 처벌을 가하는 상황(체육대회 때 실수한 자기 자신을 비난함)

    사회화 과정에서 조건화 현상이 발생한다. 사회화 과정을 효과적으로 달성하기 위하여 사회화 주체들이 조건부 이행을 시도하기 때문이다. 어떤 조건을 내세우고 그것을 이행하도록 함으로써 피주체자를 주체자의 의도대로 끌어오려 한다. 사회화 주체들이 제시한 조건을 피주체자가 학습하는 과정, 즉 사회화 주체들에게 길들여지는 과정에서 조건화 현상이 발생한다.

    조건화 현상을 공식화하면 다음과 같다.

$$조건화\ 현상(C) = f(A \rightarrow B)$$
$$A: 필요요소\quad B: 충족요소$$

    조건화 현상은 필요요소와 충족요소 간의 함수관계다. 그 형식은 '~이면 ~이다'로 표현할 수 있다. 말하자면 필요요소를 갖추면 그에 따라 이러이러한 것들을 충족시켜주는 조건의 이행 과정이다. 예컨대, '심부름하고 오면 용돈을 주겠다', '말을 안 들으면 용돈을 안 주겠다' 같이 전제조건이 필요요소로 제공되고 그 이행 결과에 따라 충족요소가 뒤따른다.

    그런데 필요-충족의 조건화 현상에 따라 조건화 가치가 형성된다. '심부름을 하고 오면 용돈을 주겠다'에는 사랑받기 위해서는 말을 잘 들어야 한다는 조건부 단서(정보-에너지)가 깔려있다. 이때의 사랑은 조건부이며 말을 잘 들어야 한다는 조건부 단서가 반복적으로 주어지게 되면 사랑은 조건화된 가치로 고착된다. 조건부 단서 속에 있는 정보-에너지들이 누적된 결과에 의해서 조건부 가치가 형성되는 것이다. 가치는 범주화된 정보-에너지들의 집합체이기 때문에 유사하게 조건화된 정보-에너지들이 모여 조건화된 가치를 만들어낸다.

조건화 가치는 사회화 과정에서 형성되므로 사회화의 형태에 따라 그 종류가 달라진다. 즉, '외적 사회화-외적 조건화 현상-외적 조건화 가치', '내적 사회화-내적 조건화 현상-내적 조건화 가치'같이 사회화의 주체에 따라 또는, '긍정적 사회화-긍정적 조건화 현상-긍정적 조건화 가치', '부정적 사회화-부정적 조건화 현상-부정적 조건화 가치'처럼 사회화 방법에 따라 구분할 수 있다.

물론 이와 같은 인위적인 구분 방식은 상당한 위험을 내포한다. '외적 사회화-내적 조건화', '내적 사회화-외적 조건화', '긍정적 사회화-부정적 조건화', '부정적 사회화-긍정적 조건화' 등 다양한 조합이 가능하기 때문이다.

사회화나 조건화 과정은 개인의 심리적 요인과 관련되어 있기 때문에 두부 자르듯이 명쾌하게 기술될 수 없다. 엄밀히 말해서 사회화나 조건화의 최종적인 주체는 바로 우리 자신이다. 그래서 본질적으로 사회화나 조건화 형태를 '외적 또는 내적'으로 구분하는 것 자체가 무의미할지 모른다. 우리는 단지 사회화 과정과 연관된 조건화 현상을 이해하고 가치가 어떤 형태로 조건화되는지 기술할 필요성을 느낀다.

다양한 경로가 예상되는 관계로 단정적으로 분류하는 데 어려움이 있으나 조건화(사회화)의 주체와 방법에 따라 크게 네 가지 조합이 가능하다. 즉, '긍정적 외적 조건화 가치', '부정적 외적 조건화 가치', 그리고 '긍정적 내적 조건화 가치', '부정적 내적 조건화 가치'가 그것이다. 이들을 표로 제시하면 다음과 같다.

조건화 가치	조건화 주체	조건화 방법	조건화 현상(형식)	예
긍정적 외적 조건화 가치	'나' 밖의 요소 (타인)	반복되는 강화와 보상	A이면 B이다 (A→B)	이번 시험에서 100점 받으면 사랑해줄 거야.
			A이면 B 아니다 (A→~B)	이번 시험에서 100점 받으면 미워하지 않을 거야.
부정적 외적 조건화 가치	'나' 밖의 요소 (타인)	반복되는 타인 처벌	A이지 않으면 B이다(~A→B)	이번 시험에서 100점 받지 않으면 미워할 거야.
			A이지 않으면 B 아니다 (~A→~B)	이번 시험에서 100점 받지 않으면 사랑하지 않을 거야.
긍정적 내적 조건화 가치	'나' 안의 요소 (자신)	반복되는 자기 강화나 보상	A이면 B이다 (A→B)	이번 시험에서 100점 받으면 나 자신을 사랑해야지.
			A이면 B 아니다 (A→~B)	이번 시험에서 100점 받으면 나 자신을 미워하지 말아야지.
부정적 내적 조건화 가치	'나' 안의 요소 (자신)	반복되는 자기 처벌	A이지 않으면 B이다(~A→B)	이번 시험에서 100점 받지 않으면 나 자신을 미워해야지.
			A이지 않으면 B 아니다(~A→~B)	이번 시험에서 100점 받지 않으면 나 자신을 사랑하지 말아야지.

가치
통섭

1) 긍정적 외적 조건화 가치

긍정적 외적 조건화 가치는 대부분의 사회화 교육기관에서 많이 생성되고 있다. 학생들의 부정적 행동을 수정하기 위해 조건을 제시하고 학습하도록 유도하는 과정이 수차례 반복된 결과다. 이 가치의 순기능은 개인과 집단(사회)의 발전에 도움이 된다는 점이다. 비록 조건화의 주체가 타인이지만, 그 결과가 개인의 행동을 긍정적으로 형성시켜주고 사회의 발전에도 기여하기 때문에 유효하게 받아들여지고 있다.

우리는 여기에서 행동주의의 조작적 조건화(강화와 벌에 의한 학습과 훈련) 방법에 주목할 필요가 있다. 행동주의자가 사용하는 강화물(칭찬, 사탕 같은)은 긍정적 행동을 조성하는 데 매우 요긴한 매체이다. 즉, 강화물의 사용을 통한 행동 수정 방법은 긍정적 외적 조건화 가치를 생성할 가능성을 높인다. 물론 행동주의에서는 행동 자체만을 다루지 마음, 즉 가치를 중요시하지 않는다.

그러나 행동만을 다룬다고 가치가 조성되지 않는 것은 아니다. 행동은 마음속 작업통제관리기의 작동 결과이기 때문이다. 외부의 정보－에너지를 처리한 작업통제관리기의 명령에 따라 행동이 나타난다. 즉 모든 행동은 마음의 반영 결과다. 마음이 행동으로 표현되는 과정에서 가치가 생성되거나 변형될 수 있다.

긍정적 외적 조건화 가치가 되기 위해서는 조건화된 가치가 개인과 사회의 성장을 동시에 만족시켜야 한다. 즉, 개인과 사회의 두 가지 측면을 동시에 충족시키지 않으면 긍정적 가치가 될 수 없다.

2) 부정적 외적 조건화 가치

부정적 외적 조건화 가치는 긍정적 가치의 두 가지 요소, 즉 개인과 집단의 성장을 동시에 만족시키지 못하는 가치이다. 특히, 외적 사회화 과정은 자신의 주체성을 떨어뜨리기 때문에 '자기로부터의 소외'를 발생시킬 수 있다. 말하자면 이 가치는 자신의 고유한 모습으로 생활하지 못하고 부모나 주변 사람들의 기대나 역할에 따라 행동하며 살아가게 한다.

마치 펄스(Perls)가 제안한 신경증의 다섯 가지 층 가운데 공포 혹은 연기층 속에 갇혀 사는 사태가 벌어진다. 개인은 환경에 적응하기 위해 자신의 욕구를 억압하고 주위에서 바라는 역할 행동을 연기하며 살아가게 된다. 이러한 사람은 자신이 하는 행동이 연기라는 것을 망각하고 그것이 진정한 자신인 줄 착각하고 살아간다. 그러므로 자신이 추구하는 가치가 자신의 성장을 가져오는 긍정적 가치같이 보이지만, 실제로는 부정적으로 작용한다.

이런 사람은 융(Jung)이 말하는 페르소나(persona, 가면)를 뒤집어쓰고 사는 사람 같다. 타인에게 보여지는 개인으로써 사회가 그에게 담당하기를 기대하는 배역을 받아 연기하는 연극배우와 같은 처지다. 자신의 욕구나 느낌, 추구하는 가치를 깨닫지 못하고 페르소나를 쓰고 있는 사람은 겉으로는 적응적으로 보일 수 있다.[13] 그러나 그 적응의 방식이 본래 자기가 원하는 바가 아니고 부정적으로 조건화된(처벌의 형식) 것이므로 점차 자신의 본성에서 소외되어 버린다.

3) 긍정적 내적 조건화 가치

내적 조건화 가치는 일종의 자기 최면의 과정에서 형성된다. 자신이 사회화의 주체가 되어 스스로 긍정적인 최면을 반복적으로 시행하게 되면 긍정적 내적 조건화 가치가 형성된다.

따라서 이 가치는 개인의 자주성에 기초하고 있다. 자주성이 발달한 사람의 경우 다른 조건화 가치에 비하여 긍정적 내적 조건화 가치가 상대적으로 많게 된다. 이 가치는 긍정적 가치이기 때문에 개인뿐만 아니라 사회에 좋은 영향을 미친다. 어차피 인간은 '사회화−조건화 현상−조건화 가치' 과정을 피할 수 없기 때문에 이 가치가 가장 유용하게 보인다.

4) 부정적 내적 조건화 가치

부정적 내적 조건화 가치도 개인의 자발성에 기초한 사회화 과정에서 형성된다. 개인이 주체적으로 부정적인 최면을 걸게 되면 조건화 현상이 일어나고 그 결과 부정적 가치로 정착된다.

이 가치는 다른 사람이나 주변 여건을 비교적 덜 고려하기 때문에 '타인으로부터의 소외'를 경험할 수 있다. 스스로 조건부 단서를 달고 가치를 조건화시키는 과정에서 중심 역할을 하는 것은 자신의 관점

(욕구나 기대 등)이다. 그러나 자신의 관점에 충실할수록 다른 사람의 생각이나 감정, 태도 및 입장을 이해하는 능력이 부족해지기 마련이다. 즉, 사회적 관점 수용 능력의 결핍 현상이 발생한다.

사회적 관점 수용 능력은 다른 사람을 이해하고 배려하는 중요한 요소이기 때문에 이것이 부족하게 되면 다른 사람과의 관계 맺기에 어려움을 겪을 수 있다. 사회적 동물인 인간에게 사회성의 결핍은 각종 부적응 행동의 요인이 되며 소외감을 유발한다.

6. 가치관점에서 본 심리장애

우울, 불안, 강박, 망상 등 이른바 심리적 장애란 무엇일까? 우주정신은 선도 악도 아니며 중립적이다. 심리적 장애 현상은 가치 입장에서 보면 부정적 가치에 해당한다. 이미 언급한 바와 같이 온우주에는 부정적, 긍정적 가치(형질)가 공존하고 있다. 밤이 있으면 낮이 있고 낮이 있으면 밤이 있으며 추위가 있으면 더위가 있다. 서로 대립하는 현상처럼 보이는 것들이 서로 어울려 섞이면 중립적인 상태(zero sum, 영점합계)에 이른다. 그렇다고 검정과 흰색 물감이 섞인 회색 물감처럼 온우주는 회색이 아니다. 물론 회색 상태도 있겠지만, 검정 아니면 흰색 상태이다. 대체로 구분이 명확하다는 의미이다. 음(陰) 아니면 양(陽)의 상태가 어울려 있다. 대부분 생명체도 암수가 따로따로 되어 있지만, 함께 어울려 살지 않던가!

사실 우리 눈에 보이지 않지만 온우주에는 부정적, 긍정적 형질(가치)들이 정보-에너지 형태로 존재하며 상호작용하고 있다. 이것들은 마치 한류와 난류가 만나서 풍부한 어장을 형성하는 바다같이 인간세계에서 사람들을 살아가게 하는 영양분을 공급해 준다.

아주 뜨거운 열대의 바다나 아주 차가운 극지방의 바다에는 영양분이 많지 않아 해양 생태계가 풍부하지 않다는 사실을 떠올려보자. 단순히 생각해보면 더위나 추위는 서로 상반된 개념이 없다면 성립되지 않는다. 밝음과 어둠도 마찬가지다. 너무 밝기만 한 곳에 자란 식물은 튼실한 열매를 맺지 못한다. 가로등 불빛 때문에 곡식의 수확이 줄었다고 불평하는 농부의 심정을 이해해야 한다.

그러므로 두 가지 가치(형질)의 선후와 경중을 따질 수 없다. 그것들은 쌍립하여 서로 존재하는 쌍둥이와 같다.

쌍둥이 같은 긍정적·부정적 가치의 관계 57

긍정적·부정적 가치가 풍부한 어장 58

정도의 차이는 있지만, 사람이 사는 곳에는 완전히 부정적인 가치(형질)만 있거나, 반대로 완전히 긍정적 가치(형질)로 넘쳐나지는 않는다. 만약 이런 곳이 있다면 사람은 생존할 수 없다. 균형이 파괴된 생태계처럼 사람이 살 만한 영양분이 없기 때문이다.

사람이 살 만한 장소가 되려면 부정적·긍정적 가치(형질)들이 뒤섞여 풍부한 영양분이 생겨나야 한다. 우주정신의 제3의 원리인 순환의 법칙에 따라 부정적 가치(형질)와 긍정적 가치(형질)는 서로 교류하며 순환한다. 예컨대, 죽음은 탄생으로 이어지고 탄생은 다시 죽음으로 연결된다. 이때 죽음과 탄생 속에 있는 정보는 상이하지만, 본질적으로 에너지는 동일하다. 말하자면 정보에 따라 죽음과 탄생의 형태가 나타나지만, 그 속에 들어 있는 에너지는 변함없이 흐르고 흐른다. 이것은 에너지 보존의 법칙으로 해명될 수 있을 것이다. 물질의 형태는 달라져도 에너지의 양은 변하지 않는다는 과학적 원리 말이다.

　이러한 가정은 다음과 같은 사실을 말해준다. 부정적 가치(형질)나 긍정적 가치(형질) 속에 들어 있는 에너지의 양은 동일하며, 단지 에너지의 성질(차갑거나 더운)과 정보의 형태만 다를 뿐이다.

　앞서 말한 대로 가치의 속성은 온우주 만물에 들어 있다. 온우주 관점에서 보면 가치도 정보-에너지의 덩어리이다. 그리고 지구상에 존재하는 모든 사물은 정보-에너지 망으로 연결되어 있다. 우리가 부정적 정보-에너지를 마음속에 가지고 있다면 사물에 그대로 투영된다.

　심리검사 방법 가운데 로샤(Rorschach)나 TAT(주제통각검사) 같은 투사법은 이 원리를 응용한 사례이다. 동일한 장면이나 상황이지만, 부정적 정보-에너지를 가지고 있는 사람은 그것을 부정적으로 인식하게 되어 있다. 모든 것에는 부정적, 긍정적 정보-에너지가 공존하고 있지만, 마음속의 부정적 정보-에너지가 사물의 부정적 정보-에너지에 맞춰지는 것이다. 이것이 이른바 주파수 동조현상이다. 유유상종(類類

相從)이란 말처럼 정보-에너지도 주파수가 같은 것끼리 끌어당긴다.

우리가 길가에 달랑 하나 놓인 돌멩이를 보고 답답함을 느꼈다면 마음속의 부정적 정보-에너지와 돌멩이의 부정적 정보-에너지가 연결된 것이다. 돌멩이의 부정적 정보-에너지는 넓은 공간에 한 개만 놓여 있고, 거기다가 날씨마저 쌀쌀하여 찬 기운이 돌고 있는 상황과 연관되어 있다. 돌멩이가 보내는 부정적 정보-에너지는 감각세계를 거쳐 의식세계에 있는 작업통제관리기에 접수되고 이것은 즉각적으로 정보처리기와 에너지처리기로 보내져 처리된다. 작업통제관리기는 두 기관의 처리 결과(지식, 감정)를 종합하여 데이터로 포장한 다음 단기기억저장고에 저장하였다가 개인 무의식 장기저장고에 이송한다. 우리가 만약 부정적 가치(외로움, 고독 같은)를 느꼈다면 작업통제관리기가 부정적인 데이터를 생성하였기 때문이다. 예컨대, '나는 외로운 돌멩이구나', '나는 못생긴 돌멩이야' 같은 부정적 인식은 작업통제관리기의 최종적인 작업의 결과다. 물론 작업의 결과물(데이터) 속에는 인지적인 요소(지식, 지혜 같은)뿐만 아니라 정서적인 요소(감정, 느낌 같은)가 함께 녹아있다. 작업통제관리기가 생성한 데이터들은 개인 무의식 장기저장고에 저장되어 있다가 두 기관(정보·에너지처리기)의 처리 결과를 종합할 때 참고 자료로 활용된다.

따라서 무의식세계에 부정적 데이터들이 많이 쌓여있을수록 부정적인 인식작용이 빈번하다. 이 말은 곧 부정적 사고와 감정을 경험할 확률이 높음을 시사한다. 이러한 부정적 사고와 감정은 작업통제관리기의 성장을 방해하고 그 기능을 떨어뜨리는 주요 원인이다. 특히, 누적된 부정적 감정은 작업통제관리기의 자극(정보-에너지) 수용 능력을 저하시키고 현실감각을 떨어뜨려 행동세계에 적절한 반응을 지시할 수 없게 된다. 이렇게 되면 생활상의 문제가 발생하게 되고 결국 심리적 장애로 이어질 수 있다.

7. 심리적 장애와 가치편중 현상

온우주에 있는 가치는 인간이 명명하기 전에는 절대적 형질로 존재했으며 정보–에너지 형태로 작용하였다. 인간은 정보–에너지로 나타난 현상들을 삶의 주제로 묶어 가치로 명명한다. 우리는 명명한 가치를 선택한 다음 그것에 의존하여 생활한다. 가치를 선택한다는 것은 곧 특정한 정보–에너지를 선택한다는 의미이다. 그리고 어떠한 정보–에너지를 선택할지는 전적으로 우리 자신의 몫이다.

우리는 우주정신으로부터 관찰자의 지위를 물려받았다. 관찰자는 주의집중의 방법을 통하여 어떤 것에 영향을 미친다. 신기하게도 온우주에 흩어져있는 정보–에너지(입자)들은 마음의 주시를 받으면 한 곳에 모여든다. 마음이 내보내는 주파수에 따라 온우주에 있는 정보–에너지(입자)가 반응하는 것이다. 마치 방송국의 주파수처럼 마음이 만들어내는 주파수와 일치하는 온우주의 정보–에너지가 연결되어 서로 끌어당긴다. 이것이 이른바 '끌어당김의 법칙'이다. 온우주에 가득한 정보–에너지는 마음이 내보내는 파동과 연결되어 이끌려온다.

만약 마음이 부정적 파동을 내보내면 어떻게 될까? 당연히 온우주에 있는 부정적 정보—에너지가 자석처럼 달라붙는다. 마찬가지로 마음속의 긍정적 파동은 온우주의 긍정적 정보—에너지를 가져오게 되어 있다. 마음이 내보내는 주파수의 형태에 따라 교감하는 정보—에너지가 달라진다.

그렇다면 심리적 장애는 왜 생기는 것일까? 앞서 말한 바와 같이 인간은 온우주의 하위 체제로서 우주정신의 축소판이기 때문에 부정적, 긍정적 가치들을 모두 가지고 있다. 우리는 수시로 두 가지 가치를 번갈아 인식하며 자기 자신 밖으로 주파수를 내보내고 있다. 이때 끌려오는 정보—에너지는 마음속에 쌓이게 된다. 말하자면 마음이 내보내는 주파수와 동조현상을 일으킨 정보—에너지는 심리적 처리 과정을 거쳐 무의식 세계에 저장된다.

만약 우리의 의식세계가 특정한 정보—에너지를 계속 끌어오게 되면 어찌 될까? 그렇게 되면 우리 마음속(개인 무의식 장기저장고)에 특정한 정보—에너지가 상대적으로 많아지게 된다. 말하자면 정보—에너지의 불균형 상태가 발생하게 된다. 이것은 정보—에너지 편중현상으로 특정 정보—에너지가 개인 무의식 장기저장고에 압도적으로 많이 쌓이게 되는 경우를 말한다.

특정 정보—에너지가 의식세계의 처리 과정을 거쳐 개인 무의식 장기저장고에 저장되면 이 정보—에너지는 덩어리로 묶여서 분류되는 형태, 즉 데이터화된 정보—에너지가 된다. 마치 컴퓨터의 파일을 모아놓은 폴더처럼 유사하거나 동질의 정보—에너지를 그룹화하여 저장하는 방식이다. 정보—에너지를 그룹화하여 묶어놓으면 데이터(정보—에너지)를 인출하기 쉽다.

그러므로 개인 무의식 장기저장고에는 데이터화된 정보-에너지들이 무수히 많이 존재하게 된다. 정보-에너지의 분포 상태가 어떤 식으로 되어 있는지에 따라 다양한 형태가 나타난다.

아래의 그림들은 데이터화된 정보-에너지가 개인 무의식 장기저장고에 축적된 비율에 따라 형성된 가치의 분포 유형을 보여준다.

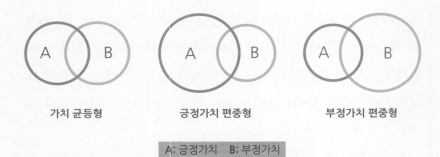

가치 균등형   긍정가치 편중형   부정가치 편중형

A: 긍정가치   B: 부정가치

첫째, 가치 균등형은 긍정가치와 부정가치가 어느 정도 비슷한 비율로 분포되어 있는 형국으로 가장 일반적인 형태이다. 우리의 일상은 온우주의 속성처럼 긍정과 부정이 뒤섞여 있기 때문에 정상적인 사람은 대체로 이 형태를 띨 것이다. 기쁨과 슬픔, 행복과 불행, 희망과 절망 등이 보편적인 비율로 공존하는 모습을 보인다.

둘째, 긍정가치 편중형은 긍정가치가 부정가치보다 우세한 비율로 분포되어 있는 형태이다. 이 형태는 온우주의 긍정적인 현상에 초점을 맞추고 관련 정보와 에너지를 수용한 결과 형성된다. 이 형태의 분포 수는 가치 균등형에 비하여 적다.

셋째, 부정가치 편중형은 부정가치가 긍정가치보다 우세한 비율을 차지하고 있는 형국이다. 이 형태는 긍정가치 편중형과 반대되는 경우로 온우주의 부정적 현상에 초점을 맞추고 관련 정보와 에너지를 수용한 결과 형성된다. 즉, 개인 무의식 장기저장고에 부정적 정보—에너지가 과다하게 쌓여있는 형태이다.

이 세 가지 형태 가운데 심리적 장애와 관련 있는 것은 긍정가치 편중형과 부정가치 편중형이다. 긍정가치 편중형의 경우 긍정적 정보—에너지가 너무 과다하게 쌓이게 되면 지나친 가치 편식 현상으로 인해 오만, 방종(칭찬이나 긍정적 성공경험의 과다 누적)과 같은 품행장애를 가져올 수 있다.

물론 심리적으로 크게 문제가 되는 경우는 부정가치 편중형이다. 부정가치 편중형은 부정적 정보—에너지가 과다하게 누적되어 심리기제의 원활한 작동을 방해하게 된다. 우리의 마음은 의식세계의 작업통제관리기가 정보를 처리(인식작용)할 때마다 부산물로 정서(감정)를 경험한다. 작업통제관리기 안에 있는 정보처리기가 인지적 처리 과정을 수행함과 동시에 에너지처리기 역시 정서적 기제를 작동시키기 때문이다. 마치 자동차의 실린더에서 연료가 연소할 때 동력과 함께 열이 발생하는 이치와 같다. 자동차는 연료가 연소하면서 발생한 동력으로 바퀴를 움직여 이동하지만 부산물로 열을 얻게 되고 이 열은 적절히 소모되어야 한다.

만약 정보처리기가 정보 처리 과정에서 부정적으로 기능(부정적 지식 생산)하게 되면 에너지처리기에서도 부정적 정서가 양산된다. 정서는 곧 에너지로 정보(인지)와 맞물려 주파수 동조현상을 일으킨다. 이렇게 해서 생산된 부정적 에너지는 마음속에 동맥경화를 일으키기 쉽다.

마치 혈관을 막는 콜레스테롤처럼 원활한 정보처리 과정을 방해하고 심리기제가 제 기능을 못 하도록 만들어버린다.

즉, 마음속에 과도하게 누적된 부정적 가치(정보-에너지)가 심리적 장애의 요인이 된다.

8. 심리장애의 진행

우주정신의 뜻에 따라 인간은 창조되었으며 변화와 성장의 원리에 의해 진화하고 있다. 창조된 인간은 자유의지대로 스스로 선택할 수 있는 능력을 지녔다. 그래서 온우주에 가득 찬 정보-에너지를 마음먹기에 따라서 취사선택할 수 있다. 어쩌면 마음속의 정보-에너지와 온우주의 정보-에너지를 일치시킨다는 표현이 정확할지 모른다. 마음속의 주파수에 맞는 온우주의 주파수가 공명하여 끌려오는 과정이라 할까. 주파수를 동조화시키는 과정에서 인간은 변화를 겪게 되고 성장을 경험한다. 이것은 대단히 능동적인 선택 활동이다.

능동적인 선택 활동은 자유의지를 전제로 한다. 자유의지가 있어야 능동적인 선택이 가능하기 때문이다. 인간은 우주정신의 축소판이기 때문에 온우주가 창조의 원리에 따라 창조된 것과 같이 스스로를 창조할 수 있다. 우주정신은 집합 무의식 장기저장고에 선험적 욕구들을 심어놓고 이것들이 적절히 발현하도록 설계해 놓았다. 인간은 자신의 자유의지를 바탕으로 욕구들을 충족할 수 있는 효과적인 방법을 찾는다.

그런데 인간은 성장 과정에서 자유의지대로 욕구들을 충족할 수 있는가? 물론, 대답은 '아니다'이다. 이 '아니다' 시기가 문제가 된다. '아니다' 시기는 줄기세포처럼 각각의 위치로 자리를 잡아가는 마음이 누군가에게 통제받는 때이다.

인간은 청소년기를 벗어날 때까지 직접적으로 부모의 통제를 받고 성인이 되어 사회에 진출해도 동료나 상사 같은 사람들과 관계를 맺는 과정에서 통제를 경험한다. 특히, 아동기 이전에는 욕구를 표출할 때마다 통제받는다. 흔히 부모의 양육태도를 포함한 생육환경이 욕구 충족에 많은 영향을 미친다. 그러므로 부모의 통제와 아동의 자유의지 사이에 갈등이 발생한다. 부모의 통제력은 자녀의 자유의지가 상대적으로 강해질 때까지 큰 영향을 미치며 갈등을 잠재우게 된다.

부모가 양육 과정에서 행사하는 통제는 한 마디로 자녀에 대한 정보-에너지의 투입이라 할 수 있다. 아동기 이전에는 의식세계의 층이 얇아서 부모가 투입한 정보-에너지를 재구성하거나 통합하는 능력이 떨어져 있다. 따라서 제대로 성숙하지 않은 의식세계에 들어온 부모의 정보-에너지는 대부분 걸러지지 않고 아동의 개인 무의식 장기저장고에 저장된다. 부모의 양육환경에서 부정적 정보-에너지가 긍정적인 것보다 많았다면 아동의 개인 무의식 장기저장고에도 비슷한 비율로 두 가지 정보-에너지가 저장되어 있을 것이다.

예컨대, 부모가 아동의 욕구를 억압하는 금지령과 부정적 언행을 지나치게 사용하게 되면 부정적 정보-에너지가 개인 무의식 장기저장고에 더 많게 된다. 아동의 욕구를 무시한 부정적인 훈육방법 속에는 '말을 듣지 않으면 돌봄을 제대로 받지 못할 거야' 같은 부정적 정보가 들어 있으며 두려움을 느끼게 하는 부정적 에너지가 동반된다. 주파수 동조현상에 의하여 인간의 의식세계는 긍정적 정보-에너지를 처리하면 긍정적 정서를, 부정적 정보-에너지를 처리하면 부정적 정서를 파생시키는 구조로 되어 있다.

이것은 아동기 이전에 빈번하게 일어나는 부정적 조건화 현상의 단면으로 부정적으로 조건화된 정보-에너지(가치)는 쉽게 변형되거나 재통합되지 않는다. 그만큼 부정적 조건화 가치(정보-에너지)의 영향력은 지대하다. 성장기(주로 아동기 이전)에 형성된 부정적 조건화 가치(정보-에너지)는 쉽게 사라지지 않고 이후의 삶에 많은 영향을 미친다.

부정적 조건화 가치(정보-에너지)의 영향력이 큰 이유는 백지상대의 마음속에 잘 지워지지 않는 색으로 물감을 칠해놓았기 때문이다. 마치 유색 유성 페인트처럼 부정적 조건화 가치는 무의식 세계에 깊이 각인되는 성질이 있다. 이것은 수성 페인트처럼 쉽게 물로 지워지지 않으며 재도색을 해야 한다.

이미 주지의 사실이지만 작업통제관리기는 무의식 세계의 장기저장고에 보관된 데이터(정보-에너지)를 참고하게 되어 있다. 주파수 동조현상에 의해서 자극(정보-에너지)을 처리하기에 알맞은 데이터를 끌어다가 사용하는 것이다. 작업통제관리기는 유목화된 데이터 목록에서 조건화된 정보-에너지(가치)를 먼저 검색한 다음 부정적인 정보-에너지(가치)를 찾는다.

조건화된 정보-에너지가 우선인 이유는 생애 초기에 생존과 밀접히 관련되었기 때문이다. 아동은 생존을 위해 자신이 통제할 수 없는 상황을 받아들이고 조건부 이행에 익숙해진다. 즉, 조건화 가치는 반복적인 세뇌과정에서 자연스럽게 형성되기 때문에 우리 자신이 그것을 잘 감지하지 못하는 맹점이 있다.

다음으로 생각해 볼 것은 긍정적 정보–에너지(가치)와 부정적 정보–에너지(가치)의 우선순위이다.

마음도 하나의 유기체이기 때문에 자신을 보호하려는 보호본능이 있다. 마음의 입장에서 가장 위협적인 정보–에너지는 부정적인 성질을 띤 것이다. 부정적인 정보–에너지는 파괴력을 가지고 있어서 마음 조직을 손상할 수 있다. 긍정적 정보–에너지가 성장과 변화를 촉진하는 생산성을 지닌 것과는 반대다. 이들 부정적인 정보–에너지는 언제든지 마음 조직을 파괴할 수 있기 때문에 우선적 고려의 대상이 된다.

작업통제관리기의 데이터 참고 순위를 정리하면 다음과 같다.

조건화된 부정적 데이터 〉 조건화된 긍정적 데이터 〉 일반적인 부정적 데이터 〉
일반적인 긍정적 데이터

물론 아동이 성장하여 의식세계의 층이 두꺼워지면(작업통제관리기의 발달) 자유의지에 따라 무의식세계에 있는 장기저장고의 문을 열고 그곳에 있는 데이터를 꺼내서 자유롭게 사용할 수 있게 된다. 그러나 저장된 데이터가 대부분 부정적인 것들(부정가치 편중형)이기 때문에 이를 인출하여 사용하는 과정에서 부정적 정서를 더 많이 경험하게 된다.

우리는 여기서 의문을 품게 된다. 이미 축적된 부정적 정보–에너지를 통제할 수 없는가? 물론 가능하다. 작업통제관리기가 제 역할을 충분히 할 수 있다는 전제하에. 작업통제관리기의 발달 수준이 높으면 이미 저장된 정보-에너지에 대한 재해석과 재통합이 가능하다. 실제로 부정적인 양육환경에도 불구하고 많은 사람들이 긍정적인 사고와 정서를 경험하면서 생활하는 경우가 많다. 이들의 작업통제관리기 기능이 그만큼 발달하여 있다는 의미이다. 발달한 작업통제관리기는 부정적인 정보-에너지를 긍정적으로 전환하거나 새로운 형태로 변형하여 무의식 세계에 다시 저장할 수 있다.

그러나 부정적 정보-에너지를 빈번하게 처리하게 되면 대부분은 그 처리 기관인 작업통제관리기(정보·에너지처리기 포함)도 부정적인 영향을 받게 되어 있다. 콩가루를 만들다 보면 콩을 빻는 기계에도 콩가루가 묻게 되는 이치이다. 이러한 근묵자흑(近墨者黑) 현상으로 말미암아 부정적 정보-에너지에 장기간 노출된 작업통제관리기의 발달 수준은 상대적으로 낮고 제 기능을 다하지 못하게 된다.

만약 작업통제관리기의 발달 수준이 너무 낮아 그 기능이 떨어지면 정보-에너지를 제대로 처리하지 못하는 상황에 처하게 된다. 특히, 부정적인 정서들은 파괴적인 에너지를 가지고 있기 때문에 이것이 적절히 처리되지 않고 마음속에 머물면 자기 자신을 파괴(우울, 자살, 강박, 자기비하 같은)하려 들고 밖으로 배출될 경우에는 공격적인 성향(과잉행동, 폭력, 반사회적 행동 등)을 유발한다.

그리고 부정적 정서가 포화상태에 이르면 의식세계의 순기능을 방해하게 된다. 이는 마치 자동차의 엔진이 과열되어 제 기능을 수행하지 못하는 현상과 같다. 동력을 얻는 과정에서 생산된 열이 자신을 만들어낸 엔진을 멈추게 하는 역작용처럼 정보처리 과정에서 발생한 부정적 정서들의 응집된 에너지가 작업통제관리기의 회로망을 압박하여 그 기능을 저하시켜 버린다. 이렇게 되면 의식의 손실이 발생하고 인지적 결손현상(망상, 정신분열 등)이 생길 가능성이 높아진다.

엔진과열 현상과 그로 인한 재앙 59

9. 심리장애의 치유 방법

우주정신의 제2원리에 따라 모든 만물은 변화·성장하도록 되어 있다. 변화와 성장은 어둠과 밝음, 부정과 긍정이 교차하는 세계에서 활발하게 이루어진다. 한류와 난류가 만나는 어장처럼 이곳엔 풍부한 성장요소가 있다. 변화와 성장에 필요한 적당한 갈등과 스트레스가 조성되어 정신적 자극을 준다.

그런데 인간은 갈등이나 스트레스같이 고통스러운 상황을 회피하려는 성향이 있다. 왜냐하면, 고통스러운 상황 속에 들어 있는 부정적 정보-에너지를 처리하면서 부정적 정서를 경험하기 때문이다. 고통에서 쾌락으로의 지향도 성장의 욕구에 해당하기 때문에 고통을 느끼게 하는 부정적 정서를 회피하기 위해서 긍정적 정보–에너지를 찾게 된다.

여기서 우리는 딜레마에 빠진다. 고통에 빠진 사람에게 긍정적 정보–에너지를 주입해서 성장의 길로 인도해야 하는가? 마치 당뇨병 환자에게 인슐린을 주사하는 것처럼 말이다. 그러나 인슐린은 환자 스스로 치유가 불가능할 때 쓰는 호르몬이다. 근본적인 치료는 환자 스스로 식이요법 같은 정상적인 방법을 찾아야 한다.

우리는 긍정적 가치(정보–에너지)를 찾아 나서면 나설수록 부정적 가치(정보–에너지)가 따라다닌다는 점을 상기해야 한다. 모든 것이 쌍을 이루며 우리 주변을 맴돌고 있다. 결국, 부정적 가치(정보–에너지)와 긍정적 가치(정보–에너지)가 소용돌이치는 세계를 인정하고 지혜를 발휘하는 방법이 최선일 것이다. 어느 한쪽만의 가치(정보–에너지)가 있는 곳을 우주정신이 만들어 놓지 않았다는 점을 상기하자.

그런데 자신을 통제할 수 없는 결정적 시기에 지나치게 부정적 가치(정보–에너지)에 함몰되었다면 어찌 될까? 자신을 스스로 치유할 수 있는 능력을 상실한 당뇨병 환자 같은 사람에겐 인슐린이 필요하다. 부정적 가치(정보–에너지)의 편식으로 정신적 영양실조에 걸린 사람에겐 긍정적 가치(정보–에너지)의 주입이 도움된다.

즉, 심리적 치유의 핵심은 심리적 장애를 일으키는 부정적 가치 속에 들어 있는 정보와 에너지를 알아내서 긍정적으로 전환해주는 일이다. 여기서 전환이라는 표현보다는 대치라는 말이 어울려 보인다. 왜냐하면, 모든 것은 쌍을 이루고 있기 때문에 부정적 정보 이면에는 반드시 긍정적 정보가 도사리고 있다. 없는 정보를 만드는 것이 아니라 온우주에 퍼져 있는 다른 정보를 찾아주는 일이 중요하다. 먼저 자신의 내부 자원을 탐색하여 찾아보고 내부 자원이 빈약하면 외부 세계인 온우주로부터 필요한 자원을 끌어와야 한다.

예컨대, 어릴 적부터 '너는 안 된다', '너는 못났다'와 같은 따돌림이나 놀림을 당한 사람은 부정적 정보에 너무 많이 노출되었기 때문에 개인 무의식 장기저장고에 부정적 정보의 비중이 높게 된다. 이럴 경우 이 사람의 긍정적 정보, 즉 강점을 끄집어내어 대치하는 작업이 심리치료에 도움이 된다. 비록 긍정적 정보의 비율이 상대적으로 낮을지라도 반드시 부정적 정보를 상쇄시킬 만한 긍정적 정보가 있다는 점을 잊지 말자.

치료자는 이러한 원리를 깨닫고 부정적 정보를 대치할 수 있는 긍정적 정보를 찾아내는 데 노력해야 한다. 이것은 곧 부정적 정보에 가려진 긍정적 정보를 전면에 부각해서 작업통제관리기(정보처리기)의 성능을 높이는 방법이다. 부정적 정보는 컴퓨터의 바이러스처럼 정보처리기의 기능을 저하시키고 오작동(인지왜곡)을 하게 만들기 때문에 긍정적 정보(강점)로 대치하는 작업은 심리치료 과정에서 중요하다.

그러나 '정보의 대치' 방법은 한계가 있기 마련이다. 긍정적 정보로 대치되더라도 부정적 정보가 사라지는 것은 아니기 때문이다. 그러므로 부정적 정보 자체를 긍정적 정보로 바꿔서 재저장하는 과정이 따라야 한다. 이 과정은 '정보의 변환' 방법이라 할 수 있다. 부정적 정보를 분석 또는 해석(통찰)하여 완전히 긍정적으로 변화시키는 과정이 따라야 한다. 예컨대, 개인 무의식 장기저장고에 들어있는 '너는 안 된다'와 '너는 못났다'와 관련된 정보를 '나는 된다'와 '나는 잘 났다'와 같은 긍정적 정보로 재구성하여 다시 저장하는 식이다.

이미 주지하다시피 정보의 재구성 과정에 중요한 역할을 하는 심리적 장치는 작업통제관리기이다. 작업통제관리기의 수준이나 기능 상태에 따라 정보의 변환 과정에서 효율성이 달라질 수밖에 없다. 특히, 심리적 장애를 일으킬 만큼 부정적 정보를 많이 처리해온 작업통제관리기는 주파수 동조현상에 의해 역기능적인 부정적 의식구조를 가지고 있을 가능성이 높다. 이는 곧 정보의 변환 과정의 어려움을 말해준다. 작업통제관리기의 구조를 변화시키는 일이기 때문이다.

그러나 이와 같은 정보의 대치나 변환 과정이 만만치 않은 결정적 이유는 부정적 에너지의 퇴적에 있다. 정보와 에너지는 쌍을 이루기 때문에 정보처리기가 정보를 처리하면 에너지처리기 역시 에너지를 처리한다. 마치 원유를 정제하면 등유나 휘발유 등으로 분리되듯이 작업통제관리기 안에서 정보와 에너지는 각각 분리되어 두 기관(정보·에너지처리기)에 보내지고 처리된다. 이렇게 분리 처리된 정보와 에너지는 작업통제관리기에 의해 통합되어 중간에 소실(단기기억저장고)되기도 하지만, 데이터(지식, 감정 등) 형태로 개인 무의식 장기저장고에 저장되기 때문에 부정적 지식에 비례하여 부정적 감정 또한 증가하게 된다.

이렇듯 정보(지식)와 에너지(감정)는 마음의 양면이란 점에 주목하자. 특히, 개인 무의식 장기저장고에 누적된 부정적 에너지(감정)는 강력한 힘을 지니고 있어서 작업통제관리기(정보처리기 포함)의 작동에 지대한 영향을 미친다. 말하자면 부정적 에너지(감정)가 심리장애의 결정적 역할을 하기 때문에 그것의 방출 및 정화과정이 요구된다.

그러나 부정적 에너지(감정)의 방출 및 정화과정은 별도의 작업방식을 필요로 하기보다는 정보의 대치 및 변환 과정과 동시적으로 이루어져야 한다. 왜냐하면, 정보와 에너지는 쌍으로 구성되어 있기 때문에 이 둘을 분리해서 다루기가 매우 어렵다. 물론, 인지적 또는 정서적 기법을 사용할 수 있지만, 그것이 정보와 에너지를 각각 독립적으로 다룰 수 있다는 뜻은 아니다. 부정적 에너지가 줄어들면 부정적 정보가 줄고, 반대로 부정적 정보가 줄어들면 부정적 에너지도 줄어드는 쌍방향 역학관계를 이해하고 기법을 구사해야 한다.

예를 들어, 게슈탈트의 빈의자 기법이나 흔히 쓰는 역할극을 통해서 부정적 에너지의 정화를 시도한다면 에너지만 정화되는 것이 아니라 그와 쌍을 이루는 정보도 변형되기 마련이다. 이러한 점은 부정적 정보(지식)와 에너지(감정)가 동시적으로 긍정적인 변화를 일으키지 않으면 치유 효과는 제한적일 수밖에 없음을 암시해 준다.

따라서 치료자는 정보(지식)와 에너지(감정)를 동시적으로 다루는 다양한 기법들을 고안하여 실시하는 것이 바람직하다. 기존의 상담 기법을 적극적으로 활용하는 한편 새로운 기법을 창안하여 사용하도록 노력해야 한다.

다음은 비교적 손쉽게 사용할 수 있는 기법들의 몇 가지 예이다.

1) 그림자 마주 보기

후방에서 비추는 조명(빔프로젝터 빛 같은)에 의해 생긴 자신의 그림자를 바라보면서 자유롭게 몸을 움직이고 필요에 따라 그림자와 대화하는 방법이다. 자신의 내면과 만나는 반추의 시간으로 부정적 정보–에너지(지식과 감정)의 형태를 확인하고 재해석할 기회를 가진다.

2) 소원풍선 날리기

소원이나 희망 사항을 적은 풍선을 하늘로 날림으로써 원하는 정보–에너지를 끌어오도록 자극을 주는 방법이다. 상황에 따라 풍선 대신 종이비행기 같은 비행체를 사용할 수도 있을 것이다. 온우주 안에 퍼져있는 긍정적 정보–에너지를 끌어오는 상징적 기법이다.

3) 두드리고 부수기

타악기(북 종류)를 두드리면서 부정적 에너지(감정)를 배출하는 방법으로 신문지(종이) 찢기, 장작 패기, 풍선 발로 밟아 터트리기 등의 다양한 접근법을 사용할 수 있다. 공격적 행동을 통하여 자신을 억압하고 있는 에너지를 분쇄하여 마음을 정화하는 기법이다. 이 기법을 사용할 때는 공격대상이 부정적 에너지(감정) 자체이어야 한다. 만약 부정적 에너지(감정)를 제공한 대상을 공격하게 되면 적대적인 관계를 조장할 가능성이 있으므로 유의한다.

4) 마법의 세탁기 돌리기

깨끗이 세탁하고 싶은 정보–에너지(마음속의 앙금이나 찌꺼기)를 마법의 세탁기에 넣고 돌리게 하여 정보–에너지의 속성을 변화시키는 방법이다. 이 마법의 세탁기는 무엇이든 깨끗하게 표백하는 성능을 가지고 있다. 그림으로 마법의 세탁기를 그리거나 세탁기 모형을 사용하되 빨랫감(그림으로 그린 옷 종류)에 깨끗이 하고 싶은 정보–에너지를 적도록 한다.

정보-에너지가 적힌 빨랫감에 대해 세탁을 마치면 세탁물(정보-에너지)의 상태를 점검한다. 만약 세탁을 마쳤음에도 불구하고 정보-에너지 상태가 표백되지 않았다면 재 세탁과정을 반복한다.

5) 자동차 동승자 찾기

5인승(또는 7인승이나 그 이상) 자동차를 함께 타고 갈 사람이나 사물을 초청하는 형식으로 자신의 지원 세력을 찾아보는 방법이다. 지원 세력은 긍정적 정보-에너지를 제공해주는 촉매제 역할을 한다.

그림이나 모형으로 만든 자동차의 좌석에 초청할 사람이나 사물의 형태(또는 이름)를 그려 넣도록 하고 좌석 배치에 따른 이유를 적도록 한다. 이 기법은 가족이나 친구 관계를 알아보는 데 유용하고 좌석의 기능성(운전석: 그룹의 리더, 조수석: 그룹의 안내자, 뒷좌석: 그룹의 순응자 또는 방관자, 저항자 등)에 따른 관계 조명이 가능하다.

6) 청진기로 몸속 관찰하기

실제의 청진기를 사용하여 심장(또는 신체의 다른 기관) 소리를 듣게 하여 자신의 몸 상태를 탐색하도록 하는 방법이다. 청진기를 통해 듣는 심장 박동 소리는 자신의 에너지(감정) 상태를 반영한다. 몸속에서 일어나고 있는 미세한 움직임을 감지함으로써 즉각적인 자각을 불러일으키는 효과가 있다. 특히, 에너지의 저조(우울 같은) 또는 고조(분노 같은) 상태에서 감지되는 몸속 변화(심장 박동 소리)는 객관적인 관찰자 시각으로 자신을 바라볼 기회를 준다.

7) 기적의 상자로 변환 작업하기

변화가 필요한 정보(지식)와 에너지(감정)를 원하는 형태로 변환시키는 기법이다. 먼저 변환되기를 바라는 정보(지식) 또는 에너지(감정)를 종이에 적는다. 그런 다음 종이를 상자(플라스틱이나 종이 또는 나무로 만든) 속에 넣고 뚜껑을 열면 기적이 일어나 원하던 정보(지식)로 바뀐다고 생각하면서 마구 흔든다.

어느 정도 시간이 지난 후 뚜껑을 열고 종이에 적힌 원래의 정보(지식)가 어떻게 바뀌었는지 질문한다.

8) 분쇄기로 분절화 또는 세분화하기

정보(지식)는 종합적으로 서로 연결되어 있을 때 의미가 있다. 그리고 정보(지식)의 힘은 의미에서 나온다. 만약 정보(지식)를 분절화 또는 세분화시키면 무의미해지고 그 정보(지식)는 힘을 상실한다. 이러한 원리를 이용해 분쇄기를 찍은 사진이나 그림, 또는 실물이나 모형 속에 정보(지식)를 집어넣고 잘게 부수어 무의미하게 만드는 기법이다.

마치 종이를 분쇄기에 넣고 돌리면 파편으로 변하여 종이의 기능을 상실하듯이 정보(지식)도 잘게 쪼개면 본래의 기능이 사라지게 된다.

가치
통섭

9) 미시적으로 관찰하기

　미시적 관점에서 사물을 관찰하게 함으로써 기존의 지각에 대한 반성적 사고를 유도하는 방법이다. 돋보기나 확대경을 이용하여 화초(식물)나 사람의 피부를 들여다보면 통으로 지각한 이미지와는 다른 심상을 얻을 수 있다. 화려하게 보이는 꽃이 울퉁불퉁한 여러 층의 섬유질로 구성되어 있고 그것들은 아주 작은 세포들의 집합체에 불과하다는 사실을 깨닫도록 자극을 준다. 또는 징그러울 정도로 골이 파인 사람의 손 피부를 보고 사람도 하나의 미세 세포의 생물체에 불과하다는 점을 통찰할 수 있다. 이러한 통찰은 기존의 사고체계에 반성적으로 접근할 기회를 준다.

10. 심리장애의 치유 과정(모델)

1) 가치 분포상태 탐색하기

　현재 형성된 가치의 현황을 알아보는 단계이다. 가치의 분포상태나 편중현상을 점검하여 부정적 가치가 어느 정도 내재해 있는지 파악한다. 가치발달검사(부록 참조)를 시행하면 가치의 분포상태나 편중현상을 객관적으로 측정하기 쉽다. 긍정적 가치로 구성된 가치발달검사를 통하여 부정적 가치의 내면화 정도를 읽어낼 수 있기 때문이다. 즉, 12개 가치 유형별 검사결과에 따라 긍정 가치와 부정 가치의 분포 정도가 달라진다. 긍정 가치와 부정 가치는 쌍을 이루고 있기 때문에 그 비율이 상대성을 띨 수밖에 없다. 만약 자유 영역의 점수가 낮게 나왔다면 그 반대 성향을 지닌 억압이 상대적으로 높을 것이다.

2) 부정적 가치 속의 정보(지식)와 에너지(감정) 추출하기

부정적 가치를 구성하는 정보(지식)와 에너지(감정)를 찾아내는 단계이다. 가치는 범주화된 정보-에너지의 공통적인 특성이기 때문에 부정적 가치 속에는 이를 구성하는 수많은 부정적 정보(지식)와 에너지(감정)가 잠재되어 있다. 이 단계에서는 그 가운데 핵심적인 정보(지식)와 에너지(감정)를 찾아내어 명료화하게 된다. 이들 핵심적인 정보(지식)와 에너지(감정)는 심리 장애를 유발하는 중요한 요인이기 때문에 신중히 다뤄야 한다.

3) 장애를 유발하는 정보(지식) 분석하기

부정적 가치에 내재한 핵심 정보(지식)의 생성과정, 주체, 개입 요소(사람 또는 사물)를 분석해 본다. 정보(지식)의 생성과정이 조건화 방식에 의한 것인지, 우발적인 상황에 의한 것인지, 충격적인 사건에 의한 것인지를 체계적으로 따져보는 단계이다. 핵심 정보(지식)를 습득하는 과정에서 영향력을 행사한 주체가 누구인지(내적 또는 외적 존재) 분석하고 부수적으로 개입된 요소가 무엇인지 파악한다.

4) 장애를 유발하는 에너지(감정) 풀어내기

부정적 에너지(감정)는 작업통제관리기의 능률을 저하시키고 왜곡된 행동을 하게 만드는 주요요인이므로 밖으로 배출할 수 있도록 유도해야 한다. 특히, 장애를 유발할 정도로 오래되고 강한 부정적 에너지(감정)는 마음속 깊은 곳에 썩은 물처럼 고여 있기 때문에 쉽게 해소되지 않는다. 따라서 역동적인 방법을 사용하여 응어리진 부정적 에너지(감정)를 풀어내도록 한다.

5) 장애를 유발하는 정보(지식)를 무력화하기

마음속 찌꺼기인 부정적 에너지(감정)를 정화하고 나면 이와 연관된 부정적 정보(지식)의 변형이 손쉬워진다. 이 단계에서는 장애를 유발하는 핵심 정보(지식)를 잘게 쪼개서(분절화와 세분화) 정보의 무의미성을 깨닫게 한다. 예컨대, 아버지의 폭력으로 장애를 겪고 있다면 먼저 폭력 장면과 관련된 정보(지식)를 분절화한다. 폭력에 사용된 도구/ 아버지의 화난 얼굴/ 격양된 언어….

그런 다음 분절화된 부분을 세분화한다. 폭력에 사용된 도구 〉 손 〉 손가락 〉 손가락의 피부 〉 피부를 이루는 세포 〉 세포의 분자 〉 원자…. 이렇게 세분화시키는 과정에서 폭력과 관련된 정보(지식)의 힘이 점차 무력화된다. 정보(지식)가 미시적으로 축소될수록 무의미성은 상대적으로 커지기 마련이다.

6) 해석과 통찰을 통한 정보(지식)의 재구성하기

장애를 유발하는 정보(지식)를 무력화하는 과정에서 순간적으로 부정적인 에너지(감정)를 경험하게 된다. 정보와 에너지는 동시다발적이기 때문에 이러한 현상이 발생하는 것이다. 비록 4단계에서 폭발적인 에너지(감정)를 정화했다고 하더라도 그 원인으로 작용하는 정보(지식)가 변형되거나 소멸되지 않으면 부정적 에너지(감정)는 여전히 남아있게 된다. 그러므로 무력화한 정보(지식)를 재구성하여 아직까지 남아있는 부정적 에너지(감정)를 제거하도록 하는 과정이 필요하다.

이 단계에서는 분절화 및 세분화 과정을 거친 정보(지식)에 대한 해석과 통찰을 통해 새로운 정보(지식)로 재구성한다.

앞의 예에서 폭력의 도구로 사용된 손이 단순한 세포로 구성되어 있고, 그것들은 분자나 원자 같은 아주 작은 물질에 불과하다는 깨달음. 아버지의 행동은 원인(자식에 대한 기대의 좌절, 원만하지 못한 부부관계 같은 아버지 자신의 미충족된 욕구)에 따른 아주 작은 분자나 원자의 물리적 반응이라는 연민. 그리고 그렇게 작은 물질들의 현상으로 생긴 일로 인해 고통받고 있는 자기 자신의 한심한 모습을 보는 순간 아버지의 폭력은 용서될 수 있는 정보(지식)로 재구성된다.

7) 긍정적 가치 강화하기

해석과 통찰로 재구성된 정보(지식)는 새로운 가치로 자연스럽게 전환되거나 대치된다. 이전까지의 부정적 가치 속에 들어있던 부정적 정보(지식)가 재구성되고, 파괴적인 에너지(감정)가 소멸함에 따라 새로운 형태의 정보와 에너지로 변하게 된다. 이 단계에 이른 정보와 에너지는 대부분 긍정적 가치(데이터)로 전환(대치)되어 개인 무의식 장기저장고에 저장될 가능성이 높다.

그러나 실존적 삶을 살아가는 인간의 속성상 정보와 에너지를 완전히 재구성하기 어렵고 비록 재구성에 성공했더라도 현실장면에서 도전을 받게 된다. 이러한 이유로 부정적 사고(정보)와 감정(에너지)을 끊임없이 정화해 나갈 필요가 있다.

작업통제관리기는 동시에 상반된 정보(지식)와 에너지(감정)를 처리할수 없기 때문에(마음속에는 기쁨과 슬픔이 동시에 존재할 수 없음) 어느 순간부정적 가치(지식과 감정)가 감지되면 이를 알아차리고 재빨리 자정 노력(긍정적 가치의 끌어들임)에 들어가야 한다. 자신이 강력하게 믿는 신념체계(종교 같은)를 활용하는 방법은 이럴 경우 매우 유용하다.

예컨대, 우주정신의 로고를 떠올린 다음 부정적 가치와 상반된 긍정적 가치를 선택하고 가치 기도문(부록 참조)을 반복적으로 외운다. 또는 자신이 의지하고 있는 신념체계의 형상을 떠올리며 만트라(진언, 眞言 또는 기도문)를 사용할 수 있다. 절대적으로 믿는 대상 앞에서 간절히 염원하면 부정적 사고(정보)나 감정(에너지)은 활성화될 기회를 잃고 긍정적 사고(정보)나 감정(에너지)은 강화된다.

제2부

정제군 가치

자유
Freedom

평화
Peace

행복
Happiness

사랑
Love

제4장
자 유

Freedom

1. 자유의 개념

위키 백과사전에 따르면 자유는 일반적으로 내·외부로부터의 구속이나 지배를 받지 않고 존재하는 상태와 스스로 하고자 하는 바를 할 수 있는 것을 말한다.[39] 그러나 철학적으로 자유가 무엇인지 단정할 수 없다.

사르트르는 자유는 형벌에 불과하고 결속과 앙가주망(참여)이 참 자유라고 했으며, 불가에서는 죽음도 대자유라고 했고, 도가에서는 문명과 욕망을 거부하고 자연인으로 사는 것을 자유라고 했다.

자유는 단순히 외부로부터 속박이 없는 상태, 즉 '~로부터의 자유'를 가리키는 소극적 의미의 자유와 자신이 하고자 하는 바를 적극적으로 할 수 있는 상태를 뜻하는 적극적 의미의 자유로 나눌 수 있다. 적극적 의미의 자유는 '~에 대한 자유'를 말하는데, 근대에 넘어오면서 그 범위가 확산되어 왔다. 적극적 자유는 다른 사람의 의지가 아닌 자기 스스로의 의지에 따라 행동하는 것으로 개인의 주체적인 노력을 중시하는 개념이다.

자유는 인간의 존엄성 구현에 있어서 첫째가는 가치로 인간적인 삶은 자유를 통해서 가능하다. 무엇인가에 길들여지는 것이 아니라, 스스로 삶의 주인이 되어 원하는 길을 갈 수 있게 해주는 것이 자유이다. 적극적 자유는 능동적인 인간으로 주체적인 삶을 살 수 있게 해준다.

우주정신은 모든 만물에 자유의지를 심어놓았다. 날아가는 철새도 자신의 의지에 따라 자유롭게 하늘을 난다. 나무나 꽃들 역시 자유롭게 새싹을 틔우고 꽃을 피운다.

자유의 정보-에너지가 얼마나 강렬한지 다음의 예를 보자.

귀농한 사람이 닭과 토끼를 사육했다. 먹이를 충분히 주고 족제비 같은 야생동물로부터 보호하기 위해 울타리를 쳤다. 그런데 닭들은 울타리를 넘어가기 일쑤였고, 토끼는 땅굴을 파고 밖으로 도망쳐버렸다. 그나마 닭들은 야맹증이 있어서 저녁에 울타리 안으로 잡아넣을 수 있었지만, 한 번 도망친 토끼들은 돌아올 줄 몰랐다.

자유롭게 나는 새 61

꽃을 피우는 나무 62

우주정신은 모든 생명체가 내 안과 내 밖으로부터 불필요한 구속이나 지배를 받지 않고 자율적 상태로 스스로 존재하도록 설계해 놓았다.

따라서 자유를 갈구하는 것은 본능에 가깝다. 특히, 인간계에서 자유는 그만큼 중요하기 때문에 세분화되어 있으며 심층적이다. 세분화된 자유의 하위 요소를 살펴보면 다음과 같다.

첫째, 사상과 양심의 자유이다.

사상의 자유는 타인의 견해와는 관계없이, 하나의 사실이나 관점 또는 생각을 견지할 수 있는 자유를 말한다. 비록 사회적 풍토나 집단 문화에 이질적이더라도 개인의 생각이나 사상은 존중되어야 한다. 모든 사람은 우주정신의 뜻에 따라 창조되었고 개인마다 독특한 정보-에너지 체계를 지니고 있기 때문에 다양한 생각이나 사상의 존재는 당연하다.

이러한 사상의 자유는 표현의 자유와 구별되는 개념이지만 서로 밀접한 관련이 있다. 개인의 생각이나 사상을 표현할 수 없다면 무슨 의미가 있겠는가?

그리고 양심의 자유는 외부로부터 속박받지 않고, 자신의 양심에 따라 행동하는 자유를 말한다. 사람의 정신적 활동을 법률로 금지하거나 강제하지 않도록 하기 위해 인간 기본권의 하나로 보장하고 있다.

둘째, 표현의 자유이다.

표현의 자유는 사람의 정신활동을 외부로 표출하는 지적 행위이다. 자기 생각이나 사상 등을 말이나 문자, 그림 같은 도구를 이용하여 자유롭게 표현할 수 있다.

이러한 표현의 자유는 보도와 언론의 자유에 한정하지 않고, 예술 등의 창작 활동에도 폭넓게 인정되어야 한다. 이 경우를 특히 창작의 자유라고 부른다.

인간의 창작 활동은 우주정신의 창조 원리와 같은 선상에서 이해될 수 있기 때문에 창작의 자유는 당연한 귀결이다.

셋째, 종교의 자유이다.

종교의 자유는 자신의 의사에 따라서 종교를 선택할 수 있는 권리를 말한다. 종교의 자유에는 종교를 선택할 수 있는 권리, 종교에 대한 신앙을 강요받지 않을 권리, 종교를 가지지 않아도 되는 권리 등이다.

이 세상에 존재하는 모든 종교는 그것의 구현 방식의 차이만 있을 뿐 본질적으로 동일하다. 종교의 동질성은 각각의 종교가 서로 존중되어야 함을 의미한다. 이 세상에 좋고 나쁨으로 판단해야 할 종교는 존재하지 않는다. 그러므로 상호 대등한 관계에서 종교적인 생활이 가능하도록 보장해야 한다.

넷째, 집회 결사의 자유이다.

집회의 자유는 어느 특정한 생각을 공유하는 집단이 다른 집단의 방해를 받지 않고 모일 수 있는 자유를 말한다. 어떤 생각이나 권리를 주장하기 위해 힘을 합치는 행위는 우주정신의 제2법칙인 변화와 성장의 원리에 부합한다. 모든 만물은 변화와 성장을 지향하기 때문에 그에 합당한 방법을 찾게 되어 있다.

결사의 자유는 누구든지 단체를 결성할 수 있을 뿐만 아니라 특정 단체에 가입 또는 탈퇴할 수 있는 권리 그리고 단체를 해산할 수 있는 권리까지도 포함된다. 인간은 목적을 추구하고 이를 위해 단체를 만들고자 한다. 물론 이러한 행위 역시 변화와 성장을 위해서다. 그리고 변화와 성장의 기초는 자유의 보장이다.

1) 자 율

▶ 자율적인 사람 되기

2025년, 이색 자동차 대회가 열렸다. 전국에 있는 수많은 자동차들이 경연에 참가했다. 최신 장비와 첨단 기술로 만들어진 자동차들이 자신의 기량을 선보이기 위해 대회장에 도열했다.

대회장에 죽 늘어서 있는 자동차 가운데 아주 특별한 차가 눈에 띄었다. 그 차는 겉의 외형은 다른 차와 다르지 않았으나 특이하게도 운전석이 아예 없었다.

기자들이 달려들어 이 자동차를 디자인한 사람과 인터뷰하느라 야단법석이다.

"운전석이 없는데 어떻게 운행이 가능합니까?"

이에 디자이너가 천연스럽게 대답했다.

"나는 이 차에게 자율권을 주었습니다. 운전석에 앉아 힘들게 조작할 필요가 없지요. 차에게 모든 걸 맡기고 편하게 볼일을 보면 됩니다. 다른 사람들은 이런 저를 몹시 부러워할 겁니다. 스스로 알아서 움직이는 차는 이 세상 어디에도 없을 테니까요."

자동차는 스스로 움직이기 때문에 붙여진 이름이다. 사람도 자동차

같은 존재가 있다. 일명 '자율형 인간'이다. '자율형 인간'은 누가 시키지 않아도 자기 자신이 알아서 할 일을 한다.

그런데 우리는 의외로 자율적이지 못하다. 왜 그럴까?

우선 신생아실로 가보자. 갓 태어난 아이가 올망졸망 누워있다. 이때 한 아이가 울어댄다. 잠시 후 옆의 아이가 덩달아 울음을 터뜨린다. 그리고 또 그 옆의 아이가 울고…. 마치 도미노처럼 울음보가 터진다.

울음의 도미노 현상으로부터 '자율형 인간'이 된다는 것이 얼마나 어려운지 짐작할 수 있다. 우리는 외부의 상황에 너무나 많은 영향을 받고 있다. 이것은 생존본능에서 비롯된 자연스러운 현상이다. 사람은 남으로부터 배제되는 경험을 고통스럽게 지각한다. 그러니 신생아처럼 주변 상황에 맞춰 행동하기 쉽다.

사실 다른 사람으로부터 불필요한 간섭이나 통제를 받지 않는 최선의 방법은 스스로 움직이는 자동차가 되는 길이다. 예컨대, 지저분한 자기 방을 아들이 알아서 청소하게 되면 엄마의 잔소리를 듣지 않게 되는 식이다. 자유로워지고 싶은가? 그렇다면 자동차처럼 스스로 움직이는 자율적인 사람이 되라. 자유는 이렇게 스스로 알아서 움직이는 사람에게 주어진다.

▶ 필요한 것을 정하고 나머지는 버리기

우리에겐 무엇이 필요한가?

헨리 데이비드 소로는 2년 2개월 동안 월든 호숫가에 오두막을 짓고 살면서 최소의 필요를 실험해보았다.[27] 그는 하버드 대학 기숙사 방세(1년 30달러)보다 적은 금액(28달러 121센트)으로 손수 집을 짓고 그 과정을 공개했다. 식생활도 쌀, 옥수수, 밀, 감자 같은 가장 기본적인 식재료만 사용해 음식을 만들어 먹었다. 찢어진 옷을 수선해서 입었으며 허름하게 변색한 모자를 버리지 않고 사용했다. 그는 자신의 몸을 치장하기 위해 돈을 지출하지 않으면서 오로지 최소한의 생존에 만족했다.

스스로 존재하는 삶의 모습을 실험한 소로의 행적은 『월든』에 꼼꼼하게 기록되어 있다. 그가 적어놓은 금액들은 아주 적은 액수였지만, 그래도 최소한의 돈은 필요했다.

살다 보면 반드시 필요한 것들이 있기 마련이다. 단적으로 먹고 자고 입어야 한다. 우리는 의식주의 문제를 해결하지 않고서는 자유로워질 수 없다. 그러므로 최소한의 소유와 소비는 필요하다. 많은 사람이 자유로운 삶을 꿈꾸지만 뜻밖에 자유롭지 못한 이유는 최소한의 소유와 소비의 기준을 정하기 어렵기 때문이다.

법정 스님의 주장처럼 '무소유'로 살 수만 있다면 얼마나 좋을까? 그러나 우리는 더 이상 원숭이가 아니다. 털 없는 고등동물로 진화한 인간은 문명의 도움을 받을 수밖에 없다. 우리가 털 없는 원숭이로 숲속에 살기를 원할지라도 '무소유'는 쉬운 게 아니다.

'무소유'보다 '최소한의 소유'란 말에 더 친근감을 느끼는 이유는 간단하다. 인간은 운명적으로 소유와 소비를 할 수밖에 없기 때문이다.

어떤 사람이 오랜만에 친구 집을 방문했다. 대문을 열고 들어가니 마침 친구가 창고 안에서 뭔가를 하고 있었다.

친구는 사람의 인기척을 감지하고 재빨리 밖으로 나와 창고 문을 닫으려 했다. 방문한 사람이 궁금하여 창고 속을 들여다 보려 하자 친구가 거칠게 말했다.

"안 돼, 이건 내 꺼야."

예상치 못한 친구의 반응에 호기심이 생긴 그가 창고 안으로 들어가려 하자 친구는 더욱 거칠게 나왔다. 밀고 밀치는 실랑이가 계속되자 이 소릴 듣고 친구의 아내가 달려왔다.

친구의 아내는 몹시 화를 내며 말했다.

"아이고! 난 못 살아. 버리려고 내놓은 헌 옷가지 어디다 두었어? 또 창고에 갖다 놓은 거야? 언제나 제정신으로 돌아오려나. 아이고, 내 팔자야."

창고 속에는 옷이나 신발 같은 잡화로부터 라디오, 카세트 같은 전자제품이나 가구들이 가득했다.

그 사람은 불필요한 물건에 집착하는 친구의 행동이 치매 때문이란 사실을 알고 말없이 그 집을 나왔다.

자유롭고 싶은가? 그렇다면 치매 환자처럼 굴지 말아야 한다. 소유와 소비의 한계를 분명히 하고 불필요한 것들에 대한 집착을 내려놓자. 생존에 필요한 최소한의 것들은 얻기 위해 노력하되, 나머지는 과감히 버리자.

헨리 데이비드 소로와 월든 호숫가의 오두막 63

▶ **통제할 수 있는 자신에 집중하기**

한 청년이 공원 벤치에 앉아 울고 있었다. 마침 하늘을 날던 요정이 그 청년을 보고 내려와 이유를 물었다.

"무슨 일로 그렇게 슬퍼하는 건가요?"

그러자, 청년은 조금 전에 사랑하는 애인이 병으로 죽었다고 말했다. 요정은 안쓰럽다는 표정을 지으며 소원이 무엇이냐고 물었다. 청년은 애인이 살아서 다시 돌아오는 것이라고 대답했다. 요정은 알았다고 말한 뒤 어디론가 사라졌다.

집으로 돌아온 청년은 다음 날 아침 자신의 눈을 의심했다. 기르는 애완견의 머리가 죽은 애인의 얼굴로 바뀐 채 꼬리를 흔들고 있었던 것이다.

이 청년에게 반인반수의 동물은 애인인가, 아니면 애완견인가? 아마 그 어느 쪽도 아닐 것이다. 이 동물은 단지 해괴망측한 괴물에 불과하다. 우리가 통제할 수 없는 것에 연연하게 되면 이처럼 괴상한 괴물을 만나게 될지 모른다. 통제 불가능한 일은 요정이 나선다고 될 일이 아니다. 그것은 우리 자신의 몫이다.

오늘 일과를 되돌아보자. 내가 만났던 사람들, 그리고 내가 했던 일들을 생각하면 기분이 좋아지는가? 만약 '예'라고 말할 수 있다면 우리는 나의 삶을 통제하고 있는 셈이다. 우리는 자신의 삶을 통제하고 있을 때 기분 좋은 감정을 경험한다. 기분 좋은 감정이 가져다주는 자신에 대한 통제감이 자유로운 삶과 연결된다.

우리의 삶이 항상 '예'라고 말할 수 있으면 얼마나 좋을까? 그러나 삶은 양면성을 띠고 있다. 어떤 때는 '예'라고 했다가 어떤 때는 '아니오'라고 한다. 우리가 통제할 수 없는 굴레들이 사슬처럼 감겨 있다. 어쩔 수 없이 반인반수의 괴물을 만날 수밖에 없는 노릇이다.

이제 『호오포노포노의 지혜』[110]로 들어가 보자.

'호오포노포노'에서는 통제할 수 있는 자신에 집중함으로써 자유로워지는 길을 알려준다. 통제할 수 없는 타인을 변화시키려 노력하기 전에 자신을 먼저 제로(zero, 空)의 상태에 이르도록 무의식 기억(원초적인 생명체에서 현생인류까지 축적된 기록)을 제거해야 한다고 가르친다. 무의식 기억은 순수의식(신성의 지혜)이 내려오는 길을 막기 때문에 끊임없이 '정화'하지 않으면 안 된다. 무의식 기억 속에서 고통을 유발하는 문제(내면 아이라고 함)를 만나면 '고마워(감사)', '미안해(겸손)', '용서해줘(관용)', '사랑해(사랑)' 같은 말로 마음을 정화하여 제로의 상태에 이르도록 요구한다. 그다음에는 순수의식(신성의 지혜)이 보내는 영감에 따라 행동하면 모든 것이 저절로 이루어진다고 한다.

하와이 원주민들의 오랜 전통에 기초한 이 기술은 통제 가능한 자신에게 집중하면 어떤 효과가 나타나는지 잘 보여준다. 모든 것은 연결되어 있기 때문에 자신을 정화하면 자동적으로 나와 연결된 모든 사람(사물)에게 긍정적인 에너지가 전해지기 마련이다.

그러니 반인반수의 괴물을 만났다고 두려워할 일이 아니다. 그가 누구(또는 어떤 것)이든 상관없이 자신에게 집중하여 긍정적 에너지를 생산해 내도록 노력해보자.

▶ 양심에 따른 권리 누리기

보석 경매장에서 경매가 한창 열리고 있었다.

어떤 사람이 금 한 덩어리를 가지고 나와서 경매에 부쳤다.

"이 금은 순도 100퍼센트 최상의 품질을 자랑합니다."

사람들이 여기저기서 호가를 불렀고 그중에 한 명이 낙찰되었다. 금 경매가 끝나고 이번에는 커다란 다이아몬드가 경매에 붙여졌다. 매도자는 이렇게 말했다.

"이 다이아몬드로 말할 것 같으면 금보다 몇 배나 희소가치가 있는 것이요."

사람들은 앞에서 호가를 불렀고 최고가에 낙찰되었다. 예상보다 치열한 경쟁이었다. 성황리에 다이아몬드 경매가 끝나고 이번에는 한 사람이 큰 나무 상자 하나를 들고 나왔다.

"이 물건으로 말할 것 같으면 다이아몬드보다 몇 배나 값진 것입니다."

사람들이 수군거리기 시작했다. 다이아몬드보다 비싼 보석이라고…? 저마다 한마디씩 하며 상자를 주시했다. 이윽고 나무 상자 뚜껑이 열렸다. 그런데 상자 속에는 그보다 약간 작은 또 다른 상자가 들어있었다. 그 상자를 열자 그 안에 좀 더 작은 상자가 보였다. 사람들은 정말 귀중한 보석임이 틀림없다고 생각하기 시작했다.

이렇게 여러 겹으로 된 상자들이 열리고 마침내 아주 작은 상자가 나왔다. 사람들은 이것이 마지막 상자임을 직감했다. 과연 그 상자 속에는 무엇이 들어 있을까?

매도자는 조심스럽게 상자 속에 손을 넣더니 무언가를 꺼내 보였다. 그것은 금빛 나는 별이었다.

우리는 다이아몬드보다 값비싼 보석을 지니고 있다. 마음속에 있는 이 보석은 밤하늘의 별처럼 반짝거린다. 우리가 잠들어 있을 때 더욱더 빛을 발하는 보석이다.

우리는 가끔 이 보석의 존재를 확인하곤 한다.

"아니, 그 사람 양심 있는 거야, 없는 거야?"

양심은 인간적인 삶의 뿌리이다. 우리는 양심에 따라 자기 생각을 표현하고, 어떤 모임을 만들거나 참여한다. 언론, 집회, 결사의 자유는 인간적인 삶의 기초이다. 민주주의가 아름다운 이유는 바로 이 기본적인 권리들을 보장해주기 때문이다.

생각해보라. 말하지 못하고 사람들과 모임을 가질 수 없다면 필시 병이 나고 말 것이다. 이것들은 총칼에 피를 흘리면서도 포기할 수 없었던 양심의 실체들이다.

우리는 양심에 따라 얘기하고 사람들과 교제할 수 있어야 한다. 물론, 교제의 대상에는 신도 포함된다. 자신이 믿고 싶은 신을 매개로 집회를 할 수 있도록 허용되어야 한다.

신은 국가나 특정 단체의 전유물이 아니며 개인의 선택에 달려있다. 신이 인간을 창조했듯이 인간 또한 신을 창조한다. 우리는 자신의 양심에 따라 자신만의 신을 만들 권리가 있다. 이 권리는 우리를 창조한 신이 주신 고유의 권한이다.

우리는 신을 팔아 몸집을 부풀려온 거대공룡들의 발자취를 잊지 말아야 한다. 종교는 양심에 따라 믿는 개인에게 보약을 선사할 뿐이다. 결코, 강제적인 권력의 날개를 달고 오지 않는다.

그러므로 양심에 따라 주어진 권리를 자유롭게 누리자.

2) 초 연

▶ 작은 일에 얽매이지 않기

이런 말이 있다.

"사소한 것에 목숨 걸지 마라. 모든 것은 사소하다."

하루 전에는 바위처럼 커 보이던 일이 자갈처럼 작아져 버린 경우가 있는가? 사실 그 일은 처음부터 자갈이었을 것이다. 이상하게도 우리의 눈은 바위보다 자갈에 치중하는 경향이 있다. 자갈이 더 눈에 잘 띄어서 그런 걸까? 아니다. 그 이유는 자갈이 쉽게, 또 빠르게 호주머니에 주워담을 수 있기 때문이다. 자갈 줍기에 바쁜 우리는 큰 돌이나 바위를 올려다볼 시간이 없다. 우리는 사소한 일에 얽매인 나머지 더 큰 것들을 잃어가고 있다.

왜 우리는 그토록 작은 것에 집착하여 소탐대실(小貪大失)하는 걸까?

중국 전국시대 때 촉나라 제후는 옥으로 만든 집채만 한 소를 탐내다가 나라 전체를 잃고 만다. 화친을 빌미로 내세운 진나라 혜문왕의 작은 미끼에 속아 적이 들어오기 좋게 길을 닦은 결과다. 옥으로 만든 소가 너무 커서 평탄도로를 내야 한다는 혜문왕의 제안이 먹힌 이유는 무엇일까? 제후의 눈에는 옥으로 만든 소밖에 보이지 않았기 때문이다.

사람이 작은 것에 눈이 멀게 되면 그 이상의 것은 보이지 않기 마련이다. 더군다나 수레에 실은 소를 보호한다는 명분으로 군사까지 동원하도록 허락했으니 제후의 어리석음을 무엇에 비유하랴!

이것이 소탐대실이라는 말이 생긴 유래다.

혹시 주변에 사소한 것에 목숨 건 사람이 있는가? 그렇다면 소탐대실의 유래를 들려주자.

▶ 통제 불가능한 것으로부터 자유로워지기

대부분의 고통은 자신이 통제할 수 없는 것들에 연연하기 때문에 생긴다. 왜 우리는 내 맘대로 할 수 없는 것들에 많은 시간과 에너지를 빼앗기면서 힘들어하는가?

파도타기의 명수들은 파도를 거슬러가지 않는다. 그냥 파도의 흐름에 자신을 맡기고 중심을 잡을 뿐이다. 그들은 통제 불가능한 파도에 맞서는 짓은 어리석은 행동임을 잘 알고 있다. 만약 파도를 타다가 물속에 빠지면 조급하게 다시 파도타기를 시도하지 않고 그 자리에 둥둥 떠 있다.

"아무것도 할 수 없을 때는, 아무것도 하지 말라."[20]

이것이 통제 불가능한 것으로부터 자유로워지는 방법이다.

새옹지마(塞翁之馬)에 나오는 노인은 이를 잘 알고 있는 듯하다. 그는 자신이 기르던 말이나 자식이 '나'가 아님을 인정한다. 말이 집을 나가든, 또는 그 말이 다른 말들을 데리고 오든 그것은 그 말의 일이다. 또 아들이 낙마하여 부상을 당하든, 그 덕에 아들이 징병을 면해 목숨을 구하든, 그것 또한 아들의 일이다. 그에게 있어서 악재나 호재는 아무것도 할 수 없는 때다. 그래서 아무것도 하지 않고 담담해질 수 있었던 것이다.

우리는 '내가 통제할 수 있는 유일한 것은 나 자신밖에 없다'는 사실을 받아들여야 한다. '나'는 '나'이고 '너'는 '너'일 뿐이다. '나'가 '너'가 될 수 없듯이 '너' 또한 '나'가 될 수 없다. 통제할 수 없는 것을 내 의지로 어떻게 해보겠다는 생각이 분쟁과 갈등을 일으킨다는 점을 주목하자.

애초부터 '나'가 아닌 어떤 것을 통제하려는 시도는 무모한 일이다.

가치
통섭

그것은 내가 할 수 있는 영역 밖에 있다. 그러니 통제할 수 없는 것에 연연하기보다 오히려 그로부터 자신을 분리하는 방법을 모색하는 것이 현명하다.

▶ 관조하는 자세 갖기

"진리가 너희를 자유롭게 하리라."

우리는 아는 만큼 자유로워질 수 있다. 낯익은 성경 구절의 본질은 아는 것이다. 진실이든 진리든 알아야 한다. 알지 못하면 더 큰 지혜나 진리는 먼 산에 떠 있는 구름에 불과하다.

흔히 삶에 대한 경고로 쓰이는 '모르면 당한다'는 속된 말도 교훈을 준다. 요즘은 정말 모르면 병이 되는 세상이다. 세상이나 사물에 대한 호기심을 가지고 알고자 노력해야 한다. 사물의 현상을 관찰하여 지혜나 진리를 얻고 그것들을 자신의 삶에 연결하는 연금술사 같은 자세가 필요하다.

다음은 한때 도살자였던 사람이 동물 애호가로 변신한 사연이다.

자유를 잃은 새와 원숭이 64

그의 일상은 도축장에서 습관적으로 소를 도살하는 것이었다. 그러던 중 우연히 소의 커다란 두 눈에 맺힌 눈물을 목격하게 된다.

'아니 소도 눈물을 흘린단 말인가?'

그는 더 이상 전기총을 사용할 수 없었다. 그 후로도 눈물 흘리는 소의 영상은 그를 괴롭혔다. 그리고 보니 식물도 생각하는 힘이 있다는 내용의 글을 본 것 같다. 그때는 무심히 지나쳤는데 이젠 그게 아니다.

'그럼, 식물도 눈물을 흘리겠네. 꽃을 꺾으면 진액 같은 게 나오던데 그게 눈물인가?'

그는 의문을 풀기 위해 한동안 우울의 세계에 빠져버렸다. 그리고 얼마의 시간이 지난 뒤 직장에 사표를 내고 연금술사의 길을 걷게 된다.

무엇이든 녹여서 삶의 지혜(진리)로 잉태되게 하는 것. 사소한 풀 한 포기도 깊이 관찰하면 우리를 자유롭게 하는 지혜(진리)를 얻을 수 있게 된다. 하나의 사물을 선택하여 오랜 시간 깊이 있게 관찰해보자. 나태주 시인의 풀꽃처럼.

자세히 보아야 예쁘다/ 오래 보아야 사랑스럽다/ 너도 그렇다

▶ **기대를 내려놓기**

"세상에 어찌 이럴 수가 있지? 한 명도 안 오다니."

아들의 돌잔치를 알리는 초대장을 보낸 결과에 실망한 아이 아빠가

볼멘소리를 한다. 이 사람은 전에 근무했던 직장 동료들에게 초대장을 보냈으니 많은 사람이 잔치에 참석하리라 기대했던 것이다.

우리는 어떤 것을 주면서 그에 상응하는 기대심리가 있다. 주었으니 받아야 한다는 생각은 어찌 보면 당연하다. 대부분 주는 행위 자체가 받는 것을 전제로 하므로 더욱 그렇다.

돈이나 작업 도구를 빌려준 적 있는가? 액수가 크고 값나가는 물품일수록 되돌려 받을 수 있다는 기대가 충족되어야 안심하고 빌려줄 수 있다. 그런데 약속한 날짜가 지났는데도 빌려준 물품이 돌아오지 않는다. 빌려준 순간부터 마음속에서 카운트다운을 세고 있다는 사실을 잊어버린 모양이다. 이상하게도 빌려 간 사람은 잘도 까먹는다. 시간이 지날수록 기대는 무너지고 관계가 꼬이기 시작한다. 기대가 좌절을 낳고 좌절은 분노로 이어진다. 내가 상대방에 대해 기대하는 만큼 상대방은 나를 생각하지 않기 때문에 벌어지는 현상이다.

여기서 우리는 '상대방'을 반드시 사람에 국한 지을 필요는 없다. 그것은 성적일 수도 있고 명예나 돈일 수도 있다.

다음의 경우를 생각해보자.

한 학생이 음독자살을 시도해서 병원에 있다는 소식을 듣고 담임교사가 달려갔다. 학생은 다행히 원래의 의식을 회복한 상태였다. 교사는 조심스럽게 자살을 시도한 이유에 대해 물었다. 그는 힘없이 말했다.

"합격을 기대했던 대학에 떨어져 살고 싶지 않았어요."

그런데 이 학생은 두 달 전에도 병원에 실려간 적이 있었다. 그는 그때도 비슷한 말을 했었다.

"수능이 끝나고 가채점을 해보니 기대했던 점수가 안 나와서요."

이 학생과 같은 경우가 얼마나 흔한가. 기대와 목숨을 교환하는 어리석음은 극단적인 예일 것이다. 그만큼 기대를 내려놓기가 어렵다는 방증이다. 자유로워지고 싶은가? 그렇다면 불필요한 기대를 버리자.

3) 독 립

▶ 독립적인 생활 자세 갖기

인류 역사상 가장 비참한 삶을 산 사람은 노예가 아닐까? 그들은 자유를 빼앗긴 채 주인을 위해 무한정의 희생을 강요받았다. 전쟁에 패한 국민이거나 약탈자에 포박되어 노예로 전락한 경우, 그 정도는 상상을 초월했으리라. 최소한의 인간적인 대우가 실종된 그들에게 존엄성이란 공허한 말에 불과하다. 발목에 채워진 쇠사슬은 그들이 더 이상 인간이 아님을 말해준다. 개 목걸이나 소의 코뚜레와 다를 바 없는 족쇄! 인간 가축에 불과했던 그들의 비참한 생활은 무엇을 말해주는가?

노예제도가 사라진 오늘날, 우리는 모두 독립적인 생활을 하고 있는가? 유감스럽게도 현대의 노예들은 자발적으로 자신의 손발을 쇠사슬로 묶는다. 무척 진화된 쇠사슬은 눈에도 보이지 않을 만큼 정교하다.

오늘날 노예제도의 주인은 자본이다. 우리는 자본을 주인으로 모시고 노예처럼 일하고 있다. 아무도 강제적으로 노예생활을 하라고 명령하지 않아도 노예는 늘어만 간다. 그 결과 우리의 영혼은 짐승의 그것처럼 울부짖고 있다.

우리는 거대 자본에 의해 조장된 시스템의 함정을 깨닫지 못한 채 보이지 않는 쇠사슬을 온몸에 칭칭 감아댄다. 설사 안다고 해도 노예생활을 접을 수 없다. 돈으로 만들어진 시스템의 구조가 워낙 탄탄하기 때문이다. 아마 죽어서나 진정한 독립의 기쁨을 누리게 될지 모른다. 마치 모리셔스의 노예들처럼 말이다.

마다가스카르 섬 동쪽 800Km 지점에 있는 아름다운 섬나라 모리셔스를 아는가? 관광지로 유명한 이 나라엔 과거 노예들의 아픈 역사가 있다. 제주도의 성산 일출봉을 닮은 르몬산. 그 아래에 새겨진 노예들의 조각상들은 오늘도 절규한다.

"자유가 아니면 죽음을 달라!"

얼마나 고된 삶이었으면 노예 되기를 거부하고 이 산에 숨어 살다가 투신한 걸까? 그들은 구차한 삶보다 비루하지만, 독립적인 삶을 택했다. 경찰탐험대의 노예제도 폐지 발표를 믿고 복종하느니 죽어서 영원한 독립을 쟁취하고자 한 그들의 정신은 숭고하다.

전 지구적으로 자본의 왕국이 피라미드를 만들어가는 이 시대에 르몬산의 얘기는 진정한 삶이 무엇인지 말해준다. 지금 이 순간 자신이 노예로 느껴지는가? 그렇다면 독립적인 생활 형태를 찾아 여행을 떠나자.

모리셔스의 르몬산 65

노예들의 아픔을 표현한 세가 춤 65

▶ 남에게 의존하지 않고 자립심 키우기

사람은 성장하면서 독립을 원한다. 젖을 떼는 순간 독립의 길로 들어서는 것이나 마찬가지다. 물론 성인이 되었어도 심리적 젖을 먹고 있는 사람이 많다.

그러나 누군가(또는 어떤 대상)에 의존하는 순간 우리는 자유를 저당 잡히고 만다. 대가를 지불하지 않고 얻는 것은 없다. 편의와 안락을 보장받는 대신 자신이 가진 자유를 내놓아야 한다.

이쯤에서 키르케고르의 오리를 만나보자.[101]

어느 늦가을, 혹한을 피해 멀리 남쪽으로 이동하던 야생 오리들이 한 농가의 농장을 발견했다. 오리들은 마침 잘 됐다 싶어 큰 잔치를 벌였다.

다음날, 출발할 시간이 되어 오리들은 하늘로 날아올랐다. 그런데 오리 한 마리가 떠나지 않고 남아서 곡식 먹기에 정신이 없었다.

이 오리는 생각했다.

'조금만 더 있다가 따뜻한 남쪽으로 떠나야지. 조금만 더, 조금만 더….'

이 오리는 '조금만 더'의 함정에 빠져버렸다. 곡식의 달콤함에 취해 '조금만 더'하며 지체하던 오리는 추위가 닥쳐 농장을 떠나려 했으나 그렇게 할 수 없었다. 너무 몸집이 비대해진 탓에 더 이상 날지 못하게 된 것이다. 결국, 야생 오리는 집오리 신세가 되고 말았다.

우리는 오리가 아니다. 그럼에도 불구하고 오리처럼 살아가는 사람들이 있다. 분명한 것은 인간은 사회적 동물이기 때문에 누군가(또는 어떤 대상)와 관계를 맺고 살아가지만, 누군가(또는 어떤 대상)에 의존해야 할 까닭은 없다. 특히, 물질적 의존은 정신적 의존을 가져온다. 물질적으로 누군가(또는 어떤 대상)에게 신세를 져본 사람은 알 것이다. 신세진 사람의 요구를 쉽게 거절할 수 없다는 사실을.

정신적 자유를 누리기 위해서 우리는 자립의 방법을 찾고 전략과 전술을 구사해야 한다. 어떻게 하면 의존율을 줄이고 스스로 존재할 수 있을까? 어떤 이들은 그 해답을 1차 산업(농업)에서 찾고자 한다. 그들은 땅이야말로 정직하며 먹고 사는 문제(먹사니즘이란 속어로 표현하기도 함)를 해결할 열쇠를 지니고 있다고 생각한다. 땅에서 나는 1차적인 생산물이 '자립 인간'의 토대를 마련해줄 수 있다고 믿는 것이다.

그들은 말한다.

"스스로 존재하는 삶의 방식을 모색하기 위해 우리는 이곳에 모였습니다. 우리의 목표는 자급자족을 통해 삶의 주인이 되는 것입니다.

우리는 모두 자립농이며 CEO(최고경영자)입니다. 우리는 어떤 것에 얽매이지 않고 오직 땅에 집중합니다."

각종 고지서로 가득 찬 보관함을 뒤적일 때나 통장에 줄줄이 찍힌 출금내역을 확인할 때 어떤 심정이 들었는가?
1차 산업에서 해답을 찾아 나선 사람들처럼 자립심은 자유로운 영혼의 필수 항목이다.

고지서와 출금내역으로 가득 찬 보관함과 통장 66

▶ 독자적인 삶의 방식 모색하기

통상적인 삶의 방식을 거부하고 이색적인 삶을 선택하는 사람들이 늘고 있다. 미국의 니어링 부부는 버몬트 산속에서 손수 집을 짓고 정신과 노동이 조화된 삶을 살았으며 우리나라의 작가 이외수도 화천에서 촌장을 자처하며 글을 쓰고 있다. 공교육을 벗어나 대안 학교를 실험하는 사람들도 부지기수다. 예술가 역시 남과 다른 자신만의 독특한 세계를 만들기 위해 고심하고 있다.
피카소 얘기를 해보자.

그는 일찍부터 그림을 그리기 시작했는데, 초창기 작품은 대부분의 화가들처럼 평범했다. 그런데 영국 시인 바이런의 말처럼 '자고 일어나니 유명해졌다'가 현실화된다. 정말 자고 일어나니 유명해진 걸까. 그렇다. 그가 어느 날 들고 나온 작품이 속칭 대박을 터뜨린 것이다. 화단에서는 그의 작품을 보고 놀라지 않을 수 없었다. 왜냐하면, 그 어디에서도 볼 수 없는 전혀 다른 화풍을 선보였기 때문이다. 이렇게 해서 그는 추상화의 거장으로 등극하기에 이른다.

오늘날까지 사람들의 이목을 집중시키는 작품들을 떠올려 보라. 저마다 고유한 빛깔을 품고 있지 않은가. 다양성은 온우주의 기본적인 흐름이다. 같은 종류의 꽃들도 엄밀히 말하면 제각각이다. 온우주에 존재하는 모든 사물은 동일한 것은 하나도 없다. 그래서 획일화라는 잣대는 통하지 않는다. 사람도 마찬가지다. 자신만의 색깔과 향기를 품고 자신만의 삶을 살도록 해야 한다. 자신의 특성에 맞는 독자적인 삶의 방식을 추구하는 과정에서 우리는 자유로워질 수 있다.

니어링 부부의 조화로운 삶 67

이외수의 감성마을 67

우리는 왜 폐쇄된 공간에 갇혀있으면 답답함을 느끼고 탈출하고 싶은가. 인간은 우주정신의 축소판이므로 이미 마음속(집합 무의식 장기저장고)에 자유 관련 정보-에너지를 지니고 있다. 마음속에 있는 자유 관련 정보-에너지가 외부에서 들어오는 자유 관련 정보-에너지와 공명했을 때 우리는 자유로움을 느끼게 된다.

그러나 폐쇄된 공간에는 상대적으로 자유와 같은 긍정적 정보-에너지보다는 부정적인 정보-에너지가 많다. 당연히 억압(구속) 같은 부정적 정보-에너지와 자유의 정보-에너지는 서로 공명하지 못하고 상충한다. 서로 다른 정보-에너지 형태는 우리의 마음속에 있는 작업통제관리기 내에서 충돌을 일으키게 되고 작업통제관리기는 충돌 현상을 해소하기 위해 가능한 자원을 끌어들이려 한다. 해석이나 통찰을 유도하는 심리적 자원이 충분하다면 별문제 없겠지만 충분하지 않을 경우 작업통제관리기에 과부하가 걸리게 되고 이는 곧 고통으로 인식된다. 고통의 강도가 클수록 작업통제관리기는 회피행동을 하도록 심리적 기제에 명령을 내린다. '변화와 성장'의 원리에 따라 고통에서 쾌락을 지향하기 때문이다.

그런데 우리 마음속에는 자유뿐만 아니라 억압(구속) 같은 부정적 정보-에너지도 있으므로(우주정신은 모든 것을 쌍으로 설계해 놓았음) 외부의 억압(구속) 관련 정보-에너지와 공명을 일으킬 수 있다. 이럴 경우 작업통제관리기는 회피현상을 유발하지 않는다. 왜냐하면, 공명현상은 충돌현상과는 다르게 고통을 유발하지 않기 때문이다. 오랫동안 고통에 노출되면 무감각해지는 경우를 생각해보면 이해할 수 있다. 이럴 경우 파생되는 행동은 억압 또는 위축이다.

억압(위축) 행동의 반대되는 방종의 경우도 이와 같은 원리로 해석할 수 있다. 우리 마음속의 방종 관련 정보–에너지가 외부의 환경과 연합했을 때 공명현상이 일어나고 작업통제관리기는 별다른 고통 없이 방종 행위를 하도록 명령을 내리게 될 것이다.

물론 우리 마음속에는 자유 말고도 책임 같은 11개의 다양한 가치 관련 정보–에너지가 내재하여 있기 때문에 어떤 특정한 상황에서 한 가지 가치만이 연관되는 것이 아니다. 작업통제관리기는 상황에 따라 여러 가지 가치 관련 정보–에너지를 선택하여 대처한다. 작업통제관리기의 발달 수준이 높을수록 정보–에너지를 선별하여 상황에 대처하는 능력이 발달하여 있음은 주지의 사실이다.

만약 높은 수준의 작업통제관리기라면 방종의 정보–에너지보다는 책임이나 절제의 정보–에너지를 동원하여 상황에 대처할 것이다. 대부분의 사람이 방종하지 않고 절제된 행동을 하는 이유가 여기에 있다.

제5장
평 화

Peace

1. 평화의 개념

평화에 대한 개념은 문화와 지역에 따라 다양하다. 로마에서 이루어진 팍스(pax)는 무력을 이용한 정복으로서의 평화를 말하며 이는 곧 '힘의 평화'이다. 그리스의 에이레네(eirene) 역시 전쟁과 관련된 개념으로 평화를 '휴전이나 쌍방 협정 및 계약에 의한 현상 고착'으로 보고 있다. 같은 맥락으로 히브리어의 샬롬(salom)도 정의가 실현된 상태로서의 평화를 가리키고 있다.

대체로 서양의 경우 전쟁, 폭력 등과 같은 '힘'의 관점에서 평화를 찾고 있는 경향이 있다. 즉, 외적 평화에 무게를 두고 있다. 이에 비하여 동양은 내적 평화에 관심이 많다.

정신적 만족 내지는 인간의 내면세계의 심오한 통합을 의미하는 인도어의 산티(santi)뿐만 아니라 중국의 허핑(和平)에서도 그러한 속성을 읽을 수 있다. 허핑은 전쟁이 없는 상태로 이해되지만, 광의의 의미로는 개인과 사회, 사람과 자연, 사물과 현상 등이 평형과 조화를 이루는 상태를 뜻하기 때문이다. 우리나라의 경우 평화는 평온하고 화목

함 또는 전쟁이나 폭력이 없는 안정된 상태를 의미하지만 확대 해석하면 아무런 장애나 불편함이 없는 조화로운 상태이다.

이처럼 동양에서의 평화는 사람과 사람, 나라와 나라, 하늘과 땅 사이에 질서가 잡혀서 화목하고 조화로운 상태, 즉 내적 평화를 지향하고 있다.

사실 온우주 자체에 평화의 정보—에너지는 충만하여 있다. 너무나 질서정연하게 짜인 우주의 운행 자체가 평화의 속성을 지닌다. 원심력과 구심력, 자전과 공전, 생성과 소멸 같은 우주 법칙이 조화와 균형을 취하고 있다. 태양계만 해도 화성과 목성 사이에 소행성이나 먼지 같은 일명 우주의 쓰레기가 있지만, 우주정신이 따로 관리하고 있어서 별다른 문제가 생기지 않고 있다. 만약 그렇지 않다면, 헤아릴 수 없는 충돌로 태양계는 혼란에 빠질 것이다.

구심력과 원심력 67

화성과 목성 사이의 소행성대 68

1) 외적 평화

외적 평화는 좁은 의미로는 '전쟁을 하지 않는 상태'이지만 현대 평화학에서는 평화를 '분쟁과 다툼이 없이 서로 이해하고 우호적이며 조화를 이루는 상태'로 이해한다. 인류가 목표로 하는 가장 이상적인 상태이다.

갈퉁(Galtung)은 직접적인 폭력이 없는 상태인 소극적 평화와 갈등이 존재하지만, 비폭력적 방식으로 해결하는 적극적 평화로 구분하였다.[33]

소극적 평화는 '전쟁의 부재', '세력의 균형' 상태로 설명된다. 인류 역사상 평화의 시기는 거의 존재하지 않았거나 극히 짧았다. 그러므로 전쟁이 없는 상태를 유지하려면 타인으로부터 공격당하지 않기 위한 전쟁 억지력이 필요하다.

소극적 평화는 강자가 힘으로 약자를 억누름으로써 유지될 경우도 있다. 비판적으로 말한다면 평화유지를 명분으로 약자의 저항을 억압함으로써 얻어지는 평화다.

이에 비하여 적극적 평화는 단순히 전쟁이 없는 상황이 아니라 정의가 구현된 상태이다. 마틴 루서 킹 목사는 '진정한 평화는 단지 긴장이 없는 상태만을 말하는 것이 아니라 정의가 실현되는 것'이라고 했다. 대부분 종교에서 평화는 적극적으로 이루어야 하는 목표이다.

2) 내적 평화

내적 평화는 신체와 마음, 영혼의 조화로운 상태로 해석된다. 중부 아프리카 그레이트 레익스(Great Lakes) 지역의 원주민들은 평화를 킨도키(kindoki)라고 부른다. 이는 인간과 인간, 인간과 자연, 인간과 우주의 조화를 뜻하는 보다 넓은 개념이다.

어떤 이들은 평화란 정확히 정의할 수 없는 개념이라고 말한다. '언젠가 이루어야 할' 또는 '지켜내야 할' 평화는 없으며, '유토피아', '행복'과 같이 개념으로만 존재할 뿐이라는 설명이다. 대신에 그들은 모두의 평범한 일상에서 소소한 평화를 만들고 확장할 것을 주장한다. 즉, 평화는 어떤 고정된 개념이 아니며, 일상에서 항상 다른 의미로 존재한다.

이승헌은 내적 평화를 건강하고 조화로운 생명의 질서로 파악하면서 조화의 원리를 중요시했다.[6] 온우주로부터 인류, 국가, 사회, 그리고 낱낱의 개인이 조화롭게 순기능 하는 상태의 귀착점은 개인 내부에 있으며 개인은 각각의 일상을 살아가는 실존적 존재다.

따라서 내적 평화의 핵심은 개인이 만족스러운 자기 충족의 상태에 있는지의 여부다. 사회나 국가 또는 온우주 같은 거시적인 대상들은 추상적인 개념이기 때문에 평화의 실현은 개인에게 구체화될 수 있어야 한다. 그렇지 않으면 평화는 추상적인 모호한 어떤 것이 되고 마는 셈이다. 이런 점에서 내적 평화의 개념이 외적 평화의 개념보다 본질적이다. 사실 사회나 국가는 낱낱의 개인들로 구성된 추상적인 조직에 불과하다. 사회나 국가는 개인으로 구성되어 있고 그것의 평화는 곧 개인이 얼마나 평화로운 일상을 살아가고 있는지에 달려있다. 말하자면 평화의 실제적 최소단위는 사회나 국가가 아닌 개인이기 때문에 내적 평화의 관점이 합당해 보인다.

결국, 평화는 근심, 걱정, 불안 등의 부정적 감정이 사라지고 어떠한 상황을 만나도 쉽게 흔들리지 않는 고요한 정신적 평정을 가져다주는 가치라 할 수 있다.

1) 평 온

▶ 모든 사람이 승자 되는 방법 찾기

게임이나 경기에는 승패가 있다. 승자는 고개를 들고 웃고 패자는 고개를 숙인 채 시무룩하다. 오늘날은 게임이나 경기가 일상화되어 간다. 오락이나 연예 프로그램마저 살벌해 지고 있다. 가수들은 승자가 되기 위해 치열하게 노래를 부른다.

그러나 패자는 항상 존재한다. 사람들의 호기심과 흥미를 자극하기 위한 희생양이다. 패자는 희생양이 되어 쓸쓸히 무대 뒤로 사라진다. 승자도 불안하다. 언제 무대 뒤로 사라질지 모르기 때문이다. 아무리 잘해도 패자가 나올 수밖에 없는 시스템의 비애다. 사람들은 왜 이런 비인간적인 시스템에 환호하는가?

커다란 저수지의 물이 줄어서 연못처럼 작아진 상태를 생각해보자. 이제 그곳에 사는 물고기들은 어떻게 될까? 아마 엄청난 스트레스를 받게 될 것이다. 메기나 가물치 같은 포식자의 공격을 받을 확률이 높아지고 산소량도 줄어들기 때문이다. 물이 줄어든 저수지의 생태계는 경쟁이 치열해질 수밖에 없다.

사람이 많이 사는 도시는 물이 줄어든 저수지와 같다. 좁은 공간에서 수많은 사람이 각종 스트레스로 중병을 앓고 있다. 그들은 스트레스를 해소할 자극제에 열광한다. 승자와 패자가 만드는 경쟁 구조에 너무나 익숙해져 있다. 일종의 대리 만족이다. 승자로부터는 동일시 감정을, 패자로부터는 카타르시스(감정 정화)를 느낀다. 이러한 대중의 필요에 의해 경쟁 시스템은 굳어져 간다. 그곳엔 상처뿐인 영광, 그리고 패자의 눈물이 있다.

영화『전설의 주먹』의 끝 장면은 인상적이다. 최고의 '전설의 주먹'을 뽑는 대회의 준결승전에 승리한 뒤 주인공은 돌연 결승전 진출을 포기한다. 고등학교 친구와 비정한 승부를 가려야 할 상황에서 주인공은 상처뿐인 영광을 택하고 싶지 않았다. 그는 2억 원의 우승 상금을 포기하는 대신 상생의 길을 택했다. 주인공은 단호히 말한다.

"친구와 왜 싸워야 합니까? 친구와는 싸워선 안 됩니다."

그러나 대회를 망치고 싶지 않은 주최 측이 가만있을 리 만무하다. 그들은 비난과 회유를 통해서 결승전 진출을 종용한다. 만약 결승전이 무산되면 대회를 주최한 기획사와 방송국에 피해가 갈 수 있다.

결국, 모든 사람이 승자가 되는 방법은 결승전이 열리되 주인공의 의사를 존중해주는 것이다. 이렇게 해서 주인공의 친구가 기권승을 거두게 된다. 시청자들은 주인공이 우승을 차지하는 것보다 친구와의 결전을 포기한 그의 인간적인 모습에 환호한다.

그리고 우승상금 2억 원은 친구와 사이좋게 나눠 먹는 맛좋은 떡이 된다. 이 떡은 패자의 눈물로 만든 제물이 아니기 때문에 달콤하다.

주인공의 아름다운 미담이 알려지면서 기획사의 주가와 방송국의 시청률은 오히려 높아진다. 정말 멋진 상황 설정이다.

어차피 경쟁을 피할 수 없겠지만 모든 사람이 승자가 되는 방법은 없는 걸까? 물론 실현 불가능한 이상일지 모른다. 그렇지만 오늘날의 평화로운 사회는 이상을 꿈꿨던 사람들이 있었기에 가능했다. 그들은 공동체적 삶을 실현하기 위해 도시의 일부를 재구성(성미산 마을 같은)하고 한적한 시골에서 생태 마을을 조성(선애빌 같은)하기도 한다. 그들의 이상은 불필요한 경쟁을 최소화하고 나눔의 정신으로 상생(相生)하는 시스템의 구축에 있다. 인간다운 삶은 바로 이런 곳에서 가능하리라.

그러니 이제 우리도 이상을 꿈꿔야 한다. 어떤 이가 그랬듯이 "혼자만 잘살면 무슨 재민 겨!"라고 외칠 수 있어야 한다.

▶ 힘에 대한 애착을 버리고 온유한 방법 선택하기

온우주의 만물은 힘을 추구한다. 강자가 되려는 마음은 본능에 가깝다. 변화와 성장의 욕구는 우주정신의 속성 중 하나이기 때문이다. 그래서 인간은 영웅을 숭배하고 그들을 자신과 동일시한다. 수많은 전쟁영웅들은 영원히 사라지지 않을지 모른다.

평화와 폭력은 쌍을 이루며 존재한다는 사실을 인정하자. 우리는 평화 또는 폭력 가운데 어떤 것을 취할 것인가. 그러나 힘에 대한 애착을 버리고 우월을 추구할 수 있다면 우리는 그 길을 갈 것이다. 왜냐하면, 폭력은 폭력을 부르기 때문이다.

간디가 영국군의 위협으로부터 자신을 보호하려는 청년들의 무장을 해제하고 비폭력 무저항 정신을 고수했듯이 우리도 물리적 힘의 유혹을 물리쳐야 한다. 힘에 의존하는 한 항구적인 평화는 오지 않는다는 사실을 평화주의자들은 잘 알고 있다. 마틴 루서 킹 목사가 인종차별 법을 없애기 위해 벌인 몽고메리시 버스 승차 거부 운동도 하나의 본보기가 된다.

흑인 여성이 백인 좌석에 앉았다는 이유로 경찰에 체포되는 어처구니없는 일이 벌어졌다고 치자. 이럴 때 우리는 어떤 행동을 취하는가? 용암처럼 들끓는 분노를 쉽게 처리하는 방법은 폭력을 사용하는 것이다. 오늘날 세계 곳곳에서 전쟁과 폭력이 빈번한 까닭이다.

그러나 킹 목사 같은 평화주의자는 폭력의 실상을 정확히 알고 있었다. 생각해보라. 언젠가는 자신보다 힘이 센 누군가에 의해 우리의 위치는 무너질 수밖에 없다. 흔히 하는 말로 영원한 강자도, 영원한 약자도 없다. 그러니 온유한 방법으로 우월을 추구할 수 있어야 한다.

애니메이션 영화 『마녀의 성』은 온유한 방법의 효과를 명쾌하게 보여준다. 다음은 주요 장면 중 일부다.

"저, 사악한 마녀는 반드시 무찔러야 한다. 폐하께서는 '마녀의 성에 들어가는 왕자에게 공주님을 신부로 주신다'고 약속하셨다."

공지를 접한 왕자들이 단단히 무장하고 마녀의 성으로 향했다. 어떤 왕자는 거대한 말뚝으로 성문을 부수고 들어가려 했으나 성문은 끄떡도 하지 않았다. 또 다른 왕자 역시 대포를 가져와 포탄을 퍼부어댔지만, 마녀의 성은 견고했다. 마지막으로 한 왕자가 나타나 불화살을 날렸다. 그는 성을 불바다로 만들 작정이었다. 그러나 마녀의 성은 호락호락하지 않았다. 성 안에 설치된 훌륭한 소방시설 덕분에 모든 공격이 무산됐다.

사람들은 이제 더는 마녀를 상대할 사람이 없을 것이라 수군거렸다. 이때 군중 속에서 왕자들의 공격을 지켜보던 한 청년이 성큼 나서서 마녀의 성으로 향했다. 그는 허리에 찬 단검을 풀어놓고 맨몸으로 걸어갔다. 사람들이 위험하다고 그를 말렸지만 소용없었다.

그는 당당하게 마녀의 성문까지 걸어간 다음 '똑똑똑' 노크를 하며 말했다.

"들어가도 될까요?"

다음 순간, 놀랍게도 문이 열리고 그는 성안으로 들어간 최초의 사람이 되었다. 마녀는 그를 환영하며 말했다.

"이 성에 들어오기 위해 주인인 저의 허락을 구한 건 당신이 처음이에요."

간디의 소금 행진 68

킹 목사의 몽고메리 버스 승차 거부 운동 52

▶ 화가 났을 때 말과 행동을 부드럽게 취하기

우리는 화가 나면 어떻게 하는가? 화난 감정을 무엇인가에 투사해야 시원한가? 우리는 대부분 화가 나면 공격적으로 변한다. 내면의 부정적인 에너지를 발산하는 가장 손쉬운 방법이 화풀이다.

화풀이는 문제의 원인이 밖에 있다고 생각하는 데서 시작된다. 우리는 문제의 원인을 밖에서 구하고 그 대상에게 책임을 전가하려는 습성이 있다. 당연히 원인 제공자는 공격의 대상이 된다. 공격적인 표현을 사용할수록 시원한 느낌을 가진다. 카타르시스(감정 정화)다.

천상계의 한 왕궁에 악마가 들어왔다. 그는 왕궁의 왕이 잠시 외출한 틈을 타 왕좌에 앉아 왕처럼 굴었다. 당연히 신하들이 가만히 있을 리 만무하다. 신하들은 악마를 쫓아내기 위해 비난을 퍼붓고 공격적인 행동을 한다.

그런데 이게 웬일인가? 오히려 악마의 몸집은 점점 더 커지고 험악해져 갔다. 뒤늦게 왕궁에 돌아온 왕은 이 광경을 목격하고 놀랐다. 그러나 왕은 지혜로운 사람이었다. 그는 악마에게 다가가 다음과 같이 말했다.

"어서 오시오. 내 궁전에 온 것을 환영합니다. 아직까지 누군가 마실 것과 먹을 것을 대접하지 않았단 말이오?"

신하들은 상황을 파악하고 차와 먹을 것을 갖다 주고 심지어 발마사지와 지압까지 해주었다.

그 결과 어떤 일이 벌어졌을까? 평화적인 대접을 받을수록 악마의 몸집은 점점 줄어들더니 이내 소멸하고 말았다.

『술 취한 코끼리 길들이기』에 나오는 이 이야기의 악마는 '분노를 먹고 사는 우리의 마음'이다. 마음이 빈곤한 우리는 분노를 먹으면서 악마처럼 변한다. 대수롭지 않은 일로 쉽게 화를 내고 남에게 상처를 주기 십상이다. 이 모두가 '분노를 먹고 사는 우리의 마음' 때문이다.

만약 화가 나더라도 그 원인을 자신의 안에서 찾는다면 한결 평화로워질 것이다. 어차피 통제할 수 있는 것은 자기 자신밖에 없다. 자신을 통제할 줄 아는 사람은 평화로운 방법을 찾는다. 그것이 마음의 안녕을 주기 때문이다. 화난 감정을 부드럽게 표현할 줄 아는 사람은 매우 드물지만, 최상의 평화적인 방법임은 틀림없다.

▶ 문자를 이용하여 감정을 정화하기

우리는 말 때문에 시험에 들고 송사에 휘말린다. 말을 사용하여 천 냥 빚을 갚을 수 있는 경우보다 그렇지 않은 일이 더 많다.

그래서 인도의 바바 하리 다스는 말 대신 글로 사람들과 교류한다. 그는 자신이 하고자 하는 말을 칠판에 글로 써서 전한다. 사실 우리가 하는 말의 상당한 부분이 불필요하거나 공허한 것들이다. 왜 우리는 불필요한 말들로 시간을 허비하고 심지어 다른 사람의 감정까지 상하게 하는가? 그것은 말을 함으로써 존재감을 느끼거나 스트레스를 발산하기 때문이다.

어떤 모임에 가면 다들 말하기 바빠서 다른 사람의 말을 잘 듣지도 않는다. 자신이 화자가 되어 대화의 중심에 서야 직성이 풀린다. 이런 사람은 입이 아플 때까지 자신의 주장을 내려놓지 않는다. 남이 잘 듣고 안 듣고는 그리 중요한 문제가 아니다. 중요한 건 내가 지금 열심히 말하고 있다는 사실이다. 그러니 왁자지껄 난장판이 된다. 술집에 가본 사람은 알 것이다. 듣는 사람은 없고 떠드는 사람이 대다수다. 서로 떠들다가 부딪쳐 싸움이 나기도 한다. 불필요한 말들이 만들어낸 비극이다.

이제 말보다 문자를 이용해보자. 문자는 감정을 정화해주는 묘미가 있다. 감정이 정화된 글은 분란의 소지를 줄여 줄 뿐만 아니라 소통의 다리를 놓아 준다. 불쾌한 감정으로 괴로운가. 그렇다면 입 대신에 손을 사용해보자. 핸드폰의 메시지나 이메일, 혹은 직접 쓴 쪽지나 편지로 정화된 감정을 전달해보자.

천국의 한가한 오후, 하느님과 천사장이 대화를 나누고 있었다.

"인간들이 사용하는 말 중에는 해괴망측한 언어들이 많은데 언어 제작소에서 실수한 것 아닌지 궁금합니다."

"아니, 그건 이미 예정되어 있었다네. 아담과 이브가 따 먹은 선악과 속엔 수많은 언어의 씨앗들이 숨겨져 있었지. 이것이 다른 동물들과 달리 인간계에 다툼과 분쟁이 많은 이유라네."

"아, 그렇군요. 그래서 아담과 이브를 에덴동산에서 추방하셨군요."

"그렇다네. 나는 천국이 수많은 언어로 오염되어 지옥으로 변하는 것을 원치 않았네."

"그런데 이번에 언어제작소에 문자 씨앗을 만들라고 지시하신 까

바바 하리 다스 69

닭은 무엇인지요?"

"자네도 알다시피 인간들은 나의 분신 아닌가? 아담과 이브가 지은 죗값을 충분히 치렀다고 생각해서 언어의 함정에서 벗어날 수 있는 문자 씨앗을 인간계에 뿌릴 작정이네. 다만 그 씨앗을 잘 가꾸느냐, 그렇지 않으냐는 인간들 손에 달렸겠지. 만약 그들이 나의 분신임을 깨닫는다면 창조성을 발휘하여 문자를 효과적으로 사용할 수 있을 걸세."

▶ 명상이나 묵상하기

우리는 매일 아침 거울 앞에서 외형을 가꾼다. 머리를 손질하고 옷 매무새를 만지고, 혹시라도 몸이 아프기라도 하면 병원에 가기 바쁘다. 어디 그뿐인가. 매 끼니마다 무엇으로 배를 채울지 고심한다. 우리는 외형에 정말 공을 많이 들인다. 심지어 성형수술까지 감행할 정도로.

"이것은 할머니가 사시다가 간 정신의 껍데기다. 이제 할머니는 이 안에 계시지 않고 멀리 하늘나라로 가셨다. 이리 와서 할머니가 잠시 머물렀던 정신의 껍데기를 만져보렴."

어떤 사람이 모친상을 당했을 때 자식들에게 한 말처럼 외형은 정신이 사는 껍데기다. 그 껍데기는 사람이 죽었을 때 소멸한다.

사실 우리는 밥을 먹을 때 그릇의 모양보다는 그 내용물(음식)에 신경을 쓴다. 맛있게 보이는 음식을 대하면 그릇의 모양 따위는 눈에 들어오지 않는다. 우리의 시선은 오로지 음식물에 가 있기 마련이다.

우리가 음식을 섭취할 때처럼 이제 자신의 내면에 관심을 가져보면 어떨까. 거울 앞에서 외형을 가꾸듯이 명상이나 묵상으로 정신을 다듬어보는 거다.

명상이나 묵상은 우리의 마음을 비추는 거울이다. 마음속에서 자신을 만나는 일이야말로 평화로움의 시작이다. 하루 일정한 시간을 할애하여 자신만의 공간에서 눈을 감고 뇌파 내리기 작업을 해보자. 특히, 걱정거리가 있다면 내면의 목소리에 귀를 기울이자.

"팀장님, 오늘 저녁 회식 있는 것 아시죠?"

"아, 이거 어쩌지. 중요한 약속이 있어서 못 갈 것 같은데…"

"아, 네. 약속이 있으시군요."

"응, 누구를 좀 만날 일이 있어서…"

어느 회사의 팀장과 팀원 간의 대화내용이다. 마침 그 날 저녁에 부서 회식이 있는 모양이다. 팀장이 선약이 있어서 팀원들끼리 조촐한 모임이 이뤄졌다.

"팀장님이 빠지니 왠지 썰렁하네."

"그러게 말이에요. 누굴 만나는지 모르지만, 번개 모임에 안 오시니 섭섭하네요."

"팀장님이 누굴 만나러 가는지 난 알지롱."

"그래! 누구?"

"하하, 궁금하지? 팀장님은 자기 자신을 만나러 가셔. '나 찾아 명상센터' 단골이시거든. 아마 오늘이 그 날일 거야."

명상 70

▶ 집착을 내려놓기

이케야 세키 혜성을 발견한 세키 씨는 별을 관찰한 지 13년 만에 혜성을 처음 발견한 후 다음과 같이 말했다.[38]

"나 자신이 무(無)가 됐을 때 마음속에 별이 보이는 것 같아요."

집착을 내려놓고 밤하늘과 자신이 일체가 됐을 때, 비로소 새로운 별이 보였던 것이다. '집착을 내려놓는다'는 것은 탐욕을 부리지 않는다는 뜻이다. 탐욕은 눈을 멀게 하고 마음의 평화를 앗아간다. 어디 그뿐인가? 때로는 생명까지 위험해진다.

자신들이 만든 토이모코로 인해 희생당한 마오리족들이 얼마나 많았던가. 죽은 자의 사후를 기념하기 위해 두상을 미라로 만든 작품이 탐욕의 대상이 될 줄 아무도 몰랐을 것이다. 18세기 식민지 약탈로 탐욕을 채우던 유럽인들에게 마오리족의 독특한 문신이 새겨진 토이모코가 눈에 띈 것은 당연하다. 그들에게 토이모코는 돈이 되는 소장품이었다. 일반 가정은 물론 박물관에서조차 두세 개의 토이모코를 전시하지 않는 곳이 없을 정도였으니, 물량이 딸리기 마련이다. 사람이 탐욕으로 눈이 멀게 되면 생사람도 잡는 법. 살아있는 노예를 죽이고 순진한 마오리족에게 총을 나눠줘 전쟁을 일으키는 야만의 역사는 그렇게 탄생했다.

동물들도 배가 부르면 더 이상 사냥을 하지 않는다. 오로지 인간만이 인간을 사냥한다. 배가 고프지 않는대도 칼과 총을 사용한다. 반드시 필요하지 않는 것을 위해 꼭 필요한 것들(생명 같은)을 희생시킨다. 이 모두가 탐욕을 버리지 못하는 집착 때문이다.

그러나 필요 이상의 그 무엇을 갖는다는 것 자체가 피곤한 삶이다. 그곳에는 평화가 없다.

이케야 세키 혜성 52

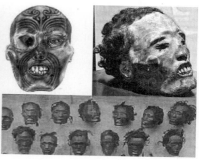

토이모코 71

2) 화 합

▶ 인류라는 대가족 입장에서 사람 대하기

사자 나라 왕의 생일잔치가 열렸다. 각종 동물 나라의 왕들과 사신들이 생일을 축하하기 위해 선물을 들고 도착했다.

그들은 사자 왕 앞에 가서 생일을 축하하는 덕담과 함께 가지고 온 선물을 내놓았다. 그런데 사자 왕의 표정이 그리 즐거워 보이지 않았다. 왕은 옆에 있는 신하에게 투덜거리며 말했다.

"가져온 선물들이 그렇고 그렇구나. 뭔가 특별할 줄 알았는데."

이 말을 듣고 신하가 머리를 조아리며 말했다.

"각국으로 나 있는 도로 때문에 요즘은 어디서나 비슷한 물건이 널려있습니다."

그러자 사자 왕이 정색을 하며 말했다.

"그래, 그렇다면 각국으로 통하는 도로를 폐쇄해야 되겠군."

혹시 사자 왕 같은 사람을 보았는가? 그는 시계를 거꾸로 돌리려는 사람이다. 오늘날의 세계를 제대로 이해하지 못하면 사자 왕 같은 생각을 할 수도 있다.

그러나 오늘날은 육지의 도로뿐만 아니라 바다나 하늘의 길도 열려 있다. 고도로 발달된 문명으로 인해 지구는 이제 조그마한 마을이 되었다. 그래서 지구촌이라는 말을 쉽게 사용한다.

여기 흥미로운 실험이 있다. 다른 대륙의 낯선 사람에게 인편으로 소포를 보내는 실험이다. 실험에 의하면 모든 사람은 6단계 안에 서로 연결되어 있다. 아는 사람을 통해 릴레이식으로 전달된 소포가 6단계를 넘지 않은 것이다.

이 얼마나 대단한 일인가? 가만히 생각해보면 우리가 먹는 먹거리,

입는 옷, 생활용품 등의 원산지가 지구 방방곡곡이다. 내가 모르는 그 누군가가 바나나를 따서 보내고, 옷을 만들고 있다. 바가지, 액자 같은 소품에도 지구촌민들의 손때가 묻어있다. 비록 얼굴은 모르지만, 그들은 나의 이웃이자 고마운 친구다. 그들이 없다면 우리는 모든 것을 스스로 만들어 사용해야 한다. 이 얼마나 고마운 사람들인가.

그래서 우리는 지구촌에 사는 모든 사람을 대가족으로 인정하고 공존의 길을 모색해야 한다. 요즘 다문화 사회가 늘고 있는 현상도 우연은 아니다. 우리는 모두 연결되어있기 때문에 비벼지거나 섞어질 수밖에 없다.

사실 섞어찌개나 비빔밥은 음식점에서 흔한 메뉴 아니던가.

지구촌 36

비빔밥 72

▶ **편견을 극복하기**

경험주의 철학자 베이컨이 제시한 우상에 대해 들어보았는가?
온우주에는 수많은 생명체가 존재하는데도 불구하고 우리는 너무 인간 중심적 사고에 물들어있다(종족 우상). 그 결과 상처받은 지구는 아사 직전이다. 인간에게 편리를 제공해준 대가치고는 최악의 상황이다. 그러나 자기중심적인 인간은 개인적 경험을 확대해서 일반화하기를 좋아한다(동굴 우상). 이제 우리는 '자신의 독특한 인식이 매우 주관적이다'는 사실을 받아들여야 한다. 그러므로 자신의 사고체계를 다른 사람에게 강요할 이유가 없다. 그럼에도 불구하고 권위나 전통에 호소해서 자신의 생각을 관철시키려는 억지가 오늘날에도 통하고 있다(극장 우상). 이들은 미사여구(美辭麗句)로 자신의 말을 포장하여 대중 선동을 일삼는다(시장 우상). 말이 청산을 달릴 정도로 유창하다.

우리가 만일 이러한 우상을 숭배하고 있다면, 평화의 문에서 멀리 떨어져 있는 것이다. 우리 자신의 사고와 감각의 불완전성을 인정하고 열린 마음으로 합리성을 추구할 때 편견의 오류를 범하지 않게 된다.

하느님이 천사들을 모아놓고 아침 조회를 열고 있었다. 그런데 오늘은 조회대 위에 아주 큰 금빛 찬란한 보석이 놓여있었다. 하느님은 보석을 모든 천사들이 보게 한 다음 소감을 말해보도록 하였다.

"예, 파란색의 아름다운 보석입니다."

"아닙니다. 저건 빨간빛을 내는 아주 특별한 보석입니다."

천사들은 제각각 보석을 보고 난 소감을 말하기 시작했지만, 금빛 찬란한 보석이라고 말하는 이는 없었다.

그러다가 맨 마지막 줄에 서 있는 천사가 드디어 제대로 소감을 말했다.

"예, 저 보석은 눈이 부시도록 금빛 찬란한 빛을 내는 아름다운 보석입니다."

하느님은 빙그레 웃으며 말했다.

"그대의 말이 맞도다. 그대만이 색안경을 쓰지 않았기 때문에 이 보석을 제대로 볼 수 있었다. 다른 천사들은 자신이 쓴 색안경에 따라 보석이 달리 보일 수밖에 없었다."

하느님은 천사들 몰래 색안경을 씌워서 교훈을 삼고자 한 것이다.

▶ 사물이나 자연과 조화를 꾀하기

석가가 태어날 때 천상천하유아독존(天上天下唯我獨尊)이라 말했다. 하지만 이 세상에 홀로 존재할 수 있는 생명체는 아무것도 없다. 온 우주에 존재하는 모든 것들은 어떤 식으로든지 서로 연결되어있으며 상호작용한다.

우리가 사용하고 있는 물품의 원재료는 자연에서 나온 것이다. 생태학자들이 주장하는 바와 같이 지구 자체도 살아있는 생명체다. 사실 지구도 끊임없이 움직이고 있지 않은가. 그러니 인간만이 고귀하며 유일한 존재라는 생각은 과거의 유물이다.

세상 만물이 창조된 맨 마지막 날인 6일째에 만들어진 동물이 인간이다. 파리나 모기 같은 하찮은 생명체보다도 출생순위에서 밀리는 늦둥이다. 성경의 말씀이 진실이라면 인간은 조용히 고개 숙이고 있어야 마땅하다. 그런데도 우리는 어떠한가? 마치 모든 것의 지배자처럼 교만하게 굴지 않던가. 신이 보면 코웃음 칠 일이다.

이제 우리는 다른 생명체 및 사물들과 조화로운 삶을 꿈꿔야 한다.

하루가 멀게 파괴되고 있는 야생동물의 서식지, 오염된 환경으로 멸종위기를 맞고 있는 동식물들, 대책 없이 파헤쳐지는 녹색 지대…. 이런 것들은 생태학자들의 전유물이 아니다. 세월이 흘러 이 지구상에 인간만이 존재한다고 생각하면 얼마나 끔찍한가?

　서기 2,100년, 과학자들이 모여 회의를 개최했다.

　오늘 회의의 주제는 '지구 생태계 이대로 좋은가?'였다. 먼저 사회를 맡은 사람이 의제에 대해 설명했다.

　"다 아시다시피 이제 이 지구상에는 우리 인간과 극소수의 동물과 식물이 존재할 뿐입니다. 이대로 가다간 우리 인간만이 남게 되고, 그것은 곧 파탄을 의미합니다. 그래서 오늘 이렇게 저명한 과학자 여러분을 모시고 대책을 모색하게 되었습니다."

　과학자들은 저마다 의견을 내놓았다. 어떤 사람은 '발달된 생명공학 기술로 새로운 생명체를 만들어 번식시키자'고 제안하였고, 어떤 사람은 '우주공학 기술을 이용하여 다른 행성에 있는 생물을 들여오자'고도 했다.

　모두 그럴듯한 의견을 내놓았으나 경제적인 문제와 현실성의 부족으로 재론되지 못했다. 과학자들은 문제의 원인이 인간에게 있음을 지적했으나 해결책을 찾는 데는 실패하고 말았다. 결국, 아무런 결론을 얻지 못한 채 회의는 종결되었다. 사회자는 폐회선언을 하기 전에 마지막 발언을 했다.

　"유감스럽게도 오늘 회의에서 어떠한 안건도 채택되지 못했습니다. 이것은 매우 실망스러운 일이며 지구의 미래가 매우 어둡다는 점을 암시해줍니다."

▶ 강요, 비난, 지시를 삼가하기

사람들은 누구나 원만한 인간관계를 맺어서 평화로워지기를 원한다. 그런데도 상대방에 대해 강요나 비난, 그리고 지시적인 언행을 사용할 때가 많다. 만약 우리 자신이 상대방으로부터 공격을 받으면 어떤 기분일까?

사람은 자존감의 욕구가 있다. 자신을 가장 사랑한다는 말이다. 여기 한 가지 흥미로운 실험을 소개해본다.[31]

실험실 벽에 이성의 얼굴 사진들을 걸어놓고 남녀 대학생들이 마음에 드는 이상형을 고르도록 했다. 학생들은 차례대로 입실하여 호감이 가는 사진을 손가락으로 가리킨다. 그런 다음 사진을 돌려 뒷면에 있는 또 다른 사진을 확인하도록 했다. 그런데 이 과정에서 대부분의 학생들이 화들짝 놀라고 만다. 왜 그럴까? 뒷면에 인쇄된 사진이 다름 아닌 자신의 얼굴이었기 때문이다. 사실 이성 사진은 자신의 얼굴 사진을 합성하여 변조한 것에 불과했다. 학생들이 선택한 이성이 바로 자신이었다니 정말 놀랍지 않은가?

사람은 모두 자기 자신을 가장 사랑한다는 사실을 인정하자. 아무리 내가 비난받을 일을 했어도 공격을 받으면 기분이 나쁘다. 기분을 나쁘게 한 사람을 좋아할 사람이 몇이나 되겠는가? 이런 상황에서 소통은 단절되고 평화로운 관계는 형성되지 않는다.

그러므로 어떤 사람과 평화로운 관계를 맺고 싶다면 강요나 비난, 지시하고 싶은 마음을 내려놓고 비폭력적인 방법을 모색해보자.

▶ 가까운 사람에게 상처 주는 말하지 않기

'가장 사랑하는 사람이 마음을 아프게 한다'는 역설이 있다. 정말 그렇다. 나와 이해관계가 없는 사람과는 상처받을 일이 적지만, 자주 만나는 사람과는 그럴 일이 생긴다. 그래서 "가까운 사람일수록 예의를 지켜라."라는 격언이 생겼는지 모른다.

퇴계 이황은 제자에게도 하대를 하는 법이 없었다고 하지 않던가. 말은 분란의 씨앗이다. 물과 같아서 한 번 내뱉으면 주워담을 수 없다. 그런데도 일상을 살아가는 우리는 가장 소중한 사람한테 함부로 불화살을 날린다. 불이 나서 타죽기 전에야 아차 하며 후회하기 일쑤다.

상처 주는 말들이 쌓이고 쌓이면 잉꼬부부도 오래가지 못하는 법이다. 다음의 이야기로부터 교훈을 얻자.

결혼한 지 얼마 안 된 신혼부부가 대판 싸움을 벌였다. 신부는 친정집으로 가버렸고 얼마 후 장인·장모가 들이닥쳤다. 장인은 사위로부터 자초지종을 듣고 나서 뼈있는 말을 던졌다.

"그래, 내 딸이 말로 사람 잡는다는 걸 잘 알고 있네. 그렇지만 자네는 사람뿐만 아니라 사나운 호랑이도 잡을 정도라는군. 결혼 전에 이 사실을 알았다면 내 딸은 자네와 결혼하지 않았을 걸세."

▶ 가족 간에 잘잘못을 따지지 않고 이해해주기

날이면 날마다 집안에서 다툼이 끊이지 않는 사람이 전혀 그렇지 않은 집을 방문하고 물었다.

"도대체 댁의 집에선 싸우는 소리를 들을 수 없으니, 무슨 비법이라도 있습니까?"

과연 어떤 대답이 나왔을까? 우리는 형제 부모 간에도 시시비비(是是非非)를 가리는 분별의 마음이 있다. 다른 사람의 흠집을 잡고 늘어지길 좋아한다. 고약하게도 어떤 사람은 그것을 즐긴다. 그런 사람의 입에서 '내 탓이오'란 말을 기대할 수 있을까? 일명 콩가루 집안에선 '네 탓이오'가 난무한다. 사랑이 없는 그곳엔 남남만이 존재한다.

우리는 여기서 여섯 개의 화살로 교훈을 준 사람의 얘기를 떠올려 볼 필요가 있다. 한 개나 두 개 모둠의 화살은 부러뜨릴 수 있지만, 세 개 모두를 한꺼번에 부러뜨리는 일은 쉽지 않다. 형제간의 다툼을 우려한 아버지의 마지막 지혜가 가정의 화목을 가져다주었다. 삼 형제는 부러진 세 개의 화살과 부러지지 않은 세 개의 화살을 비교하며 아버지의 유언을 가슴에 새겼을 것이다.

그렇다. 가정은 어항과 같다. 어항이 깨지면 어느 누구도 살아남을 수 없다. 어항 속의 가족은 '내 탓이오'란 말을 먹고 산다.

그러므로 다툼이 일어나면 '내 탓이오'를 외쳐보자.

애완견 두 마리가 가출한 사연을 털어놓고 있었다.

"왈왈. 멍순아, 너 집 나왔다며?"

"멍멍. 어떻게 알았어?"

"왈왈 왈왈왈. 어떻게 알긴, 이미 소문이 쫙 났는데. 가출한 개가 한둘이냐?"

"멍멍멍. 아휴 짜증나. 우리 집 사람들은 서로 싸우느라 밥도 제대로 안 줘. 그뿐이냐? 화풀이는 죄다 내게 해대니 어디 살겠어. 여기 좀 봐. 시퍼렇게 멍들었지? 멍멍멍."

"왈왈왈. 우리 집 사람들도 그래. 걸핏하면 싸우는 통에 조용할 날이 없어. 인간들은 참 이상해. 자기가 잘못해놓고도 '너 때문이야'라고 우겨대기 일쑤야. 그 꼴을 보고 듣자니 화가 나서 더 이상 못 있겠더라구."

"멍멍멍 멍멍. 정말 그래. 서로 상대방이 잘못했다고 우기니 싸움판이 커질 수밖에…. 성질 같아서는 확 물어주고 싶은데, 밥 얻어먹는 처지라서 참고 참다, 결국 뛰쳐나왔지."

세 개의 화살 73

어항 74

3) 협 동

▶ 각자의 전문성을 인정하고 분업화하기

  옛날 한 나라의 공주가 중병을 앓고 있었다. 그런데 그 병을 고칠
수 있는 약은 아주 특별한 사과밖에 없었다. 왕은 고심 끝에 공주
의 병을 고쳐주는 사람을 부마로 삼겠다는 공고문을 내걸었다.

  마침 그 나라에는 아주 특별한 물건을 가지고 있는 3형제가 살고
있었다. 첫째가 천 리를 볼 수 있는 신통방통한 망원경으로 우연히
이 공고문을 보았다. 그런데 왕궁까지는 너무 멀어 공주를 살릴 수
있는 시간 안에 갈 수 있을지 의문이었다. 이때 둘째가 마법의 양탄
자를 꺼냈다. 그들은 이것을 타고 왕궁에 무사히 도착하여 셋째가
가지고 간 사과를 이용해 공주를 낫게 했다.

『탈무드』에 나오는 이 얘기는 계속되지만, 분업화·전문화의 중요성
을 잘 보여주는 우화다.

  어떤 물건이 망가져 사람을 불러 고쳐본 경험이 있는 사람은 알 것
이다. 아무리 사소한 일이라도 전문가가 있다는 사실을. 그가 누구이
든 어떤 기술이나 능력을 지녔든지, 누군가의 삶에 기여를 하고 있다
면 분명 전문가다. 그래서 공자는 세 사람이 걸어가면 그 가운데 반
드시 스승이 있다(三人行必有我師)고 했는지 모른다.[4]

  우리 사회는 톱니바퀴처럼 맞물려 돌아가고 있다. 각자 자신의 세
계에서 고유한 역할을 하는 사람들은 톱니와 같다. 만약 톱니가 빠지

기 시작하면 우리 사회는 멈춰버릴 것이다. 따라서 전문성에 대한 상호 인정은 분업화의 바탕이다. 함께 일하는 평화로운 사회는 분업화를 통해서 가능하다.

▶ 도움을 주고받기

사람이 북적거리는 공원에 한 엄마가 다섯 살 된 아들을 데리고 놀러 왔다. 잔디밭에 돗자리를 깔고 음식을 먹다가 음료수를 사러 가기 위해 잠시 자리를 비운다. 음료수를 사 들고 와보니 아이 장난감과 야유회 용품이 들어있는 가방이 없어졌다. 바로 옆자리에 건장한 청년 두 명이 있어서 별생각 없이 다녀온 게 탈이다. 똑같은 상황에서 이번엔 두 청년에게 짐을 봐달라고 부탁하고 자리를 뜬다. 결과는 놀랍다. 도둑이 와서 가방을 들고 가는데, 부탁받은 청년들이 끝까지 따라가서 가방을 되찾아온다.[31] 부탁의 힘을 잘 보여주는 실험 장면이다.

누군가의 도움이 필요한가? 그렇다면 부탁하자. 우리는 부탁하면 쉽게 해결할 수 있는 문제를 어렵게 끌고 가는 경우가 허다하다. 도움에 대한 요청은 부끄러운 행위가 아니며, 오히려 권장할 일이다. 우리는 도움을 주고받으며 생활할 수밖에 없는 사회적 관계망 속에 있다. 그 물처럼 얽혀있는 사람 관계는 도움을 주고받는 품앗이의 연속이다. 그러니 도움이 필요하면 부탁하고 누군가가 부탁해오면 그 부탁을 들어주자.

▶ 힘을 모아 삶의 터전을 지키기

솔개 한 마리가 우람한 날개를 펴고 화창한 가을 하늘을 선회하고 있다. 먹잇감을 찾아 유유히 하늘을 누비는 자세가 범상치 않다. 그런데 순식간에 10여 마리의 까치들이 숲에서 날아오르더니 솔개를 에워싼다. 까치 무리는 바쁘게 날갯짓하며 솔개를 부리로 공격한다. 자기 몸의 두 배쯤 되는 솔개를 망설임 없이 쪼아대는 모습이 대담하다. 이상한 것은 솔개의 태도다. 공격을 당할 때마다 날개만 퍼드덕거리고 만다. 아무래도 까치들의 기세에 눌린 모양새다.

무엇이 솔개를 무력화시킨 것일까? 아무리 작은 힘도 여럿이 모이면 큰 힘을 발휘한다. 더군다나 삶의 터전에 적병이 나타나면 사력을 다하기 마련이다. 까치들은 자신들의 보금자리를 위협하는 솔개에 대항하기 위해 단체의 힘을 이용했다. 협동은 평상시보다 위급한 상황에서 더욱 힘을 발휘한다. 어려울 때일수록 힘을 모아야 하는 이유다.

평화는 그냥 주어지지 않는다는 사실을 까치들은 알고 있었다. 우리도 까치의 지혜로 뭉쳐야 한다. 특히, 삶의 터전이 위협받을 때 함께 힘을 모아 위험 요소를 제거해야 한다. 삶의 터전이 위협받으면 평화도 없다.

까치의 솔개 공격 75   큰 말똥가리를 공격하는 까마귀 75

4) 여 유

▶ 서두르지 않고 기다리기

황금알을 낳는 거위 얘기를 알고 있는가? 황금알을 낳을 때까지 기다리지 못하고 거위의 배를 가르는 어리석은 사람 얘기 말이다. 인간의 과욕을 경계하는 이 동화 속에는 서두르면 그르친다는 교훈이 담겨 있다. 조급하게 결과를 얻으려 할 때 실수하거나 손해 보기 십상이다.

농부도 완전히 익은 사과 열매를 얻기까지 거름을 주거나 가지치기를 하며 기다리지 않던가. 돈이 급하다고 해서 익지도 않은 사과를 따서 내다 팔 수는 없는 노릇이다.

서두르지 않고 기다리는 사람은 조급증을 가장 경계한다. 조급하게 서두르다 낭패를 보는 경우가 허다함을 익히 알고 있기 때문이다. 이런 사람은 시간의 흐름에 자신을 내맡기고 기다릴 줄 안다. 결코, 거위에게 밥도 주기도 전에 칼을 들이대는 행위는 하지 않는다.

그런데 요즘 세상은 조급증 환자들이 늘어나는 것 같다. 여기저기서 칼부터 드는 소리가 들리니 말이다. 그들은 칼날도 갈지 않고 거위를 잡으려 든다. 거위가 황금알을 낳기 위해서는 시간이 필요하다는 사실을 망각한 행위이다.

자고 나면 무언가 바뀌어있는 오늘날의 세상에서 느림의 철학이 필요한 이유는 간단하다. 무엇이든 숙성의 과정이 필요하고 그 발효성분은 시간이라는 사실을….

"너는 그 느려터진 걸음 때문에 항상 내 밥이 되는 거야. 사슴이나 말처럼 달려봐, 내가 쉽게 잡아먹을 수 있겠어?"

느릿느릿 걷는 소를 보고 호랑이가 빈정거리며 말을 걸어왔다. 그러나 호랑이의 놀림을 받고도 소는 묵묵히 걷기만 했다. 너무나 태연한 소의 행동을 보고 화가 난 호랑이는 예리한 눈으로 주변을 살폈다. 이제 막 소를 덮칠 순간, 멀리서 총을 든 사냥꾼을 발견했다. 호랑이는 재빨리 몸을 돌려 줄행랑을 쳤다.

도망가는 호랑이를 보고 소가 중얼거렸다.

"짜식, 눈 하나는 제대로 달렸네. 그렇지 않으면 이미 죽은 목숨일 텐데…."

이제, 호시우보(虎視牛步)라는 말처럼 호랑이 눈으로 세상을 보면서 소걸음을 하자. 느리게 그러나 깨어있는 의식으로 기다릴 줄 아는 사람은 평화롭다.

▶ **결과를 받아들이기**

한 농부가 앙상한 가지만 남은 사과나무에 거름을 주고 있었다. 지나가던 동네 사람이 "올해 재미 좀 봤냐?"고 물었다.

농부는 대답 대신 고개를 절레절레 흔들었다. 이 농부는 사과나무 한 그루 당 40kg 정도의 열매를 기대했었다. 그런데 결과는 20kg도 제대로 수확하지 못했다. 그런데도 그는 겨울을 앞두고 사과나무에 거름을 주고 있다.

농부는 기대를 저버린 사과나무를 자르거나 화풀이하지 않는다. 그러려니 하며 결과를 받아들일 뿐이다.

시인 류시화는 『하늘 호수로 떠난 여행』[109]에서 어떤 일이 원하는 대로 되지 않았을 때 '노 프라블럼(no problem)'을 외치라고 강조한다.

기차가 5시간 넘게 연착해도 '노 프라블럼', 물건을 제때 못 팔아 생계가 어려워도 '노 프라블럼'···. '노 프라블럼' 정신으로 일상을 살아가는 인도인의 모습에서 마음의 평화를 찾는 방법을 제시한다. 인도인들은 어떤 결과가 만족스럽지 못하더라도 '노 프라블럼'이라고 말한다. 결과에 승복하는 방법을 터득한 것이다.

그렇다. 모든 일은 '노 프라블럼'이다.

'노 프라블럼!'

평화는 긴장감과 깊은 관련이 있다. 평화와 대비되는 불안이나 걱정은 지나치게 긴장된 상태, 즉 과다 각성 현상으로부터 비롯된다.

온우주에 있는 정보–에너지들은 우리가 지각하지 않는 한 별개의 세계에 존재한다. 우리의 의식이 그것들과 교감했을 때 그것들은 나의 세계에 들어와 사고와 감정, 행동에 영향을 미치게 된다. 말하자면 외부의 정보–에너지는 1차적으로 감각세계에서 망각을 통해 걸러지고, 2차적으로 의식세계의 단기기억저장고에서 망각되는데, 감각기관과 의식기관이 너무 활성화되어 있으면 망각률이 적어지게 된다. 이것은 곧 정보–에너지의 과다 유입을 의미한다. 그러나 과다 유입된 정보–에너지들은 대부분 불필요한 것들이다. 우리의 마음이 망각이라는 메커니즘을 둔 것은 불필요한 정보–에너지로부터 마음의 구조를 보호하기 위해서다.

그러므로 망각의 과정은 무시할 게 아니라 중요한 마음의 역할임을 깨달아야 한다. 망각되지 않고 과다 유입된 정보–에너지로 말미암아 작업통제관리기는 과부하가 걸릴 수밖에 없다. 자신의 처리능력을 초과하는 정보–에너지로 인해서 작업통제관리기는 과민해지고 불안해진다.

불필요한 정보–에너지의 차단, 이것이 평화의 관건이다. 평화는 작업통제관리기가 감당할 수 있을 만큼의 필요한 정보–에너지를 받아들이고 처리함으로써 생긴다. 물론 정보–에너지의 성격도 중요하다. 처리하는 정보–에너지가 긍정적일수록 작업통제관리기(정보·에너지처리기)에 미치는 악영향을 줄이고 긍정적으로 가치(데이터)를 생성할 가능성이 높아진다. 말하자면 긍정적 정보─에너지가 적절한 양으로 의식세계에서 처리되어 무의식세계에 저장되도록 조장할 필요가 있다.

그런데 유입되는 정보─에너지가 너무 적어도 문제이다. 작업통제관리기의 처리능력에 훨씬 못 미치는 정보─에너지의 양은 권태, 또는 나태와 같은 부정적 가치를 양산할 수 있다. 이것은 달리 표현하면 각성의 부재이다. 너무 마음의 조직(감각세계. 의식세계)이 활성화되어있지 않으면 과다 평화상태에 빠지게 된다. 과다 평화상태는 심할 경우 무기력감을 불러올 수 있다.

따라서 작업통제관리기(정보·에너지처리기 포함)의 수준과 처리능력에 알맞은 적절한 정보─에너지의 유입이 요구된다.

제6장
행 복

Happiness

1. 행복의 개념

　　행복은 욕구가 충족되어 만족하거나 즐거움을 느끼는 상태를 말한다. 그 상태는 주관적인 느낌에 의존하기 때문에 객관적으로 규정하기 어렵다. 예로부터 행복이란 무엇인지 철학적으로 많은 논란이 있었지만, 욕구의 충족과 밀접한 관련이 있다.

　욕구를 충족하여 욕망으로부터 벗어난 이상적인 상태인 아타락시아(ataraxia)를 행복으로 본 에피쿠로스(epicouros) 학파나 욕구를 이성으로 조절하고 욕망에 동요되지 않는 아파테이아(apatheia)를 행복으로 간주한 스토아(stoa) 학파나 중심 주제는 욕구이다. 그러나 욕구의 단순한 충족을 행복으로 볼 수 있을까? 이성보다는 감각적 경험을 중시한 에피쿠로스 학파도 육체적 쾌락보다 정신적 쾌락을 중시하였다.

　이것은 곧 욕구의 충족에도 질적인 수준이 있음을 말해준다. 질적 공리주의자인 밀(Mill J. S.) 역시 감각적 쾌락보다 정신적 쾌락이 더 높은 수준의 쾌락임을 강조하였듯이, 행복은 욕구의 질적인 만족이라 할 수 있을 것이다. 여기에서 질적인 만족이란 무엇을 말하는지 정확히 알 수 없는 난맥상에 빠지게 된다. 행복은 지극히 주관적인 가치이기 때문에 개인마다 느끼는 만족의 정도가 다르며, 측정 가능한 기준도 없다.

에이브러햄 매슬로(Abraham H. Maslow)가 지적한 것처럼 사람의 욕구는 어느 단계를 달성하게 되면, 계속하여 더 높은 단계를 기준으로 삼기 때문에 '절대적 행복'이라는 것은 존재하지 않는다. 또한, 행복을 수치화(정량화)시키는 것도 불가능하다. 타인이 어떤 대상을 바라볼 때 확인 가능한 외형적인 표상에 따라 행복의 상태를 규정할 수 없음이다. 예를 들어, 누군가가 '행복하지 않은 것'처럼 보이는 상태라 할지라도 그 평가는 어디까지나 관찰자의 주관에 불과하다. 만약 당사자 본인이 주관적으로 행복한 느낌을 갖는다면 그는 행복한 사람인 것이다. 또 다른 예로, 집도 없이 바깥을 떠도는 사람이 있다고 할 때, 만일 그 사람이 '눕는 곳이 침대요, 하늘이 이불이다'는 식으로 산다면, 그 '바깥'은 그 사람에게 있어서 행복감을 주는 공간이 되는 셈이다.

우주정신은 모든 만물에 욕구의 메커니즘을 심어놓았다. 욕구는 변화와 성장을 위한 기본 바탕이다. 욕구가 없으면 생명체의 활동은 일어나지 않고 변화와 성장도 없다. 욕구의 충족을 위한 활동의 결과가 변화와 성장을 가져오도록 설계되어 있다. 그러나 욕구는 무한하지 않다. 만약 무한하다면 모든 생명체에겐 행복이 존재하지 않는다.

우주정신은 온우주의 생명체들이 행복을 누리도록 정보–에너지를 뿌려놓았다. 이 행복의 정보–에너지는 욕구의 만족 상태에서 주어진다. 그렇기 때문에 개체마다 서로 다른 욕구와 만족 시스템을 만들어놓음으로써, 불필요한 마찰과 갈등, 혼란을 피하도록 하였다. 그것은 욕구의 유한성과 주관적인 만족 시스템의 차이를 말해준다.

이렇게 볼 때 행복은 상대적인 좋은 느낌이다. 스토아 학파처럼 이성이나 의지로 조절하여 원하는 것을 얻거나 에피쿠로스 학파처럼 감성적 경험에 충실하거나 결과적으로 원하는 것을 얻고 난 후의 좋은 느낌 상태가 행복이라 할 수 있다.

그러나 이러한 좋음의 느낌에 대해서도 획일적으로 말할 수 없다. 우리가 흔히 말하는 기쁨은 좋음의 느낌이 양적으로 강한 상태이다. 예를 들어, 오래 기다리던 소망이 실현될 때는 매우 강한 좋음의 느낌(기쁨)을 얻는다. 이는 단순한 좋음과 달리 강한 만족의 상태라 할 수 있다. 또, 다양한 좋음이 서로 조화를 이루고 있는 상태를 즐거움이라고 할 수 있다. 커피를 마시고 음악을 듣고 아늑한 침대에 누워 있을 때는 기쁘다기보다는 즐겁다고 표현한다. 반대로, 커피를 마셔 좋기는 하나, 옆에서 안 좋은 냄새가 나서 즐겁지 않는 경우가 있다. 이는 일부는 좋으나 전체적으로 즐겁지는 않은 상태다.

결국, 행복은 욕구가 충족되어 불만이 최소화된 마음속에 기쁨과 즐거운 감정들이 가득 차있는 자기만족의 가치라 할 수 있다.

2. 행복의 구성요소

1) 기 쁨

▶ 내면 살피기

보트 타기가 취미인 한 사람이 배 밑에 난 작은 구멍 하나를 발견했다. 그는 봄에 다시 보트를 사용할 때 수리할 생각으로 페인트공을 불러 도색만 부탁했다. 그렇게 겨울이 지나가고 봄이 되어 보트는 다시 호수에 띄워졌다.

과연 이 보트는 어찌 되었을까? 그 보트 속에는 중학교 다니는 어린 자녀들이 타고 있었다. 시내에 볼일이 있어 다녀오던 그는 아차 하는 생각에 황급히 보트가 있는 곳으로 달려갔다. 그런데 보트는 아무 이상 없이 호수에 떠 있지 않은가? 그는 한참 동안 지난 일을 돌이켜 보더니 페인트공을 찾아갔다. 생명의 은인에게 고마움을 표시하기 위해서다.

그런데 페인트공은 다음과 같은 말을 한다.

"저도 처음엔 그 작은 구멍을 못 보고 지나칠 뻔했어요. 구멍이 너무 작아 잘 보이지 않더군요. 그런데 페인트를 칠하는 동안 자연스럽게 눈에 들어오더군요. 붓질을 하려면 보트의 표면을 꼼꼼히 살피지 않으면 안 되니까요. 페인트에 이물질이 섞이지 않을까 조심도 해야 하고요."

우리의 내면에 있는 자아는 마치 보트의 작은 구멍과도 같다. 이것은 마음속 깊은 곳에 숨어있어서 좀처럼 눈에 띄지 않는다. 이 자아는 자주 놀아주고 페인트칠을 할 때처럼 자세히 들여다봐야 보인다. 그런데 이상하다. 어쩌다 발견한 자아를 너무나 쉽게 잊어버리고 가벼이 여긴다. 대개는 어떤 중요한 순간을 만나면 뒤늦은 후회를 반복하면서.

이제 자신이 무엇을 원하는지, 할 수 있는 것과 없는 것이 무엇인지, 그리고 해야 하는 일은 어떤 것인지 확실히 해두자. 이들 소망, 능력, 의무는 이른바 자아발견의 삼각형이다. 나의 삼각형은 어떤 모양인지 살펴보고 정삼각형이 될 수 있도록 노력해야 한다. 원하는 것이 너무 많은데 능력이 없거나 능력은 있는데 해야 할 일을 하지 않거나 하면 정삼각형이 될 수 없다.

그렇다고 반드시 정삼각형을 고집할 필요는 없다. 어차피 완전한 정삼각형은 어디에도 없을 테니까. 비록 일그러진 삼각형일지라도 부족한 부분을 채워가는 과정에서 기쁨을 느끼는 것이 행복이다.

자아의 여러 가지 형태

▶ 하는 일을 즐기기

자신이 지금 어디에 있든 그곳이 바로 천국이다. 자신이 지금 무슨 일을 하든 그것이 곧 천국을 만드는 작업이다. 지금 여기가 천국이란 사실은 새삼 놀랄 일도 아니다. 천국은 물리적인 공간을 의미하지 않기 때문이다. 그것은 우리의 마음속 어디쯤 있다. 마음이 즐거우면 천국에 와있는 것이다.

유명한 석공 얘기를 떠올려보자.

성당 건축을 하는 세 사람의 석공 중에 천국인은 오직 한 명이었다. 다른 두 사람은 '할 수 있는 재주가 이것밖에 없어서' 또는 '먹고 살기 위해 어쩔 수 없이' 돌을 쪼고 있었지만, 천국인은 '성당 건축에 자신이 참여하고 있다는 사실에 감사하며' 즐겁게 돌을 다듬고 있었다.

나는 어떤 유형의 석공에 해당될까? 자신의 일을 즐기는 천국인의 자세를 지녔는가? 그렇다면 이미 천국에 와 있는 것이다.

어느 회사의 상무가 빗자루를 들고 사무실을 청소하고 있었다. 마침 새로운 사업 문제를 상의하기 위해 상무실에 왔던 부장이 이 모습을 보고 깜짝 놀라 말했다.

"아니, 상무님이 직접 청소를 하십니까?"

부장은 상무의 빗자루를 황급히 뺏어 들려 하였다. 상무는 그의 행동을 저지하며 말했다.

"김 부장도 해봐. 얼마나 재밌다고."

부장은 상무가 평소 말하던 신조가 떠올랐다.

"하는 일을 즐기자."

상무는 보통 사람과 달랐다. 정말 무슨 일을 하든 즐기는 표정이 역력했다. 회의 시간에는 농담을 섞어 분위기를 가볍게 만들었으며 식사나 술자리에선 호탕하게 먹어댔다. 어쩌다 노래방에 가게 되면 목이 터져라 노래를 부르고, 다음 날 아무 일 없었다는 듯이 업무에 충실했다.

부장은 이런 상무를 '생활의 달인'이라 불렀다.

▶ 창조적인 나를 만들기

괄목상대(刮目相對)란 말을 들어보았을 것이다. 중국 삼국시대 오나라의 여몽에 대한 얘기다.

> 그는 전공을 많이 세워 장군이 되었지만, 매우 무식한 사람이었다. 심지어 주군인 손권으로부터 핀잔을 들을 정도로 아는 게 없었다. 그런 그가 어느 순간 대단히 박식해져서 전혀 다른 사람으로 변신해 있었다.
> 노숙이라는 사람이 깜짝 놀라 어찌 된 영문인지 묻자. 그가 다음과 같이 대답했다.
> "헤어진 지 사흘이 지나면 눈을 후비고 대해야 할 정도로 달라져 있어야 하는 것이라네."[17]

삶은 예술이며 우리는 삶을 창조하는 예술가이다. 예술가가 작품을 창조하듯이 우리도 우리의 삶을 창조한다. 여몽처럼 어제의 내가 아닌 새롭게 달라진 나를 발견할 수 있어야 한다.

우리가 일상에서 기쁨을 얻지 못하는 이유는 자신을 창조하지 않기 때문이다. 틀에 박힌 일상에서 나를 창조하라니 무슨 말인가? 창조를 거창한 어떤 것으로 생각한다면 맞는 말이다.

그러나 일상의 작은 일에 조그마한 변화를 가져오는 것도 창조다. 하다못해 방을 청소할 때 이전까지와는 다른 방법을 써보는 것도 창조다. 계속 사용해온 걸레를 새로운 걸레로 바꾼다든지, 청소하는 방의 순서를 바꾼다든지….

그러니 창조는 어려운 것이 아니다. 외출할 때 머리 스타일을 바꿔보는 것도 창조요. 친구와 만나는 장소를 색다른 곳으로 정하는 것도 창조다. 우리는 창조적인 자신을 발견했을 때 기쁨을 느낀다. 그러니 오늘 이 순간 창조의 묘미를 느껴보라.

"그만 작작하고 빨리 가. 그러니까 맨 날 늦잖아."
이른 아침, 학원에 갈 시간이 다 되어 가는데도 화장하기 바쁜 딸에게 엄마가 잔소리를 했다.
그런데 딸은 능청스럽게 대꾸했다.
"엄마, 난 지금, 나를 창조하는 중이라고요."

▶ 웃음과 유머 사용하기

흔히 웃을 일이 있어야 웃는다고 생각한다. 그런데 웃음으로써 웃겨진다는 역설을 어떻게 생각하는가?

실제로 기분이 울적할 때 웃어보면 정말 기분이 좋아지는 자신을 발견할 수 있다. 우리의 마음과 몸은 연결되어 있다. 마음이 즐거우면 당연히 웃음이 나오는 것처럼 웃으면 마음이 즐거워진다. 조금 어색하게 느껴질망정 기분이 아니다 싶으면 마구 웃어버리자.

하늘나라에서 가장 행복한 천사선발대회가 열렸다.

대회를 주관하는 하느님은 자신이 가장 행복하다고 생각하는 천사들을 앞으로 나오게 했다. 하느님의 말을 듣고 얼마간의 천사들이 앞으로 나와 섰다. 그러자 갑자기 하느님이 입에 담지 못할 욕을 해댔다. 깜짝 놀란 천사들은 혼비백산하여 제자리로 들어가 버렸다. 그런데 딱 한 명의 천사가 남아서 빙그레 웃고 있었다.

하느님은 그에게 다가가 이렇게 말했다.

"그대야말로 진정 행복한 천사로다."

웃지 않고 행복을 말할 수 없다. 행복한 사람은 잘 웃을 뿐만 아니라 유머러스하다. 그만큼 삶을 즐기고 있다는 표시이다. 삶이 스트레스라면 의식적으로 웃음을 지어보자. 웃으면 복이 온다고 하지 않던가?

거울 신경(mirror neurons)으로 말미암아 내 안의 감정은 다른 사람에게 전파된다.[35] 감정과 행동을 복사하여 전이하는 기제가 거울 신경이다. 코믹한 연기나 슬픈 영화를 보고 웃고 우는 행위도 거울 신경의 영향이다.

거울 신경에 의해서 옮겨진 감정은 처음보다 증폭되어 되돌아온다. 감정의 부풀림 현상으로 인해 기쁨은 배가 된다. 이거야말로 진정한 의미의 복이 아니고 무엇이랴.

그러니 마구 웃자. 슬픔이 내게 오지 못하도록 웃는 거다.

웃음이 넘치는 사람은 마음의 여유가 있기 때문에 자연스럽게 유머를 사용할 줄 안다. 웃음과 유머는 쌍둥이와 같다. 웃음이 있어야 유머가 나오며, 유머를 사용하려면 마음속에 웃음이 차있어야 한다. 웃음과 유머로 오늘의 행복을 누리자.

▶ 사물에 경외심 가지기

어떤 사람이 조그마한 돌멩이를 손에 들고 마치 사람과 대화하듯 중얼대고 있었다. 행인들이 이상하다는 표정으로 힐긋힐긋 쳐다보며 지나갔다. 마침 근처를 지나가던 한 사람이 그 모습을 보고 말을 걸었다.

"아니, 여보시오. 돌이 사람이요? 돌에게 말을 하게."

그러자 그 사람이 당연하다는 듯이 말했다.

"그럼요. 돌도 영혼이 있다고요. 귀도 있고 입도 있지요."

유명한 관광지에 가서 입을 벌리고 감탄하는 일은 쉬운 일이다. 집 주변 담장에 피어 있는 개나리꽃을 보고 감탄하는 일 또한 조금 쉬운 일이다. 그러나 길거리에 굴러다니는 돌멩이를 보고 감탄하는 일은 쉽지 않다. 아무리 보잘것없는 사물일지라도 그것에는 경외심을 가질만한 그 무엇이 있다. 사실 돌멩이도 수억 년의 세월을 견디고 우리 앞에 놓여있다. 그 놀라운 생명력이란 정말 대단하다. 거대한 바위가 닳고 닳아 조그마한 돌멩이로 이 세상에 존재한다고 생각하면 감탄사가 나올만하다. 사물 자체보다 그것을 보는 우리의 눈이 중요하다는 뜻이다.

우리가 어디에 있든지 주변을 둘러보면 경외심을 불러일으키는 사물이 있기 마련이다. 개미들의 작은 몸놀림, 바람에 흔들리는 나뭇잎, 졸졸졸 흐르는 시냇물…. 참으로 많고도 많다.

소소한 사물들이 주는 시적 감흥은 아득한 행복을 선사한다.

시적 감흥의 대상들 76

2) 건 강

▶ 정신적인 명랑함 갖기

긍정적 사고로 명랑하게 사는 사람은 그렇지 않은 사람보다 건강한 삶을 산다고 한다. 당연한 말이지만 마음이 건강해야 육체도 건강하기 때문이다. 우리의 마음과 몸은 서로 긴밀하게 연결되어있어서 상호작용한다.

긍정적 사고는 도파민과 세로토닌의 분비를 촉진하여 면역력을 증진시켜준다. 사실 우리가 통제할 수 있는 가장 확실한 것은 마음뿐이다.

"물론 내 눈에는 잘못 얹힌 두 장의 벽돌이 보입니다. 하지만 더없이 훌륭하게 쌓아올려 진 998개의 벽돌들도 보입니다."[20]

선승 아잔 브라흐마가 잘못 쌓은 벽돌 두 개에 온통 신경이 몰려있을 때, 방문객 중 한 명이 한 말이다. 우리는 왜 이 선승처럼 998개의 벽돌보다 2개의 벽돌에 신경을 곤두세우고 자신을 괴롭히는 걸까?

누구나 잘못 쌓은 2개의 벽돌을 갖고 있다. 그리고 완벽하게 쌓아 올린 998개의 벽돌도 있다. 벽체의 어느 곳에 집중하느냐는 순전히 우리 자신의 눈에 달려있다. 만약 긍정적 사고로 완벽하게 쌓아올린 벽돌을 볼 수 있다면 우리의 삶은 한층 건강하고 풍성해질 것이다.

그러므로 사물을 긍정적으로 보고 명랑한 마음을 갖도록 노력하자.

▶ 육체적인 질병 극복하기

석가모니는 생로병사(生老病死)를 얘기하면서 질병은 어쩔 수 없는 운명이라 하였다. 온우주에 존재하는 생명체는 반드시 '생로병사' 하니 맞는 말이다. 운명과도 같이 질병은 우리의 삶 속에 침투하여 육체를 힘들게 한다. 행복전도사를 자처하던 최윤희마저 질병으로 자살했으니, 병마와 싸운다는 것은 쉬운 일이 아니다.

그러니 질병과 싸우기 전에 질병이 오지 못하도록 방비하는 노력이 필요하다. 적게 먹고 많이 움직이는 단순한 방법을 상기해보자. 사람처럼 하루 세끼를 꼬박 먹는 동물은 없다. 대부분의 동물은 한번 포식하면 짧게는 삼일 길게는 몇 달을 먹지 않는다. 그들은 살아남기 위해 끊임없이 움직이며 한 곳에 앉아서 자신의 육체를 병들게 하지 않는다. 걷고 움직이지 않으면 병보다 굶주림이 먼저 찾아오는 구조다.

그런데 사람은 다른 구조를 지닌 모양이다. 앉아 있기를 좋아하여 '체어맨' 생활을 부러워한다. 이쯤에서 병원균들이 회의를 하고 있는 장소로 가보자.

각종 병원균들이 모여 연말회의를 하고 있었다. 오늘의 주제는 자손을 잘 번식시킬 수 있는 방법을 찾는 것이었다. 의장을 맡은 콜레라균이 입을 뗐다.

"우리 병원균 협회는 나날이 발전해왔습니다. 그런데 최근 들어 우리의 후손들이 줄고 있어서 걱정입니다. 어떤 좋은 방법이 있는지 의견을 주시기 바랍니다."

의장의 말을 듣고 자리에 참석한 모든 병원균들이 침통한 표정을 지었다. 잠시 침묵이 흐른 뒤 에볼라 바이러스가 거수를 하고 입을 열었다.

"제 경험에 의하면 자손을 나을 집을 잘 선택하는 것이 중요합니다. 되도록 영양이 풍부한 동물을 골라야 하지요. 저는 박쥐에서 인간으로 이사했는데, 정말 잘 옮긴 것 같습니다. 인간들은 다른 동물보다 잘 움직이지 않으면서 먹고 마시는 것을 매우 좋아하니까요."

너무 지나친 비유인가? 이 우화에 동의하고 싶지 않다면 자신의 엉덩이를 만져보라. 혹시 너무 오래 앉아 있어서 땀띠 날 정도가 아닌가? 만약 그렇다면 벌떡 일어나 밖으로 나가자. 손발을 움직여 병마를 쫓아내 버리자.

▶ 외로움의 이끼를 걷어내기

"사람이 꽃보다 아름다워. 이 모든 외로움 이겨낸 바로 당신…"
외로움은 가장 견디기 힘든 감정 중의 하나다. 그것을 이겨내니 꽃보다 아름다울 수밖에. 어느 대중가요 가사의 한 구절은 우리를 만화영화 주인공 캔디를 닮으라고 주문하는 것 같다.

"외로워도 슬퍼도 나는 안 울어. 참고 참지 울긴 왜 울어."

그러나 현실은 만화가 아니다. 비가 오고 눈이 오는 세상이 현실이다. 비에 젖고 눈을 맞으며 우리는 외로움에 시들어간다. 그만큼 외로움은 처절한 아픔이다.

대도시 번화가의 한 카페에 서너 명이 앉아있다. 그들은 구석진 좌석에 앉아 누군가를 기다리는 눈치다.

"왜 이렇게 사람들이 안 오는 걸까. 외로운 사람끼리 잘 뭉칠 줄 알았는데, 의외로 안 모이는 이유가 뭘까요?"

그 가운데 한 사람이 투덜거렸다.

"글쎄, 답답하네. 이게 바로 우리가 외로울 수밖에 없는 이유인가 봐. 외로움에 젖어있어서 사람들을 만날 필요성을 못 느끼는 것 같아. 외로움을 당연한 것으로 생각하는 거지."

다른 사람이 한숨을 쉬며 그의 말을 받았다.

그들은 일명 싱글족 사이트를 운영하는 회장과 총무였다. 회장은 총무와 대화 도중 하나의 문제점을 발견했다. "외로운 사람은 다 모이세요."를 "외롭지 않은 사람들만 모이세요."로 공지 글을 바꿨어야 했다는 점을.

회장의 말에 동의하는가? 그의 말이 일리가 있더라도 우리는 여전히 외롭다. 케케묵은 된장의 색깔이 변해도 여전히 된장인 것처럼 외로움은 본질적으로 없어지지 않는다.

갈수록 마음을 터놓고 지내기 어려워지는 세상에서 외로움은 이끼처럼 퍼지고 있다. 고목을 조금씩 점령하여 무너뜨리고 마는 이끼들을 떠올려 보라. 몸서리쳐지지 않는가?

그러니 더 이상 외로움에 우리를 저당 잡히지 말자. 주변을 둘러보면 외로운 사람들이 지천이다. 그들에게 손을 내밀고 짝이 되어보자. 그렇다고 아무나 가능한 건 아니다. 의외로 오랜 세월 알고 지낸 사람인데 손 한번 내밀지 못한 경우가 허다하다. 내가 손을 내밀면 나의 외로움이 상대방의 외로움과 뒤섞여 흔적도 없이 사라질 것이다.

지금 많이 외로운가? 그렇다면 당장 손을 내밀자. 외로움의 이끼를 걷어내 버리자.

3) 풍요

▶ 물질적 풍요와 빈곤의 의미 이해하기

"차를 바꾸긴 해야 하는데 지금 타고 있는 차보다 낮은 등급의 차를 살 수도 없고 해서 망설여지네요."

같은 부서의 동료가 새 차를 권하자 다른 동료로부터 돌아온 대답이다. 차에도 등급과 계급이 있다는 소리다. 차의 등급이 차주의 품격을 좌우하는 모양이다. 인도의 카스트제도처럼 차의 등급은 사람의 계급으로 둔갑한다.

그런데 놀랍게도 행복지수가 가장 높은 나라는 미국이나 일본 같은 나라가 아니라 방글라데시다. 이 나라에는 차량 자체가 많지 않다. 있다고 해도 몇 등급인지 가늠하기 어려운 차들이 부지기수다. 이러한 현상으로부터 우리는 다음과 같은 등식을 이끌어낼 수 있다.

| 물질적 풍요 | ≠ | 행복한 삶 |

이는 물질적인 풍요가 행복의 절대값이 아님을 보여준다.

연구결과에 의하면 '어느 정도'의 경제적 기반이 되어있으면 그 이상의 물질적 부는 행복지수에 크게 영향을 미치지 않는다고 한다. 문제는 행복을 가져다주는 경제적 기반의 기준점이 각각 다르다는 사실이다. 사회나 국가의 문화나 풍토에 따라 높낮이에 차이가 발생한다.

이쯤에서 『술 취한 코끼리 길들이기』에 나오는 얘기로 들어가 보자.

한 미국인 교수가 아침나절인데도 배에서 고기잡이 장비를 거둬들이고 있는 멕시코의 시골 어부를 목격했다. 그는 어부에게 다가가 시간을 연장해 조업하면 더 많은 돈을 벌게 될 것이라고 조언했다. 교수는 생선을 판 종잣돈으로 억만금을 벌 수 있는 길을 장황하게 늘어놓았다. 그러자 그 어부는 억만금으로 무엇을 할 수 있을지 교수에게 질문했다.

교수는 잠시 생각한 후 억만금으로 할 수 있는 일을 나열하기 시작했다.

'어촌에 별장을 짓고, 작은 배를 사서 낚시를 하고, 아내와 맛있게 점심을 먹은 후 늘어지게 낮잠을 자고, 친구들과 테킬라를 마시며 기타 연주를 하고, 등등.'

이에 어부가 하는 말이 재밌다.

"하지만 교수님, 나는 이미 그렇게 하고 있는데요?"

이 어부는 물질적 풍요와 행복한 삶이 반드시 일치하지 않는다는 등식을 확인시켜준다. 물론 그가 어촌에서 계속 고기를 잡을 수 있다는 전제하에 이 등식은 유효하다. 그에게 있어서 경제적 기반이 되는 기준점은 아침나절까지 잡을 수 있는 충분한 물고기다. 그가 만약 미국인 교수라면 이 기준점은 바뀔 수밖에 없으리라.

우리는 여기서 사람마다 경제적 기준점이 다를 수밖에 없음을 알게 된다. 그러나 분명한 것은 경제적 기준점이 충족되면 더 이상의 부는 의미를 상실하게 된다. 그리고 그 의미를 깨닫는 지혜를 지녔다면 그가 어느 곳에서 무엇을 하든지 충분히 행복해질 수 있다. 물질은 행복의 요소 중 일부에 지나지 않으니까.

▶ 돈의 성격 이해하기

어떤 책에서는 돈을 똥이라 했다.[14] 쌓아둘수록 썩는 냄새가 진동한다. 똥은 썩으면 작물의 거름으로 쓸 수 있지만, 돈은 그게 아니다. 사실 돈이란 물물교환의 수단이 발전된 형태이다. 문명의 발달로 현물을 교환하기 어려워지니까 간단한 돈이 등장했다.

그런데 사물이 생기면 그 자체로 생명력을 지니게 된다. 돈은 분명 물물교환의 편리를 돕기 위해 만들어졌지만, 생명력이 붙게 되면서 목적적 존재가 되어버렸다. 수많은 은행은 이러한 과정에서 생겨났다. 그들은 현물이 아닌 돈이 가져다주는 이윤으로 먹고산다. 돈은 은행에서 나와 우리가 살고 있는 곳곳에서 주인처럼 행세한다. 우리는 점점 돈을 주인으로 모시고 일을 하도록 강요받고 있다. 왜냐하면, 우리의 말을 듣지 않을 만큼 돈이 지닌 세력과 힘이 엄청나게 커져 버렸기 때문이다.

우리는 돈의 말을 듣지 않고서는 생존할 수 없는 구조에 빠지고 있다. 그러나 돈을 하인으로 부리지 않는 한 행복해질 수 없다. 돈을 금고에 고이 모시고 있을 게 아니라, 호주머니에 구깃구깃 하인처럼 부리고 살 수 있어야 한다.

많은 사람들이 돈을 하인처럼 부리지 못하는 이유는 무엇일까? 그것은 돈이 없으면 정말 하인처럼 생활해야 하기 때문이다. 사실 돈은 변덕이 심하다. 자신만을 좋아하는 사람을 찾아 옮겨 다닌다. 지독한 자기 애착 편집성향을 지니고 있다.

돈을 버는 일은 이러한 돈의 성격을 이용하는 것이다. 우리는 돈을 유혹하기 쉬운 미끼(물건이나 서비스 등)를 이용하여 호주머니를 채운다. 나의 호주머니가 두둑해질수록 누군가의 호주머니는 텅 비어간다. 상업적 행위를 한마디로 요약하면, 사람들 간에 돈의 이동이다. 자세히 들여다보면 개인이 지닌 돈의 양은 변하지만, 이동하는 돈의 전체 물량은 변함없다(신권 발매를 가정하지 않고).

그러니 돈의 존재는 확고하다. 이 얼마나 놀라운 사실인가? 질량 보존의 법칙처럼 돈은 절대적으로 변하지 않는 데 그것을 사용하는 사람들의 존재는 상대적으로 변한다. 영원한 부자도 가난한 사람도 없다. 그 위치는 매우 유동적이다. 언제 위치가 뒤바뀔지 불안하다. 불안한 위치 때문에 부자는 더 많은 돈을 비축해야 하고 빈자는 주머니를 닫아야 한다. 돈은 절대적으로 군림하며 자신을 두고 다투는 인간들의 행태를 즐긴다. 상대적 존재는 절대적 존재를 당해낼 수 없다. 우리가 돈의 주인이 되지 않는 한 이러한 모순은 쉽게 사라지지 않을 것이다. 지구상의 모든 돈이 사라졌을 때 진정한 의미에서 우리는 돈의 주인이 되는 셈이다. 너무 극단적인 표현인가?

그러나 돈의 성격을 이해한다면 우리는 좀 더 행복해질 수 있다. 우리는 행복해지기 위해서 돈이 필요할 뿐이다. 그런데도 돈을 위해 우리의 삶을 희생시키고 있다. 이 얼마나 슬픈 일인가? 이제 돈의 본질을 직시해보자. 돈이 파놓은 함정을 들여다보자.

어떤 부자가 죽어서 하늘나라로 갔다. 그는 저승길을 걸어오느라 몹시 배가 고파 시장으로 향했다.

시장에는 그가 좋아하는 핫바 가게가 있었다. 그는 주머니에서 돈을 꺼내 보이며 얼마냐고 물었다. 순간 주인의 얼굴이 악마처럼 변하더니 화를 내며 가게 문밖으로 그를 내쫓았다.

어리둥절해진 그가 이번에는 김밥집으로 가서 똑같은 행동을 했다. 그랬더니 이번에도 주인이 화를 내며 쫓아냈다.

이 모습을 지켜보던 천사가 다가 와 말했다.

"여보시오. 이승에서 하던 버릇을 빨리 고치지 않으면 당신은 굶어 죽어 아귀 세계로 갈 것이오."

깜짝 놀란 부자가 황급히 물었다.

"그럼, 어찌하면 좋습니까?"

"먼저 천국의 기운을 탁하게 만드는 돈을 모두 불태우시오. 그런 다음 들판에 피어있는 꽃 한 송이를 들고 가 부탁해보시오."

부자는 천사가 일러준 대로 하여 허기를 면할 수 있었다.

▶ 현재의 수입에 알맞은 생활하기

간혹 이상한 현상을 발견한다. 분명 수입이 보통 사람보다 두 배가 넘는데도 앓는 소리를 내는 사람이 의외로 많다는 점이다. 저 정도면 부러울 게 없을 것 같은데, 돈이 없다고 불평을 쏟아놓는 사람을 보면 '왜 그럴까?' 의문이 든다. 바로 아랫집, 세 들어 사는 사람 집과는 대조적이다. 정말 왜 그런 것일까?

이것은 곧 유형화된 삶의 형태 때문이다. 수입이 많으면 많은 대로 적으면 적은 대로 돈이 필요하다. 유형화된 삶의 형태에 돈이 따라주지 못하면 불평불만이 튕겨져 나온다.

백설공주가 자신을 잠에서 깨어나게 한 왕자와 결혼을 앞두고 혼수 준비에 여념이 없었다. 신랑이 될 왕자에게 줄 결혼반지는 일곱 난쟁이들이 합심에서 마련해주었지만, 시부모가 될 왕과 왕비에게 줄 예물이 문제였다. 지위와 품격에 맞는 예물을 사려면 돈이 이만저만 드는 게 아니다. 공주는 혼자 끙끙 앓다 병이 나서 눕고 말았다.

공주가 앓아누운 이유를 알고 일곱 난쟁이들이 왕자를 찾아가 사정 애기를 했다. 왕자는 왕과 왕비를 만나 어찌하면 좋을지 의논했다.

한참을 논의한 끝에 왕비가 다음과 같이 말했다.

"'뱁새가 황새를 쫓아가게 되면 가랑이가 찢어진다'는 말이 있지 않으냐. 왕자인 네 뜻대로 결혼식을 간소하게 치르더라도 뱁새인 공주는 이곳 왕궁 생활이 쉽지 않을 것이다. 그러니 공주를 일곱 난쟁이와 함께 숲 속에서 그대로 살게 내버려 두는 게 좋을 것 같다."

우리는 뱁새인가 황새인가? 혹시 황새처럼 돈을 지출하며 정말 황새가 된 기분에 휩싸여 살지는 않는가? 가랑이가 찢어질 정도인데도 그 심각성을 깨닫지 못하면 정말 불행한 일다.

이런 불상사를 피하기 위해서 우리가 취할 수 있는 방책은 무엇일까? 수입이 더 이상 늘지 않는 상황에서 가장 좋은 방법은 최대한 지출을 줄이는 것이다. 우리는 이것을 모르는 것이 아니다. 단지 실천을 하지 않을 뿐이다. 이를 위해 먼저 지출 항목을 작성하고 그 내용부터 분석해보자. 그런 다음 불필요하게 돈을 잡아먹는 항목들은 과감히 쓰레기통에 버리자. 최후에 남아있는 항목들이 나의 진정한 삶의 형태를 결정할 것이다.

4) 만 족

▶ 결과보다 과정을 즐기기

산 중턱에 철쭉꽃이 군락을 이루고 있다. 너무나 아름다운 광경에 사람들이 모여든다. 산을 내려오는 사람들 손에 철쭉꽃이 한 다발씩 들려져 있다.

에리히 프롬은 『소유냐 존재냐』에서 '소유형 인간'보다 '존재형 인간'의 삶이 더 행복함을 얘기한다. 어떤 결과를 소유해야 행복하다면 이 세상에 행복한 사람은 극히 일부일 것이다. 왜냐하면, 소유할 수 있는 결과물은 한정되어있기 때문이다.

우리가 수시로 들르는 시장을 떠올려보자. 판매대에 올라와 있는 수많은 상품들이 마르지 않는 샘물처럼 언제까지나 진열되어있을까? 그것이 가능하기 위해서는 소비량보다 생산량이 많아야 한다.

그렇다면 우리는 소비량을 늘리는 사람인가, 아니면 생산량을 증가시키는 사람인가? 즉, 소비적인 삶을 살고 있는가, 생산적인 삶을 살고 있는가? 우리는 물론 소비와 생산의 경계선을 넘나들고 있다.

우리가 여기서 주목할 점은 소비적인 삶에는 과정이 없지만, 생산적인 삶에는 과정이 있다는 사실이다. 소비적인 삶에 필요한 것은 결과물을 얻을 수 있는 돈과 시간이다. 소비적인 삶의 관심사는 돈을 주고 살 수 있는 어떤 결과물이 있느냐이다.

물론 생산적인 삶에도 돈과 시간이 들어간다. 어떤 결과물은 돈과 시간의 결정체이기도 하다. 그런데 결과물이 탄생하기까지는 또 하나의 중요한 요소가 추가된다. 바로 노동이다. 노동이 개입되기 때문에 과정이 발생한다. 우리는 결과물을 만드는 과정에 자신의 정신과 육체적 에너지를 투입한다. 이렇게 완성된 결과물은 소중한 자신의 일부가 된다. 아무리 하찮은 결과물이라도 자신의 에너지가 투입되면 특별해진다.

다음의 얘기로부터 시사점을 얻자.

귀가한 남편이 방 한쪽 구석에 방치된 채 놓여있는 그림 한 점을 발견했다. 그 그림은 미술에 입문한 지 얼마 안 된 아내가 전국미술대회에 출품하여 입상한 작품이었다. 그는 아내와 함께 시상식에 참석하였기 때문에 그 작품의 가치를 잘 알고 있었다.

그런데 정작 그의 아내는 그 작품을 특별하게 생각하지 않는 눈치다. 남편은 그런 아내의 태도가 못마땅해 퉁명스럽게 쏘아붙였다.

"아니, 여보. 이거 당신 작품 아니야? 저 때 특선한 작품이잖아. 그런데 이렇게 아무렇게나 내팽개쳐도 돼?"

남편의 화난 음성을 듣고 아내는 어쩔 수 없다는 듯이 속내를 털어놓았다.

"사실은 그것 내가 그린 것 아니야. 날 지도해주신 선생님이 도와주신 거야."

이 이야기에서 우리는 과정의 중요성을 실감한다. 만약 결과물이 나오기까지의 전체 과정에 아내의 노동과 에너지가 제대로 투입되었더라면 어땠을까? 아마 그 작품은 보물처럼 소중히 보관되었을 것이다. 그렇게 함으로써 그녀는 충분히 과정을 즐기는 '존재형 인간'으로 기능할 수 있었다.

'존재형 인간'으로 행복해지고 싶은가? 그렇다면 결과보다 과정을 즐기자. 공자처럼 과정을 즐기며 만족을 얻기 위해 노력하자.

"아는 것은 좋아하는 것만 못하고 좋아하는 것은 즐기는 것만 못하다(知之者不如好之者 好之者不如樂之者)." [4]

▶ 얻지 못하는 것이 있어도 불평하지 않기

"자네, 우리 회사가 마음에 안 든 모양이군. 표정이 많이 어두워 보여서 하는 얘기네."

이제 갓 들어온 신입사원이 마음에 걸렸던지 직장상사가 한마디 한다. 이 상사는 입사한 지 두 달밖에 안 된 부하직원의 직장생활이 만족스럽지 않음을 간파한 것이다. 그는 조용히 부하직원을 불러 위로의 말을 덧붙인다.

"첫 직장이라 기대도 컸을 텐데…. 그래도 내일이 있지 않은가? 내일은 좀 더 나아질 수 있다네."

그렇다. 내일은 또 다른 오늘이다. 오늘 원하는 것을 얻지 못했다고 해도 내일이 있다. 오늘 부족한 것은 내일을 위해 남겨놓은 맛 좋은 과일이다. 오늘 조금 덜 먹어 포만감을 느끼지 못했더라도 내일 나머지 배를 채울 수 있다. 비록 내일 태양이 뜨지 않는다고 하더라도 우리가 내일을 기대하며 오늘을 산다면 불평할 이유는 없다.

오늘 원하는 것을 얻지 못했는가? 그렇다면 내일을 생각하라. 내일은 무슨 일이 있을지 아무도 모르지 않는가? 입이 불평을 늘어놓으려 하거든 마음에게 부탁하자. 내일이 있으니 참아달라고.

▶ 욕구의 양을 조절하여 만족하기

삶의 진리를 찾아 나선 구도자가 있었다. 그는 이 세상에서 가장 행복한 사람들이 산다는 동네를 찾아갔다. 그는 그곳의 촌장에게 "행복하게 사는 비결이 무엇인지 알려달라."고 간청했다.

촌장은 대답 대신 그를 마을회관으로 데리고 가더니 회의실 문을 열었다. 그리고 전면에 걸려있는 커다란 현판을 손가락으로 가리키며 말했다.

"저것이 선생의 질문에 대한 답이 될지 모르겠소."

촌장이 가리킨 현판에는 다음과 같은 글이 새겨져 있었다.

"행복한 사람은 가진 것에 만족하고 불행한 사람은 갖지 못한 것을 부러워한다."

굳이 행복을 공식화한다면 다음과 같이 표시할 수 있을 것이다.

$$\text{행 복} = \frac{\text{만 족}}{\text{욕 구}}$$

이 공식은 행복의 원리를 명료하게 보여준다. 행복은 욕구와 반비례하고 만족과는 비례한다. 행복해지기 위해서 우리는 욕구의 양을 줄이고 만족을 늘리는 방법을 찾아야 한다.

그래서 아잔 브라흐마는 행복은 존재하지 않는다는 전제하에 '욕망의 자유'가 아닌 '욕망으로부터의 자유'를 주문한다. 그의 말대로 욕망에서 욕망으로 이어지는 고리는 끝이 없다. 그러니 차라리 욕망의 고리를 끊어라. 결국, 욕구의 양을 줄이라는 뜻이다.

가만히 생각해보면, 인간만큼 이상한 동물도 없는 것 같다. 우리는 털이 없기 때문에 옷이 필요하다. 집을 지어야 하고, 다양한 먹거리를 구하느라 정신없이 일해야 한다. 인간은 왜 그토록 많은 것이 필요할까? 인간의 욕구는 한이 없는 것처럼 보인다. 분모의 숫자는 커지는데 분자의 양은 적어진다. 행복의 양을 높이기 위해 당장 불필요한 욕구를 줄이자. 욕구의 목록을 작성하고 불필요한 것들은 마음속에서 과감히 지워버리자.

5) 감 사

▶ 자신의 능력에 감사하기

'즉문즉설(卽問卽說)'로 유명한 법륜 스님은 "하늘에서 비가 내리면 자신이 가지고 있는 바가지만큼 빗물을 받는다."고 했다. 그의 말대로 우리는 각자 자신만의 바가지를 가지고 있다. 내가 가진 바가지의 크기만큼 빗물을 받아 사용한다.

그럼에도 많은 사람들이 "나는 정말 능력이 없는 것 같아요."라고 말한다. 그럴 때 빗물을 받을 수 있는 자신의 바가지를 확인해보자. 크고 작고 간에 우리 모두는 빗물을 받아 사용할 바가지를 가지고 있다. 만약 그것이 의심스러우면 문어를 떠올려보자.

문어는 도저히 빠져나올 수 없을 것 같은 아주 작은 구멍을 통과하고, 소라껍데기를 뒤집어쓴 채 사람처럼 두 발로 달린다.[37] 그런가 하면 순식간에 두 개의 조개껍데기를 포개어 그 안에 숨어버린다. 하찮은 문어도 이럴진대 하물며 만물의 영장인 사람이야 어떻겠는가?

굼벵이도 기는 재주가 있다고 했다. 누구든지 자신만의 특별한 바가지를 가지고 태어난다는 사실에 주목하자. 비록 하찮아 보이는 능력일지라고 나에겐 소중한 보석이다.

지금 당장 자신이 지닌 보석을 찾아보자. 그리고 감사한 마음을 갖자. 그곳에 행복이 있다.

저수지 근처에 거미 한 마리가 살고 있었다. 이 거미는 저수지 주변을 날며 파리 같은 곤충을 잡아먹는 잠자리가 부러웠다.

'나도 저 잠자리처럼 날아다니며 사냥할 수 있으면 얼마나 좋을까?'

거미는 평생 동안 거미줄에 의존하여 붙박이처럼 살아가는 자신이 한심스럽게 느껴졌다.

그러던 어느 날, 자신이 쳐놓은 거미줄을 둘러보던 거미는 깜짝 놀라고 말았다. 잠자리 한 마리가 거미줄에 걸려 발버둥 치고 있는 것이 아닌가!

거미는 생각했다.

'아, 잠자리도 내가 쳐놓은 거미줄엔 꼼짝 못 하는군.'

거미줄에 걸려 죽어가는 잠자리를 보며 거미는 자신의 능력에 감사하게 되었다.

문어의 놀라운 능력 37

▶ 고난을 배움의 기회로 삼아 즐기기

한 강사가 강의 도중 청중에게 질문을 던졌다.

"여러분, 어둠을 먹고 자라는 식물이 무엇일까요?"

강의를 듣던 사람들이 제각각 식물 이름을 댔다. 얼마 후 강사는 그 가운데 정답이 있음을 밝히고 이렇게 말했다.

"제가 혼자 자취생활을 하는데, 설거지를 하다가 신기한 장면을 목격한 적이 있어요. 아 글쎄, 개수통 거름망 뚜껑을 열어보니, 그 속에서 콩이 자라는 거예요. 좁은 구석에서 분재처럼 몸을 비틀고, 독사대가리 마냥 악을 쓰고 있는 모습이 대단했습니다. 아마 콩을 씻다가 흘러들어 간 것 같은데…"

강사는 잠시 뜸을 들인 다음 연이어 말했다.

"아무 빛도 없는 어둠 속에서 콩이 싹을 틔우고 성장하는 것처럼, 고난은 우리를 성장하게 해줍니다. 그러니 힘내세요."

사람은 고난을 통해서 성장한다. 고난은 회피할 더러운 똥이 아니다. 행복은 역경을 피하는 과정에서 오는 것이 아니라 극복하는 과정에서 찾아온다. 그래서 "젊어서 고생은 사서도 한다."라는 말이 있다. 고난에 단련된 사람은 행복의 참맛을 안다. 어차피 우리의 삶은 잔잔한 바다가 아니지 않은가?

석가모니도 인생고해(人生苦海)라고 했다. 고난은 결코 피해갈 수 없는 운명이다. 우리는 운명의 바다 위를 항해하는 통통배다. 고난으로 출렁거리는 바다를 통통거리며 가는 배.

아마 고기 잡는 어부만큼 바다를 잘 아는 사람도 없을 것이다. 변화무쌍한 바다의 생리를 익히 알고 있는 그들은 언제 통통배를 띄워야 할지 잘 안다. 그들은 거친 바다로부터 삶의 지혜를 배운다.

피할 수 없으면 즐기라 했던가? 배가 험악한 바다를 벗어날 수 없듯이 우리도 고난을 피할 수 없다. 고난을 피하지 말고 즐길 때 행복이 찾아온다. 그 고난이 최악의 상황으로 우리를 몰고 갈지라도 더 이상 나빠질 것은 없다고 생각해보자.

더 이상 잃을 것이 없으니 무엇이 두려우랴. 풍랑에 흔들리는 배의 갑판 위에서 맞는 바람도 시원하게 느껴지리라.

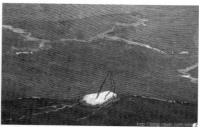

바다 위의 배 77

▶ 선물을 고맙게 주고받기

혹시 선물을 주고받은 적이 있는가?

요즘은 선물을 주고받을 일이 많다. 이런저런 날이 넘쳐난다. 밸런타인데이, 화이트데이, 로즈데이, 빼빼로데이….

선물을 주고받는 것은 당연히 기분 좋은 일이다. 아마 대부분의 사람들은 선물을 주는 것보다 받기를 좋아할 것이다. 그런데 뜻하지 않게 선물을 받게 되면 왠지 모르게 부담감을 느끼게 된다. 받는 행위 자체가 빚을 진 느낌을 주기 때문이다.

염라대왕이 하늘나라로 올라온 사람들의 심장 무게를 저울로 재고 있었다. 대부분의 심장 무게는 비슷했는데, 그중의 하나가 유난히 무거웠다. 염라대왕은 이상하게 여겨 측정관에게 물었다.

"그 사람의 심장이 유난히 무겁구나. 그 이유가 무엇인고?"

이에 측정관이 이승의 행적을 보여주는 마법의 거울을 들여다보고 나서 대답했다.

"이 사람의 심장은 선물값 때문에 특별히 무거워졌습니다. 방금 조사해본 결과 마음의 빚을 너무 많이 져서 그런 줄 아뢰오."

우리는 누구도 심장의 무게가 너무 많이 나가는 것을 원치 않는다. 그런 까닭에 선물을 받는 순간 빚을 언제 갚을 지부터 생각한다. 선물을 받는 즐거움을 느낄 새도 없이 머릿속 복잡해진다. 만약 이런 식이라면 선물은 보약이 아니라 독약이다. 보약을 먹을 것인가 아니면 독약을 마실 것인가. 우리는 당연히 보약을 원한다. 그러므로 선물을 고맙게 받아들여 보약으로 삼자. 그런 다음 그 보약을 선물에 담아 다시 나누자.

▶ 자신의 축복을 헤아려보기

가끔 이런 생각이 든다. 오늘의 나는 누군가의 도움 덕분이다. 순전히 나 자신의 노력이나 능력 때문이 아니라 나에게 베풀어진 은혜로 말미암아 오늘의 내가 있는 것이다. 돌이켜보면, 오늘의 내가 결코 우연히 만들어진 것이 아님을 알게 된다.

"너는 문학적인 소질이 있어, 한 번 교내대회에 나가 봐." 이렇게 말씀하신 학교 선생님, "이 사람은 이 부서가 딱이야. 여기서 일하도록 해줘." 이렇게 한마디 거들어주신 직장선배. 대수롭지 않게 느껴졌던 인연으로 인해 자신의 운명이 바뀐 경험을 해본 사람은 축복의 의미를 깨닫게 되리라. 인복이야말로 최고의 축복이란 사실을.

중국 전국시대 제나라의 실력자 맹상군은 진나라에 초빙받아 갔다가 옥에 감금되고 만다. 그의 인물됨을 두려워한 진의 소왕이 죽일 작정을 한 것이다. 생명이 위험한 순간에 그는 어떻게 살아나올 수 있었을까?

그가 진나라로 갈 때 대동한 사람들 중엔 별의별 사람이 다 있었다. 도둑질에 재간이 있는 사람, 닭 우는소리를 잘 내는 사람 등등. 도둑질에 재간이 있었던 사람 얘기를 먼저 해보자. 이 사람은 맹상군이 이미 소왕에게 바쳤던 호백구(여우 가죽으로 만든 아주 비싼 갑옷)를 창고에서 훔쳐내는 데 성공한다. 위급한 상황에서 맹상군의 생명을 구해 줄 사람은 소왕의 애첩밖에 없었기 때문에 그녀가 요구한 호백구를 훔칠 도리밖에 없었다.

덕분에 무사히 옥에서 빠져나오게 된 맹상군을 도와준 두 번째 인물은 닭 울음소리 흉내를 잘 내는 사람이었다. 그는 닭 울음소리를 내어 진짜 닭들이 울어대도록 만들었다. 덕분에 새벽닭이 울어야 열리는 관문이 열리고 그들은 무사히 귀환하게 된다.

이 얼마나 대단한 인복인가! 별 볼 일 없는 사람 덕분에 생명을 구할 줄 짐작이나 했겠는가? 정말 '마크툽(Maktoob)'이다.

『연금술사』에 나오는 유명한 말처럼 우연같이 보이지만 모든 것은 이미 예정되어 있는지 모른다. 나와 상관없어 보이던 인연들이 결정적인 역할을 하니 말이다. 이거야말로 축복이 아니고 무엇이랴. 자신의 '마크툽'을 생각하며 감사할 일이다.

3. 행복과 심리기제

행복은 욕구의 프로세스로 이해할 수 있다. 욕구는 크게 두 종류로 구분된다. 식욕, 성욕 같은 선험적 욕구와 선험적 욕구를 충족하는 과정에서 생기는 후천적 욕구가 그것이다.

선험적 욕구는 1차적 욕구로, 양적 충족에 의해 해갈된다. 배고픔을 해소할 수 있는 음식물이면 충분한 경우가 해당된다. 이에 비하여 후천적 욕구는 2차적 욕구로, 질적인 충족과 관계된다. 즉, 식욕을 해소하기 위해 더 맛있는 음식을 찾는 경우를 생각해볼 수 있다. 선험적 욕구와 후천적 욕구는 무의식세계인 집합 무의식 장기저장고와 개인 무의식 장기저장고에 각각 저장되어 있다가 의식세계인 작업통제관리기에 탑재되어 인지된다.

만약 욕구가 발현되면, 이와 관련된 데이터(정보-에너지)는 순식간에 작업통제관리기에 의해서 인지되고 작업통제관리기는 정보-에너지에 맞는 행동을 하도록 명령한다. 예컨대, '배가 고프다'는 인식(정보)과 '허기져서 불쾌하다'는 느낌(에너지)은 작업통제관리기에 의해 감지되고 이의 해소를 위한 자극(정보, 에너지)을 물색하여 정보처리기와 에너지처리기의 처리를 거친 다음 종합적으로 행동세계에 명령이 내려진다. 그래서 우리는 먹을 것을 찾아 나서고 필요할 경우 요리를 하기도 한다. 음식을 조달하고 섭취하여 발현한 욕구가 적절히 해소되었다면 우리는 기분 좋은 감정을 느끼게 된다.

기분 좋은 감정은 만족감을 말하며, 만족감과 관련된 일련의 정보-에너지는 다시 작업통제관리기에 의해서 개인 무의식 장기저장고에 저장된다. 말하자면 욕구의 정보-에너지 발현(무의식세계의 장기저장고)→작업통제관리기(정보·에너지처리기 포함) 작동→행동세계 반응→반응으로 산출된 정보-에너지(자극)의 투입→작업통제관리기(정보·에너지처리기 포함) 작동→처리된 욕구와 관련된 데이터(정보-에너지) 저장(개인 무의식 장기저장고) 같은 경로를 밟는다.

만약 처리된 욕구와 관련된 데이터(정보-에너지)의 성격이 긍정적이라면, 기쁨의 감정을 경험할 것이다. 또한, 개인 무의식 장기저장고에 긍정적 데이터(정보-에너지)가 많다면 욕구 충족률이 그만큼 높은 결과이다. 즉, 욕구 충족에 따른 만족도가 높기 때문에 행복감을 더 많이 느끼게 된다.

누군가 불행하다고 말한다면 이는 곧 욕구의 불충분한 충족에 따른 긍정적 데이터(정보-에너지)의 부족현상이거나, 부정적 데이터(정보-에너지)의 축적에 따른 결과라 할 수 있다. 물론 선험적 욕구는 타고난 본래적 성질이므로 충족되어야 하지만, 불충분하게 충족되었다고 하더라도 작업통제관리기가 어떻게 통합하여 개인 무의식 장기저장고에 저장했느냐에 따라 데이터(정보-에너지)의 성격이 달라지게 된다.

이것은 결국 작업통제관리기의 수준과 기능이 행복감에 중요한 역할을 하고 있음을 말해준다. 어차피 발현하는 모든 욕구를 충족시킬 수 없기 때문에 미충족된 욕구의 정보-에너지를 어떻게 처리하느냐가 관건이 된다. 작업통제관리기의 수준이 높으면 욕구의 발현단계에서부터 적절한 통제가 이루어지고 미충족된 욕구의 정보-에너지는 해석과 통찰에 의해서 중화시켜버린다. 중화된 정보-에너지는 마음의 구조에 무해한 성질로 개인 무의식 장기저장고에 저장되는 일련의 과정이 병행된다.

정보-에너지의 중화 과정이 시사하는 바는 욕구가 반드시 충족될 필요는 없으며, 오히려 작업통제관리기의 중화처리 능력을 배양하도록 힘써야 한다는 점이다. 이는 마치 오폐수를 처리하는 종말처리 능력과 같은 것이다. 작업통제관리기가 미충족된 욕구의 정보-에너지를 종말 처리할 수 있는 충분한 능력을 갖추었다면, 욕구가 충족되지 않아도 별다른 장애를 보이지 않을 것이기 때문이다.

그러므로 행복과 불행의 중심축에 작업통제관리기가 자리 잡고 있음을 깨닫고, 그 수준을 높이는 데 노력해야 한다.

제7장
사 랑

Love

1. 사랑의 개념

　　사랑은 좋아하고 아끼는 마음을 말한다. 본질적으로 마음도 정보-에너지 덩어리이다. 정보-에너지는 주파수 동조현상에 의해서 서로 끌어당긴다. 좋아하는 것끼리 서로 그리워하고 이끌리도록 되어 있다. 반대로, 싫어하는 것끼리는 이끌림 현상이 일어나지 않는다. 온우주에는 이러한 정보-에너지들의 교류와 배척 그물망으로 가득하다.

　　사랑은 가장 강렬하게 끌어당기는 정보-에너지의 교류형태이다. 스턴버그(Sternberg)는 사랑이 세 가지 요소, 즉 친밀감·열정·헌신(전념)으로 구성되며, 여러 측면으로 결합될 수 있다고 제시하였다. 여기서 친밀감은 사랑의 정서적 요인으로 상호이해, 격의 없는 친밀한 대화, 정서적 지원 등을 포함하고, 열정은 사랑의 동기유발 요인으로 신체적 매력, 성적 욕망 등이 해당된다. 또한, 헌신(전념)은 사랑의 인지적 요인으로 관계를 유지하기 위한 약속과 책임감이다.[28]

　　스턴버그의 3요소는 사랑의 정보-에너지에 어떤 것들이 포함되어 있는지 보여준다. 다시 말하면, 사랑은 이들 3요소가 포함된 정보-에너지의 교류다. 그러나 사랑의 정보-에너지 교류 방식도 한 가지가 아니다. 이는 곧 사랑의 종류도 다양함을 얘기해준다. 인간계에 나타나는 사랑의 종류를 살펴보면 다음과 같다.

첫째, 에로스(Eros)이다. 에로스는 감각적인 욕구와 갈망을 가진 열정적인 사랑으로 그리스어 'erotas'에서 유래하였다. 우리가 흔히 말하는 전형적인 사랑의 유형으로 고대 그리스 신화에 나오는 에로스의 화살을 떠올리면 된다. 키에르케고르는 "그녀를 보는 것은 곧 그녀를 사랑하는 것이다."라고 말하며 한숨지었다. 단테는 처음으로 베아트리체를 보는 순간 "나의 삶은 새로워졌다."라고 외친다. 스탕달은 이와 같은 시각적인 사랑은 '갑작스레 찾아오는 희망과 확인의 느낌'이라고 표현했다.

에로스는 이처럼 강렬하다. 성적 욕망이 이성을 만나면서 불타오르는 감정으로 승화된다. 에로스는 대부분 육체적인 매력에 이끌린다. 마치 희귀한 보물을 찾는 사람과 같이 육체적인 사랑을 나눌 수 있는 이상형을 꿈꾼다. 비록 성적 욕망이 미화되어 표현될지라도 육체적인 사랑은 가장 심연에 놓여 있다. 에로스의 가장 극단적인 모습이 첫눈에 반한 사랑이다. 강한 육체적 결합에 대한 열망이 눈까지 멀게 한다.

그래서 몰리에르는 "사랑하는 이들은 심지어 애인의 단점까지도 사랑할 명분을 찾는다."라고 말한다. 그러나 많은 경우에 육체적인 사랑은 시간이 지나면서 더 편안한 동반자 관계로 변해간다. 즉, 에로스와 스토르게가 섞인 관계로 변해 간다.

둘째, 스토르게(Storge)이다. 형제 자매간이나 놀이 친구 사이에 시간이 흐르면서 서서히 무르익는 사랑의 감정을 뜻하는 고대 그리스어

'Storgay'에서 유래하였다. 자기 자신들과 비슷한 다른 사람들과 함께 천천히 성장해갈 수 있는 농경 사회의 전통적인 풍토와 관련된 개념이다. '열기도 어리석음도 없는 사랑'이란 표현이 딱 어울린다.

스토르게는 서서히 달구어지는 냄비처럼 조금씩 애정이 싹트게 되면서 서로에게 헌신하게 된다. 이것은 서로 편한 관계를 유지하기 때문에 육체적인 이상형을 생각하지도 않고 의도적으로 상대를 고르지도 않는다. 스토르게의 대표적인 예가 여가 활동을 하면서 우연히 뜻이 통하는 사람을 만나 함께 시간을 보내는 경우다.

셋째, 루두스(Ludus)이다. 루두스는 '놀이' 또는 '게임'을 뜻하는 라틴어이다. 이것은 마음에 그리는 이상형이 없고, 온 힘을 다해 한 대상만을 사랑하지 않는다. 방랑자의 사랑이기 때문에 다채로운 체험과 그에 따른 다양한 대상이 존재한다. 다양한 사람과 나누는 즐거운 추억은 최대의 이점이다. 루두스는 많은 사람들과 재미있는 관계를 맺어 왔지만, 그 누구에게도 정착하지 않는 사랑이다.

넷째, 마니아(Mania)이다. 이 말은 고대 그리스의 'theia mania(신들로부터의 광기)'에서 비롯되었다. 마치 마른하늘에서 번개가 치듯이 강렬하게 인식되는 사랑이다. 마니아는 사랑의 포로이다. 꼼짝없이 사랑의 포로가 되어 질투와 소유욕의 화신이 되기도 한다.

마니아는 너무 사랑의 감정이 강렬하기 때문에 반대급부로 사랑을 확인하지 않으면 두려움을 느끼게 된다. 많은 경우 이런 사랑은 상대를 정말로 좋아하지도 않고 평생 동반자로 생각하지도 않는다. 사랑을 통하여 자극과 모험을 경험해보기를 열렬히 원하는 젊은이들에게서 찾아볼 수 있는 유형이다.

사실 마니아는 구체적인 대상보다는 자신의 일에 대해 깊은 불만을 가지고 있거나, 외로움 등의 이유로 사랑 그 자체를 사랑하는 형태이다.

다섯째, 프래그마(Pragma)이다. 그리스어인 'Pragmatic'에 어원을 둔 프래그마는 마니아와는 판이하게 다르다. 프래그마는 쇼핑 목록을 작성하듯이 사랑의 대상에 필요한 자질이나 요구사항이 우선한다.

목록에는 육체적인 특징이 포함되지만, 에로스처럼 대상의 육체적 매력에 특별히 중점을 두지는 않는다. 목록의 대부분은 유용한 짝짓기 정보들로 채워진다. 예컨대, 경제적 능력, 가정적 배경, 종교적 성향 등을 들 수 있다. 물론 취미나 좋아하는 운동과 같은 개인적 관심사도 들어있다. 프래그마는 신문의 결혼 구인광고에서 가장 손쉽게 찾아볼 수 있는 사랑의 유형이다.

여섯째, 아가페(Agape)이다. 이미 잘 알려진 아가페는 기독교에서 추구되어 온 사랑의 방식이다. 아가페는 타인 중심적이며, 나를 내어주는 사랑이다. 이런 사랑을 하는 사람은 사랑하는 감정이 없다 하더라도 사랑하는 것을 의무로서 받아들인다. 따라서 아가페는 마음이 아닌 머리에서 나오며, 감정이 아닌 의지의 표출이다.

아가페는 애정 어린 보살핌을 베풀어야 할 사랑의 대상을 원하며, 필요에 의해서 사랑을 베푼다. 아가페는 사랑을 베풀 수 있는 어떤 사람이라도 대상이 되기 때문에 특정한 사람에 국한하지 않는다. 심지어 아가페는 그 대상이 경쟁자나 원수일지라도 사랑을 베풀 준비가 되어 있다.

지금까지 말한 사랑의 종류를 정리해보면 다음과 같다.

구 분	사랑의 양식	사랑의 특성	특징적 표현
일차적 사 랑	에로스	열정, 구속감, 육체적 매력	"우리는 서로에게 속해 있다."
	스토르게	깊은 우정	"연인이자 가장 좋은 친구이다."
	루두스	유희적, 오락적	"나는 가능한 많은 상 대와 사랑 게임을 하기 좋아한다."
이차적 사 랑	마니아	강박적, 소유욕, 질투	"사랑하는 사람이 내 게 관심을 보이지 않을 때는 기분이 영 엉망이 다."
	프래그마	현실적, 신중함	"나는 연인을 신중하게 선택할 것이고, 그래서 우리는 가능한 최상의 성공 기회를 잡을 것이 다."
	아가페	이타적	"사랑하는 사람이 고 통당하는 것을 보느니, 차라리 내가 고통을 받 겠다."

    이와 같이 다양한 형태의 사랑이 존재하기 때문에 한 마디로 사랑에 대해 개념적 정의를 내리기가 쉽지 않다. 본능적 관점에서 보면 사랑은 성적 욕구나 욕망 외에 다른 것이 아니다. 또, 이기적 측면에서 말하면 사랑은 집착이나 소유욕의 대상이 된다. 자신을 희생하고 대상을 위하는 이타적 차원에서 보면 사랑은 이성적 노력과 의지의 결과다.

그러므로 우리는 이 모두를 아우르는 개념적 정의를 내릴 수밖에 없다. 원칙적으로 사랑은 성적 본능으로부터 출발하며, 이기적 집착을 낳기도 하지만 그것을 초월하기도 하기 때문이다. 아마 사랑이 진화한다면 본능과 이기적 집착을 초월하는 이타적 사랑이 될 것이다. 그런 점에서 이타적 관점에서 보는 사랑의 개념에 충실할 필요가 있다.

말하자면 사랑은 좋아하고 아끼는 마음이 있어 자신을 헌신하고 희생하면서까지 대상을 위하고자 하는 지극정성의 가치라 할 수 있다.

2. 사랑의 구성요소

1) 나 눔

▶ 대가를 바라지 않고 주기

예수는 선을 행할 때 "왼손이 하는 일을 오른손이 모르게 하라."라고 하였다. 예수의 말처럼 우리는 아무런 대가를 바라지 않고 선행을 베풀 수 있을까?

우리는 대부분 어떤 일을 할 때 조건을 달거나 이름을 드러내길 좋아한다. 어렵게 공부하는 학생에게 장학금을 주면서 현수막을 내걸고, 사진을 찍어대기 십상이다. 혹시 매스컴을 타기라도 하면 뛸 듯이 기뻐한다. 선을 행하는 이유가 자기만족에 있다면, 그러한 징표는 곳곳에서 발견된다. 기증자의 이름이 새겨진 공원의 정자, 약수터의 축대에 새겨진 이름, 심지어 이름표를 달고 있는 나무들도 있다. 그것을 보는 사람들의 심정이 어떨지 상상이나 해봤을까?

길가의 걸인에게 동전 한 닢을 주고 돌아온 아이가 싱글벙글 신이 났다. 그의 부모가 이상해서 물어보니, 아이가 쥐었던 손을 편다. 앙증맞은 손아귀에 뜻밖에도 동전 두 개가 있다.
아무런 대가 없이 베푼 아이의 자선에 걸인이 감동하여 두 배로 돌려준 것이다.

『느리게 더 느리게』에 소개된 이 얘기는 참사랑의 위력을 잘 보여준다. 무조건적으로 베푸는 사랑이야말로, 세상을 밝게 하는 최고의 등불이다.
주는 행위의 목적이 대상 자체에 있을 때 사랑은 등불처럼 빛나기 마련이다.

▶ 사람들의 필요에 주의 기울이기

낚시를 해본 사람은 안다. 물고기를 잡기 위해서는 재빠르고 민감해야 한다는 사실을. 물 위에 떠 있는 찌의 움직임을 재빠르게 감지하여 순간적으로 잡아채지 않으면 밑밥만 날리기 일쑤다. 사랑도 이와 같다. 대상이 원하는 바를 재빨리 감지하지 않으면 참사랑을 실천하기 어렵다.

사랑은 누군가를 위한 이타적 행위이므로 상대방의 필요에 그만큼 민감해야 한다. 선물을 받아 본 경험이 있는가? 자신이 필요로 하는 것을 받았을 때 상대방이 얼마나 고맙게 느껴지던가? 이 말은 곧 상대방의 관점에서 무엇을 원하는지 주의를 기울이라는 뜻이다.

사오정이 시장에서 순댓국을 사 들고 헐레벌떡 뛰어왔다. 김이 모락모락 나는 순댓국 그릇을 보고 저팔계가 펄쩍 뛰며 화를 냈다.

"아니, 이게 뭐야? 날 보고 우리 동족을 먹으라는 거야 뭐야?"

저팔계는 국그릇을 발로 차 뒤엎고 시장으로 뛰어갔다. 잠시 후 나타난 저팔계 손에 순두부찌개가 들려있었다. 이를 본 삼장법사가 반색을 하며 말했다.

"팔계가 몸은 저래도 뭘 좀 아는군. 오정아, 팔계 반만 닮아라. 어, 배고파. 식기 전에 먹자."

옆에 있던 손오공도 사오정을 힐긋 쳐다본 다음 말없이 함께 먹기 시작했다.

서유기를 각색한 이 이야기에서 사오정이 핀잔을 받은 이유는 간단하다. 그는 일행이 무엇을 원하는지 제대로 읽지 못했다. 말하자면 귀가 먼 것이 아니라 마음이 먼 것이다. 우리가 사오정처럼 되지 않으려면 어떻게 해야 할까?

우선 먼저 상대방이 필요로 하는 것이 무엇인지 분명히 알아야 한다. 만약 알 수 없다면 지혜를 발휘하여 알아내도록 해야 한다. 물론 당사자에게 직접 물어보는 게 쉽지 않을 때가 있다. 사전 예고편이 되는 걸 누구도 원치 않기 때문이다.

그래도 방법이 없는 것은 아니다. 상대방의 친구나 가까운 친척은 훌륭한 정보 제공자다. 이들을 잘만 활용해도 된다. 이 밖에 간접적으로 우회하여 알아보는 방법은 얼마든지 있을 것이다. 어쨌든 이왕 사랑을 베풀 바에는 상대방의 필요를 채워줄 수 있도록 노력해보자.

▶ 자신의 재능 기부하기

『아낌없이 주는 나무』를 기억하는가? 이 나무는 자신이 줄 수 있는 이파리와 가지, 그리고 그루터기까지 준다. 그게 이 나무가 가진 재능이다. 이 나무는 아낌없이 자신이 가진 재능을 소년에게 기부하고 흡족해한다.

우리도 누구나 재능을 가지고 있다. 언변이 좋은가? 그렇다면 좋은 말로 사람들에게 힘과 용기를 줘라. 만약 노래를 잘 부른다면 그 목소리로 사람들에게 기쁨을 줘라. 혹시 자신은 아무런 재능을 가지고 있지 않다고 생각하는가? 그렇다면 이 사람을 떠올려봐라.

사지가 없는 이 사람이 가진 재능은 몸통 자체다. 온몸을 굴려가며 강연을 하는 이 사람의 이름은 닉 부이치치다. 인터넷에서 쉽게 만날 수 있는 닉 부이치치는 낙심한 사람들에게 생기를 넣어주고 있다.

그는 닭다리 같은 발가락으로 컴퓨터 키보드를 치고 글을 쓴다.

어디 그뿐인가? 손발이 없는 대신 머리와 몸통을 이용하여 공을 차고 미끄럼을 타기도 한다. 그의 생활은 과히 기적에 가깝다.

자신이 한없이 나약하고 초라해 보이는가? 그렇다면 자신의 손과 발을 만져보라. 그리고 손발이 없는 닉 부이치치를 떠올려보라. 우리는 정말 가진 게 너무 많지 않은가? 사실 재능이 없는 것이 아니라 재능이 없다고 생각할 뿐이다.

이제 자신이 가진 것에 집중하자. 자신이 가진 재능을 발견하여 그것을 다른 사람을 위해 사용해보자.

닉 부이치치

▶ 함께 할 수 있는 일 만들기

"고구마가 참 맛있더군요. 토질이 좋아서 그런가 봐요."

"토질도 토질이지만 함께 모종을 심고 가꾼 것이라 더 맛있는 것 같아요."

"맞아 맞아, 뭐든지 사람 손이 모이면 그 맛이 배가 되는 법이여."

어느 마을 입주민들이 나누는 대화 내용이다. 한창 마을이 조성 중인 부지 근처에 입주민끼리 텃밭을 일궈 작물을 심은 모양이다.

사랑은 앞서 가는 것이 아니라 함께 가는 것이라 했다. 함께 동고동락하겠다는 자세가 사랑이다. 함께 씨를 뿌리고 거름을 주고 벌레도 잡아준 다음 나누는 결실은 달콤하다.

연말 같은 '특정한' 시기에 '특정한' 곳을 방문하여, '특정한' 이벤트를 벌여 본 적 있는 사람은 알 것이다. 번개처럼 반짝하는 '특정한' 사랑은 그 순간뿐이라는 점을. 바싹 마른 풀처럼 쉽게 타서 사라지는 '특정한' 사랑을 원하는가? 자신이 주연배우이자 감독이라면, 조연과 관객은 누구란 말인가? 혼자 앞서 가는 작품은 필시 외면당하고 말리라.

사랑은 관계 속에서 잉태되며 함께 함으로써 성숙된다. 함께 울고 웃을 수 있는 일거리는 모닥불 같은 사랑을 만들어내는 중요한 매체라는 점을 기억하자.

거창하게 판을 벌일 필요는 없다. 함께 배드민턴 같은 운동을 할 수도 있고, 단체로 봉사활동을 갈 수도 있다. 시골이라면 농사일을 품앗이하는 것도 좋다. 함께함으로써 서로 성장하는 것. 그것이 사랑의 본질이다.

가치통섭

2) 배 려

▶ 주변 사람에게 관심과 애정 가지기

동물도 함께 모여 생활하듯이 사람도 마찬가지다. 사회를 떠나서 우리는 생존할 수 없다. 로빈슨 크루소도 결국에는 섬을 탈출하여 문명사회로 귀환했지 않은가?

늑대에게 양육되어 늑대와 똑같은 습성을 보이는 인도의 어린이 얘기를 해보자. 숲 속에서 우연히 발견된 두 아이는 늑대처럼 울부짖고 기어 다녔으며 어둠을 좋아했다. 뒤늦게 문명사회에 와서 적응훈련을 받아 어느 정도 말을 할 수 있었지만 얼마 살지 못했다.

우리는 태생적으로 사회 속에서 자신을 발견하고 살아가도록 구조화되어 있다. 사회적 관계 맺기가 그래서 중요하다. 그리고 사회적 관계는 관심과 애정을 통해서 단단해진다.

새들의 합창대회가 열리고 있는 숲 속으로 들어가 이를 확인해보자.

이번 대회에는 모두 30개 팀이 참가해 치열한 각축전을 벌였다. 심사 결과, 전 년도 우승팀인 꾀꼬리를 제치고 까마귀가 우승을 차지했다. 뜻밖의 결과에 우레 같은 박수소리가 쏟아졌다. 사회를 맡은 비둘기가 까마귀 팀을 인터뷰했다.

"우선 먼저 축하합니다. 아무도 예상하지 못했는데, 강력한 우승 후보였던 꾀꼬리 팀을 물리치고 우승을 차지한 비결이라도 있나요?"

"아, 아무것도 아닙니다. 우리는 다른 까마귀가 몸이 아프면 약을 사다 주고 잠시 쉬게 했습니다. 그 까마귀가 빠져서 연습에 지장이 있었지만, 그 친구는 미안해서 그런지 더욱 열심히 하더군요. 우리는 또 연습 시간에 나타나지 않은 까마귀에게 먼저 전화를 걸어 무슨 일이 있는지 확인하고 재촉하지 않았습니다. 간혹 어떤 친구가 발성을 잘못해서 노래를 엉망으로 만들어놓기도 하는데, 이때도 우리는 절대 화를 내거나 탓하지 않았습니다."

▶ 경청하기

평화로운 나라에 공주가 미쳤다는 이상한 소문이 돌기 시작했다. 공주가 갑자기 개처럼 짖고 행동한다는 것이다. 왕은 소문을 잠재우기 위해 공주를 정상적으로 돌아오게 하는 사람에게 후한 상을 내리겠다고 선포했다. 이 소식을 듣고 많은 사람이 도전했지만 성공한 사람은 없었다. 공주는 여전히 개처럼 짖고 기어 다녔다.

그러던 어느 날 언제 그랬느냐는 듯이 공주가 정상적인 모습으로 돌아왔다. 왕은 매우 기뻐하며 공주의 옛 모습을 되찾아 준 사람을 불러다 그 비법을 물었다.

"다른 사람은 공주님이 개가 아니라고 생각했지만 저는 공주님을 개라고 생각했습니다. 공주님은 자신이 아끼던 강아지가 죽어 너무나 슬픈 나머지 개가 되어 버린 것이니까요. 저 역시 개처럼 행동하며 공주님의 사연을 들어주었을 뿐입니다."

다른 사람을 배려하는 기본은 잘 듣는 것이다. 그 사람이 무엇을 원하는지, 어떤 것을 도와줘야 하는지 귀를 세우고 듣는 게 먼저다. 우리는 자신의 말을 잘 들어주는 사람에게 호감이 간다. 그 사람에게 속마음을 털어놓고 위로받고 싶다.

공주를 사람으로 돌아오게 만든 사람은 이러한 사실을 잘 알고 있었다. 그는 공주가 개가 될 수밖에 없는 사연이 있을 것이라 생각하고 자신 또한 개가 되었다. 공주가 멍멍대면 귀를 쫑긋 세우고 킁킁거리며 보조를 맞추는 방법을 구사한 것이다.

잘 듣는다는 것은 무조건 입을 막고 멍하니 있으라는 얘기가 아니다. 상대방의 말을 들으면서 추임새를 넣어줘야 한다. "음.", "그래.", "그렇군." 등등.

이민규 박사의 '123 법칙'에 따르면 1분 말했으면 2분간 듣고, 듣는 동안 3번 맞장구를 쳐주는 것이 좋다고 한다. 그러니 여간 힘든 일이 아니다. 힘든 일이다 보니 잘 듣기보다는 말하는 쪽을 선택하기 쉽다. 귀를 세우는 쪽보다는 입을 놀리는 게 편하다. 이런 사람은 입만 가진 사람이다. 그렇지만 우리가 필요로 하는 사람은 나의 말과 푸념을 들어줄 귀를 가진 사람이다.

▶ **사물을 부드럽게 대하기**

캐나다 퀘벡에 있는 계곡에는 특이한 현상이 있다. 계곡의 서쪽 비탈에는 소나무나 측백나무 같은 다양한 종류가 서식하는데, 동쪽 비탈엔 어찌 된 영문인지 히말라야삼나무 일색이다.[100]

왜 그럴까? 바람의 방향 때문에 동쪽 비탈에 더 많은 눈이 내리고 딱딱한 나무들은 가지가 부러지는 수난을 당한다. 딱딱한 소나무는 부러지기 쉽지만, 유연한 삼나무는 잘 부러지지 않는 것이다.

삼나무의 유연성은 스펀지의 속성에 비유될만하다. 깨끗한 것, 더러운 것, 아니면 그 밖의 어떤 것도 모조리 흡수하는 스펀지. 대상이 무엇이든 가리지 않고 빨아들여 섞어버리는 대단한 능력을 발휘한다.

조금만 귀에 거슬려도 버럭 화를 내는 사람은 스펀지를 떠올려보라. 흡수력이 떨어지면 딱딱한 소나무가 되기 쉽다. 삼나무처럼 유연하지 않으니 충돌 가능성도 높아진다.

그런데 어떤 사람은 공격을 받아도 흔들리지 않는다. 귀가 없는 듯이 아무런 표정 변화가 없다. 창칼이 날아와도 삼나무처럼 휘어지니 상처를 입지 않는다. 바로 스펀지 같은 부드러움을 지녔기 때문이다. 부드러움은 인격이며 유연성은 인격의 표출이다. 진정한 사랑은 인격에서 나온다.

▶ 역지사지(易地思之)하기

어쩌다 다투기라도 하면 우리는 대부분 '당신 때문에~'란 말로 상대를 공격한다. 정말 화가 나면 상대방 때문에 내가 곤란을 당한 것처럼 느껴진다. 물론 상대방에게 원인이 있을 수 있다. 모든 것에 '내 탓이오'라고 나에게 화살을 돌릴 필요는 없다. 그렇다면 누구의 탓이란 말인가?

분명한 것은 화내는 당사자는 바로 나 자신이라는 사실이다. 화를 내는 나 자신을 어떻게든 달래야 한다. 이때 사용할 수 있는 방법이 상대방과 입장을 바꿔놓는 것이다. 이제 화가 나 있는 사람은 내가 아니라 상대방이다. 화가 난 상대는 나를 공격할 것이다. 공격받고 있는 나의 기분은 어떤가?

이쯤에서 이솝우화에 등장하는 여우와 두루미를 만나 보자. 여우가 두루미에게 보복을 당한 이유는 무엇일까? 만약 접시에 담긴 음식을 먹지 못해 화가 난 두루미의 입장을 헤아렸다면 두루미는 호리병이 아닌 접시에 음식을 내놓았을 것이다. 여우의 술책은 그래서 어리석다. 화가 난 두루미의 입장에서 어떤 공격이 가해질지 예상했어야 마땅하다. 그랬더라면 두루미 집에서 접시에 놓인 음식을 맛있게 먹을 수 있었으리라.

이제 두 가지 길이 놓여있다. 계속 역지사지하여 부끄러운 나를 정상적인 나로 돌아오게 할 것인가, 아니면 '당신 때문에~'를 계속 외칠 것인가? 과연 어느 쪽이 유익할까?

▶ 생명존중사상 실천하기

수행자들이 살고 있는 동굴 속에 강도들이 들이닥쳐 죽이려 한다. 만약 우리가 수행자의 리더라면 이 상황에서 어떻게 할 것인가? 리더는 강도들을 안심시켜야 한다. 강도들은 동굴을 은신처로 삼기 위해 그곳의 비밀을 알고 있는 수행자들을 죽이려 한다. 그런 강도에게 취할 수 있는 방법은 무엇일까?

리더는 동굴의 위치를 발설할 경우 희생될 인질 1명을 두고 나머지는 풀어주는 협상을 이끌어낸다. 물론 그 인질은 죽을 확률이 90% 이상이다. 수행자들 중에는 불치병을 앓는 사람이나 노인 같은 지금 죽어도 여한이 없는 사람이 있다. 뿐만 아니라 리더의 적도 있다. 과연 리더는 그들 가운데 한 명을 골랐을까? 아니면 차선책으로 자신을 희생했을까? 놀랍게도 리더는 아무도 선택하지 않았다.

"나의 생명을 누구를 위해 희생할 만큼 나의 삶과 생이 소중하지 않단 말인가? 모든 생명은 어떤 이유에서든지 동등한 가치를 가지고 있다. 생명은 그 자체로 소중하기 때문이다."

결국, 강도들은 그의 말에 설복되어 칼을 버리고 수행자가 된다.

『술 취한 코끼리 길들이기』에 나오는 이 얘기는 생명의 소중함을 일깨워준다. 그 어떤 것도 생명보다 귀한 것은 없다. 모든 생명은 본질적으로 사랑이기 때문이다. 사랑 없이 생명은 태어나지 않고, 사랑 없이 온전히 성장할 수 없다. 그러므로 생명은 사랑의 결정체다. 사랑의 결정체인 우리는 우주정신의 분신이다. 그렇기 때문에 우리는 절대적으로 유일한 존재다. 온 마음과 정성을 다하여 충분히 존중받을 만한 가치가 있는 것이다. 그럼에도 우리는 생명을 너무 쉽게 생각한다. 오늘날 만연된 생명경시 풍조는 담쟁이넝쿨처럼 온 세상을 잠식하고 있다.

이제 생명을 소중히 여기는 마음을 갖자. 나의 생명뿐만 아니라 다른 사람의 생명도 소중하다는 생명존중사상을 실천하자.

가치
통섭

3) 헌 신

▶ 희생을 각오하고 실천하기

"믿음과 소망과 사랑 중에, 그중에 제일이 사랑이라."

성경에 언급되어 있는 바와 같이 사랑이 제일인 이유는 희생을 마다하지 않기 때문이다. 그 어떤 것도 희생보다 값진 것은 없다. 잘 알려진 소금인형을 생각해보자.

바다의 깊이를 재러 바다로 갔다가 바다가 되어 버린 소금인형. 자신을 녹여 바닷물을 짜게 만든 수많은 소금인형 덕분에 바닷물은 썩지 않는다.

내가 존재하지 않으면 이 세상이 무슨 의미가 있으리오. 그럼에도 자신을 희생하여 거룩한 뜻을 실천하는 소금인형 같은 사람들이 있어 세상은 진보한다.

전태일이 그랬고, 안중근이 그랬고, 체 게바라가 그랬다.

오늘의 아름다운 세상은 수많은 사람들이 흘린 피의 대가이다. 우리는 그들의 희생을 먹고 오늘을 누리며 살고 있다. 그러니 나도 하나의 밀알이 되기를 주저하지 말아야 한다. 가을의 풍성한 추수는 봄에 뿌려지는 수많은 씨앗들이 희생된 결과임을 기억하자.

"아휴, 답답해. 땅속은 정말 싫어. 숨을 쉴 수가 없잖아."

"아, 이제 우리는 땅속에서 영원히 죽는가 봐."

봄볕이 좋은 날 한 농부가 콩을 밭에 심고 있었다. 땅속에 파묻힌 콩들은 깜짝 놀라 비명을 질러댔다. 그런데 그 가운데 현명한 콩이 숨을 헐떡이며 말했다.

"우리 콩들은 땅속에서 죽어야 다시 살 수 있다고. 땅 위에 있다간 인간들이나 동물들의 밥이 되기 십상이지. 그러니 조금만 참아."

▶ 자신의 권리를 포기하기

"사랑하면 알게 되고 알게 되면 보이나니, 그때에 보이는 것은 그전과 같지 않으리라."

『나의 문화유산 답사기』에 나오는 명구이다. 모르면 거리감이 생기고 남남이 된다. 서로를 알게 됐을 때 '우리'가 된다.

한 청년이 멧돼지를 잡으러 숲으로 들어갔다. 한 참을 헤맨 끝에 운 좋게도 늪에 빠진 새끼멧돼지 한 마리를 발견했다. 그는 쾌재를 부르며 총을 겨눴다. 순간 멧돼지와 눈이 마주쳤다. 자신을 겨냥한 것이 무엇인지도 모르고 애절한 눈빛을 보내는 사냥감! 그는 움찔했다. 머릿속이 복잡해진다. 늪 속에서 허우적대는 멧돼지는 살려고 사력을 다하고 있는 상황이다. 그는 총을 내려놓고 밧줄을 이용해 멧돼지를 구해준다.

멧돼지가 사냥감에서 소중한 생명체로 보이는 순간이다. 청년은 멧돼지가 자신과 다름없는 생명체임을 깨닫고 '우리'라는 일체감을 느끼게 된다. 그래서 그는 사냥할 권리를 과감히 포기할 수 있게 되었다.

사랑하면 나의 권리를 포기할 만큼 '우리'라는 연결점이 보이기 시작한다. 흔히 남남의 관계에서 권리는 주장되지만, '우리'의 관계에서 권리는 포기될 수 있다. 이것은 손해가 아니다. 나 자신도 '우리' 속에 포함되어있어서 함께 성장할 수 있으니까.

언뜻 보면 손해 같지만, 자신에게 이익이 되어 돌아온다는 사실은 중요하다. 청년의 얘기를 더 해보자.

멧돼지를 구해주고 집으로 돌아오는 길에 청년은 충격적인 장면을 목격하게 된다. 10m가 넘는 파도가 자신이 사는 마을을 덮치는 엄청난 재난의 현장을. 사실 그는 아버지와 함께 고기잡이배를 타고 바다로 나갈 작정이었다. 그런데 멧돼지를 구해주느라 예정된 시간보다 지체되어 배를 놓친 탓에 목숨을 구할 수 있었다.

'되로 줬더니 말로 갚더라'란 표현은 이때에 제격이다. 청년은 그 마을의 유일한 생존자가 되었다. 2004년 발생한 인도양의 쓰나미 사태에서 생존한 리치너라는 사람의 실화다.[100]

자신의 권리를 포기하는 대가로 생명을 건졌으니, 이 얼마나 대단한가? 사랑하고 또 사랑하면 알게 되고, 그땐 자신의 권리마저 포기할 만한 것이 보이기 시작한다. 그러니 사랑하고 또 사랑하자.

▶ 친구를 재산으로 알고 도와주기

시인 구상이 병원에 누워있을 때 가장 먼저 문병을 와야 할 이중섭이 모습을 보이지 않았다. 구상과 이중섭은 막역한 사이였기 때문에 그는 매우 섭섭한 마음이 들었다. 그런데 한참 후에 이중섭이 나타나 뭔가를 내민다. 먹으면 무병장수한다는 천도복숭아를 그린 그림이었다. 이중섭은 쾌유를 비는 마음을 담아 복숭아 그림을 그리느라 늦은 것이다. 너무나 가난한 이중섭의 처지를 알고 있는 구상은 할 말을 잊고 친구의 손을 꼭 잡았다.[101]

친구는 제2의 자신으로 소중한 재산이다. 대부분의 사람은 친구를 가지고 있지만 소중한 재산으로 여기는 사람은 많지 않다.

우리는 나의 재산이 줄어드는 것을 원치 않는다. 새어나가는 재산을 관리하기 위해 신경을 많이 쓴다. 그렇다면 물어보자. 재산을 관리하듯이 친구 관계도 관리하고 있는가?

모든 것이 그렇듯이 저절로 이루어지는 일은 없다. 시간과 에너지를 투자해야 원하는 것을 얻을 수 있다. 친구 관계도 마찬가지다. 먼저 친구에게 다가가 원하는 것이 무엇인지 물어보고 도와줘야 한다.

인간관계는 시간이 지날수록 모래성처럼 무너져 내리는가 하면, 콘크리트처럼 단단해지기도 한다. 관리하지 않으면 아무리 좋은 집도 폐허가 되고 마는 법이다. 평소부터 관심을 보이고 연락을 취하면서 어려운 일을 함께하도록 해야 한다. 어려움을 당했을 때 그 사람을 바로 알 수 있다고 하지 않던가.

가치
통섭

원래 달면 삼키고 쓰면 뱉는 게 인간 생리다. 진정한 친구는 쓴맛 나는 음식도 먹어주는 사람이다.

3. 사랑과 심리기제

사랑은 에로스에서 아가페로 발전한다. 이들의 가장 중요한 차이는 자기애와 자기초월이다. 자기애는 집합 무의식 장기저장고에서 발현되는 선험적 욕구이다. 선험적 욕구는 충족되지 않으면 안 될 불가피성을 지닌다. 이것은 육체적 정보–에너지를 바탕으로 한다. 사춘기가 되면 이성을 찾아 나서는 육체적 성숙과 관련 있다.

우주정신은 온우주에 존재하는 생명체들이 영속하기를 바란다. 생명체의 번식을 위해서 에로스 정보–에너지를 심어놓았다. 발현된 에로스 정보–에너지는 작업통제관리기에 탑재되고, 이를 처리할 수 있는 자극(대상)을 물색한다. 그러나 에로스 정보–에너지는 매우 강렬해서 쉽게 충족되지 않을 경우 좌절을 경험한다. 좌절은 증오나 질투 같은 부정적 가치와 연합된다. 주파수 동조현상의 결과이다.

부정적 가치 속에 있는 정보–에너지는 파괴적인 성질을 띤다. 이것들은 마음 기제들의 원활한 운행을 방해하는 해로운 물질들을 만들어낸다. 우리가 증오나 질투의 부정적 가치를 경험할 때 판단력이 흐려지고 충동적으로 변하는 이유는 작업통제관리기의 기능을 방해하는 정보–에너지 때문이다.

에로스 정보-에너지는 적절히 해소되어야 하지만 사회문화적 제약이 따른다. 인간은 동물과 달리 결혼이라는 제도를 두고 에로스 정보-에너지를 통제하고 있다. 그러나 통제된 정보-에너지는 썩은 물처럼 집합 무의식 장기저장고에 고여 있다가 발현하면서 작업통제관리기를 압박한다. 이른바 이중 구속으로 말미암아 작업통제관리기는 사회적으로 용납되지 못한 에로스 정보-에너지를 방출할 수도 없고 내부적으로 계속 억제하기도 곤란한 딜레마에 빠지게 된다. 말하자면 이러지도 저러지도 못하는 히스테리 상황에 직면하게 된다. 히스테리 상황은 에로스 정보-에너지의 의식화를 두려워한 작업통제관리기가 억압이라는 방어기제를 작동시킨 결과이다.

그러나 억압된 정보-에너지는 사라지지 않고 계속 마음속에서 작업통제관리기를 괴롭히게 되어 있다. 말하자면 히스테리 상황의 반복적인 과정에 빠지게 된다. 따라서 썩은 물이 고이면 밖으로 퍼내야 하듯이 억압되어 고인 부정적 정보-에너지는 적절히 소모되어야 한다.

작업통제관리기는 이러한 점을 너무나 잘 알고 있기 때문에 에로스 정보-에너지가 과다하게 농축되어 자신을 압박할 경우 스스로를 보호하기 위해 긴급명령을 내리기도 한다. 성적인 문제 발생의 대부분은 이러한 비상사태의 표출이다.

이에 비하여 아가페는 초월적 자기애, 즉 정신적 정보-에너지로 육체를 뛰어넘는 사랑이다. 이것은 말하자면 육체적 사랑의 정신적 승화다. 육체적 사랑은 본능에 충실함으로 이기적이지만, 정신적으로 승화된 사랑은 이타적이다. 작업통제관리기의 수준이 높을수록 이타적이 된다.

작업통제관리기는 물의 성질을 바꾸는 이온수기처럼 정보-에너지의 성질을 변환시키는 능력이 있다. 해석, 재구조화, 통찰 등의 정신적 활동은 작업통제관리기 내에서 이루어진다. 작업통제관리기는 에로스 정보-에너지를 아가페 정보-에너지로 변형시킴으로써 이중 구속의 딜레마를 해소하고자 한다. 물론 작업통제관리기의 발달 정도에 따라 아가페 정보-에너지로의 전환율에 차이가 날 것이다. 사실 모든 에로스 정보-에너지를 아가페 정보-에너지로 바꿀 수 있는 작업통제관리기는 존재하지 않는다. 아가페 정보-에너지의 뿌리가 에로스에 있기 때문이다.

　결국, 이러한 논점의 핵심은 작업통제관리기이다. 작업통제관리기의 역할에 따라 에로스로부터 아가페에 이르는 정보-에너지의 분포가 달라지게 된다.

제3부

억제군 가치

관 용
Tolerance

겸 손
Humility

절 제
temperance

책 임
Responsibility

제8장
관 용

Tolerance

관용이란 정치, 종교, 도덕, 학문, 사상, 양심 등의 영역에서 의견이 다를 때 논쟁은 하되, 물리적 폭력에 호소하지 말아야 한다는 상식에서 출발한다. 즉, 다른 사람과의 차이를 있는 그대로 받아들이는 태도와 연관된다. 어떠한 편견으로부터 벗어나 각각의 고유한 생각이나 감정을 존중하고 이해하려는 자세로부터 관용이 생긴다.

이러한 점에서 관용의 전제조건은 다양성이다. 다양한 정치적 이념과 종교, 그리고 다양한 분야의 학문이나 사상 등이 인정되는 곳에 관용이 존재한다. 마치 다양한 꽃이 있어서 이 세상이 아름다운 이치이다. 이 세상은 단일품종만이 자라는 정원이 아니다. 다양한 식물들이 어울려 아름다운 정원을 만드는 것처럼, 서로 다른 인종, 언어, 문화, 종교, 사고방식 등이 공존하여 세상을 아름답게 만든다. 이것은 우주정신이 창조의 원리에 의해 사물을 만들어낸 결과다.

온우주에 존재하는 정보-에너지는 여건만 되면, 어떤 형태로든지 물리적 실체로 전환되도록 설계되어 있다. 당연히 이 세상은 동일한 환경과 여건이 아니다. 태양계의 행성들이 서로 다른 모양과 환경을 지니고 있듯이, 태양계 밖의 항성계 역시 다른 모습을 지닐 것이다. 획일성은 우주정신의 본질이 아니며, 다양성은 자연스러운 현상이다. 지구 안에 존재하는 생물들의 모습과 생활양식이 다르듯이 미지의 행성에 살고 있을 생명체의 모습과 생활양식도 다를 수밖에 없다.

서로 다른 모습과 환경에도 불구하고 온우주가 질서정연하게 움직이는 이유는 관용이라는 가치(정보-에너지)가 작용하기 때문이다. 다양한 현상과 사물이 충돌하지 않고 공존하기 위해서 관용은 필요불가결한 요소이다. 다양성에 따라 서로 다름을 인정하고 수용하는 마음이 없다면 평화로운 우주의 질서는 생기지 않는다.

따라서 온우주의 일부인 인간도 순리에 따라 관용의 정신을 발휘해야 한다. 비록 자신의 기대에 벗어나더라도 인내심을 가지고 유연하게 받아들이고자 하는 마음. 이것이 바로 관용이다. 말하자면 어떤 잘못이나 실수를 해도 너그러운 마음으로 받아들이고 용서하는 아량이 필요하다.

사실 용서가 잘되지 않는 이유는 자신의 기대 때문이다. 인간관계가 맺어진다는 것은 사람 간에 기대가 생긴다는 의미이기도 하다. 상대방에게 제공한 자신의 마음과 노력에 비례하여 어떤 보상심리가 따르는 것은 당연하다. 기대는 이러한 호혜평등의 원칙에서 발생한다.

그런데 관용은 호혜평등의 원칙에 어긋나는 일이다. 자신이 상대에게 기대하는 것을 얻지 못해도 이해하고 수용할 수 있어야 하기 때문이다. 그러니 관용은 결코 쉽지 않다.

"죄는 미워도 인간은 미워할 수 없다."는 인간존중의 마음이 있어야 자신의 기대를 내려놓고 관용을 베풀 수 있다. 사람은 누구나 어쩔 수 없이 죄를 지을 수 있다는 기본적인 믿음이 중요한 것이다. 그 믿음이 기대심리보다 클 때 관용은 자연스럽게 이루어진다.

결국, 관용은 다른 사람의 고유한 생각이나 감정을 존중하고 이해하려는 자세로써 그 사람의 행동이 자신의 기대나 뜻에 맞지 않더라도 너그럽게 용서하고 받아들이는 가치라 할 수 있다.

2. 관용의 구성요소

1) 용 서

▶ 누구나 잘못할 수 있다고 생각하기

"네가 지금까지 무엇을 했든 상관없이 나의 마음의 문은 너에게 열려있다. 안으로 들어오라."라고 아잔 브라흐마는 『술 취한 코끼리 길들이기』에서 말한다. 우리는 '술 취한 코끼리'를 자주 목격한다. 가장 만취된 상태로 광란을 부리는 코끼리는 전쟁터에서 찾을 수 있다. 아마 술에 취하지 않고서는 무차별로 폭탄을 투하하고 총알을 퍼부어대지 못할 것이다.

'술 취한 코끼리'가 투하한 네이팜 탄(불 폭탄)에 온몸에 화상을 입은 베트남 소녀 킴 푹(퓰리처상 수상작 『전쟁의 공포』의 알몸 주인공)을 기억하는가? 그녀는 사진기자 닉 우트에 의해 구사일생으로 살았지만, 12년 동안 무려 17번의 수술을 받는 고통을 겪었다. 수술을 받으면서 폭탄을 투하한 '술 취한 코끼리'를 얼마나 원망했겠는가? 그러나 이미 자신에게 일어난 일은 바꿀 수 없지만, 그 의미는 바꿀 수 있음을 깨닫고 모든 것을 용서하기로 마음먹는다. 그녀는 두 팔을 벌려 '술 취한 코끼리'를 "안으로 들어오라." 말할 수 있게 되었다.

24년 동안 죄책감에 시달려 온 '술 취한 코끼리(존 플러머)'는 워싱턴 재향 군인의 날 기념식에서 킴 푹 앞에 무릎을 꿇는다. 킴 푹은 누구나 잘못과 실수를 할 수 있음을 알고 진정한 용서를 베풀었다.

실수나 잘못은 우주정신의 한쪽 면이다. 온우주도 처음부터 완벽하게 창조된 게 아니다. 열탕처럼 너무 뜨겁고 죽순같이 땅이 일어서고 또 어떤 때는 얼음처럼 너무 차갑고… 이렇게 뒤죽박죽 하는 과정에서 온전한 모습을 찾은 것이다. 그렇기 때문에 우주정신의 축소판인 우리에게 실수나 잘못은 자연스러운 일이다.

우리는 실수나 잘못을 통하여 전인체로 성장한다. 성장의 촉매제인 실수나 잘못이 멀리 달아나지 않도록 마음의 문을 열어놓자. 나의 마음의 문은 나뿐만 아니라 너에게도 열려있다.

킴 푹 78

▶ 분노의 감정 다스리기

용서의 최대 걸림돌은 분노의 감정이다. 길을 가다가 돌부리에 발끝이 걸려 넘어졌다고 생각해보자. 이때 우리는 돌멩이를 탓해야 하는가, 아니면 재수 없이 넘어진 나를 탓해야 하는가? 애초부터 돌멩이는 그곳에 있었으므로 탓할 수 없다. 돌멩이는 있어야 할 곳에 있을 뿐이니까. 그렇다면 부주의한 자신을 책망해야 옳은가? '조금만 주의를 기울였다면 넘어지지 않았을 텐데'라고 말이다.

원인을 어디에 귀인 시키느냐에 따라 분노의 감정이 달라진다. 내 안으로 원인을 돌릴 때는 분노의 감정이 덜하다. 왜냐하면, 우리는 자기 자신을 보호하려는 강력한 욕구를 지니고 있기 때문이다. 스스로를 공격하는 분노의 감정을 오래 간직하고 싶지 않다.

그래서 분노의 원인을 밖에서 찾으려 한다. 분명히 돌멩이에게 죄가 없다는 사실을 알고도 화풀이하고 싶어진다. 만약 화풀이의 대상이 감정을 지닌 사람이라면 분노는 일시적으로 끝나지 않는다.

가치
통섭

극단적인 예를 들어보자. 어머니의 귀를 물어뜯은 사형수의 얘기다. 형장의 이슬로 사라지기 직전, 그가 모친의 귀를 물어뜯은 이유는 무엇일까?

"내가 처음 도둑질을 했을 때, 왜 따끔하게 야단치지 않으셨는지 원망스럽다. 내가 이 지경이 된 것은 어머니 때문이다."

그는 살인죄로 생을 접어야 하는 마지막 순간에도 분노의 화살을 다른 사람에게 날리고 있는 것이다.

혹시 주체할 수 없는 분노의 감정을 느끼는가? 그렇다면 심호흡을 하면서 떠오르는 생각을 중단하는 '사고 중단법'을 사용해보자. '멈춰, ～생각' 이렇게 말하며 복식호흡으로 흥분된 감정을 진정시킨다. 만약 상대가 코앞에 있다면 잠시 화장실 같은 곳으로 자리를 피하는 방법도 도움이 된다.

한 남자가 생전에 그토록 만나기를 원했던 천사들을 죽어서 보게되었다. 천사들은 백옥같이 하얀 피부에 흰옷을 걸치고 있었다.

그런데 천사들의 얼굴에 푸른 멍 자국이 선연했다. 어떤 천사는 그렇지 않지만 대부분 한두 개의 멍이 얼굴에 나 있는 것을 보고 남자가 물었다.

"아니, 어찌 된 겁니까? 악마에게 구타라도 당하신 건가요?"

남자의 질문에 '악마는 천국에 올 수 없다'고 한 천사가 대답했다. 멍든 천사들의 사연이 궁금해진 남자가 재차 물었다.

"그럼, 도대체 누가 천사님들을 이 지경으로 만든 겁니까?"

남자의 끈질긴 추궁에 마지못해 한 천사가 말했다.

"우리 천사들은 각자 담당하고 있는 인간계의 구역이 정해져 있어요. 그런데 그 구역 사람들이 분노를 표출할 때마다 대신 이렇게 멍이 든답니다."

옆에 있던 다른 천사도 입을 열었다.

"멍이 너무 많이 든 천사는 얼굴을 들 수 없어서 자신이 맡고 있는 구역에 내려갈 수 없게 되지요."

남자는 천사들의 말에 탄식하며 울부짖었다.

"아, 그래서 그토록 간절히 기도했건만 천사를 만날 수 없었구나."

▶ 불필요한 죄책감 없애기

공항으로 가던 승용차가 가드레일을 들이받는 사고로 그 안에 타고 있던 신혼부부가 죽고 운전자는 크게 다쳤다. 몇 달 후 병원에서 퇴원한 운전자는 심한 죄책감에 시달렸다. 왜 그날 자신이 차를 몰아야 했는지 용서가 되지 않는다.

우리는 때로 예고 없이 찾아온 불행의 책임을 자신에게 덮어씌우고 죄책감에 시달린다. '만약 ~하지 않았더라면' 가정법을 써가며 후회하고 또 후회한다. 그러나 아무리 후회해도 죄책감은 사라지지 않는다. 죄책감이 사라지지 않는 한 우리는 자신을 용서할 수 없다. 비록 선의로 한 일일지라도 결과에 대한 책임감을 날려버릴 수 없다. 대부분의 사람들이 죄책감에 괴로워하는 이유는 그런 짐을 지는 게 당연하다고 생각하기 때문이다. 당연시하는 생각이 스스로를 자책의 도가니로 몰아넣는다.

그러나 우리의 운명은 아무도 모른다. 우리가 삶을 선택한 것이 아니라 삶이 우리를 선택했다. 그래서 죽을 사람은 접시 물에도 빠져 죽는다고 하지 않던가. 예측할 수 없는 운명에 죄책감을 가질 필요는 없을 것이다. 자책과 회한은 잠시 잠깐이면 충분하다. 죄책감에 빠져 있는 자신을 방치하지 말고 털고 일어나 일상으로 돌아와야 한다. 그렇게 하도록 삶이 우리를 선택했으므로.

　

"자네는 나훈아의 「홍시」를 부르면 꼭 눈물을 글썽이더군. 무슨 사연이라도 있는 건가?"

"음, 어머니 살아생전에 제대로 모시지 못하고 불효를 많이 한 것 같아서 나도 모르게 눈물이 나네. 왜 좀 더 잘 해드리지 못했을까 생각하면 가슴이 아프다네. 어머니 돌아가신지 벌써 3년이 지났는데 그런 내가 용서가 되지 않는구면."

"어디 자네뿐이겠는가? 그건 나도 마찬가지라네. 어머니 생전에는 몰랐는데, 돌아가시고 나니 알 수 없는 죄책감들이 밀려오더군. 그래서 기일이 되면 꼭 홍시를 제사상에 올린다네."

"홍시를 제사상에?"

"그래, 어머니가 홍시를 무지 좋아하셨거든. 자네도 홍시를 드려봐. 노래만 부르지 말고."

어머니에 대한 죄책감에 시달리던 사람이 친구의 말을 듣고 제사상에 홍시를 올리기 시작했다. 제물로 홍시를 준비하던 날, 그는 결심했다. 나훈아의 「홍시」를 더 이상 부르지 않기로.

2) 수 용

▶ 생각이나 취향이 다른 사람과 함께하기

인간관계에서 가장 어려움을 겪는 형태 중 하나가 생각이나 성향이 다른 사람과 함께하는 것이다. 어떤 일을 하려 할 때마다 제동을 거는 사람이 있다면, 여간 불편한 게 아니다. 사실 능력이 부족하면 교육이나 연수 등을 통해서 충분히 보완할 수 있지만, 생각은 마음대로 되지 않는다. 괜스레 그 사람의 생각과 맞서다가 감정의 덫에 걸리기 일쑤다. 처음엔 사소한 의견 차이가 논쟁으로 비화되고 싸움판으로 번지게 된다.

한비자의 '역린(逆鱗)'을 아는가? 용의 턱밑에 난 비늘 말이다. 용은 자신의 등에 사람을 태우고 하늘을 날다가도 역린을 건드리면 즉시 잡아먹고 만다. 일종의 아킬레스건이다. 트로이 전쟁의 영웅 아킬레우스의 약점에 해당하는 것이 역린이다.

감정이 개입된 싸움판에서는 상대방의 역린을 건드리기 십상이다. 격양된 감정은 이성을 마비시키고 상대방의 역린을 찾는다. 그러나 역린을 건드리면 그 사람과의 관계 회복은 매우 어렵게 된다.

왜 우리는 강물에 나를 맡기지 못하고 물살을 거슬러 힘들게 노를 저으려 하는가? 왜 우리는 나와 다른 사람의 생각을 바꾸려 드는가? 만약 나와 다른 생각을 지닌 사람이 있다면 그에 맞는 배를 선물하고 그의 방식대로 노를 젓도록 내버려두는 게 상책이다. 괜히 한 배에 타고 함께 노를 젓게 되면 배는 앞으로 가지 못하고 뱅뱅 돌기 마련이다.

그런 사람과는 한 배를 타는 것보다는 각자 다른 배를 타고 강 위에 떠 있는 게 낫다. 그것이 진정한 '함께하기'이다.

물론 유연한 사고로 생각의 전환이 이뤄져 타협이 가능하다면, 같은 배를 타고 함께 가는 게 최상이다. 그러나 그럴 가능성이 없다면 굳이 한 배 타기를 고집할 이유는 없다.

두 명의 어부가 한 배를 타고 고기잡이에 나가기로 했다. 마침 서풍이 불어와 한 어부가 말했다.

"서풍이 불어오니 서쪽으로 가자고."

"아니야, 동쪽으로 가야 해. 바람 부는 반대 방향으로 가야, 고기가 잘 잡혀."

"모르는 소리, 바람 부는 쪽이야."

이렇게 두 어부는 배를 띄워놓고 옥신각신했다.

이들의 언쟁을 지켜보던 동네 사람이 다가 와 말했다.

"고기는 바람의 방향과는 상관없는 것 같은데, 왜들 싸우나?"

두 어부는 동네 사람의 말류에도 입씨름을 멈추지 않았다. 감정이 격해진 두 사람은 이제 고기잡이와는 아무런 상관없는 사적인 일까지 들추어대며 서로를 공격했다. 이대로 가다간 멱살잡이를 할 정도로 격해졌다.

이를 보다 못한 동네 사람이 두 사람을 뜯어말리며 중개를 섰다.

"자, 이제 그만. 이보게들 어린애처럼 왜들 그러나? 내 배를 빌려줄 테니 각자 따로따로 고기잡이를 가는 게 어때?"

동네 사람의 제안을 받아들인 두 어부는 자신이 주장했던 서쪽과 동쪽 방향으로 각각 배를 저어갔다.

그런데 해 질 녘이 되어 두 사람의 배가 나란히 들어오고 있었다. 이를 이상히 여긴 동네 사람이 물었다.

"아니, 떠날 땐 원수처럼 싸우더니 어찌 된 일인가?"

두 어부가 히죽거리며 대답했다.

"서쪽 바다에서 고기를 잡는데 영 신통치 않아. 그래서 혹시나 해서 동쪽으로 가는데, 이 친구가 오더군. 알고 보니 이 친구도 동쪽 바다에서 허탕을 치고 나랑 똑같은 생각을 한 거야. 그래서 자네 말대로 바람이 부는 방향과는 상관없는 북쪽으로 가서 함께 고기를 잡고 오는 길일세."

▶ 서로 다른 점을 인정하기

시장을 둘러본 적 있는가? 다양한 간판들과 물건들…. 서로 다른 것들이 공존하고 있는 현장이다. 아마 시장에 활력이 넘치는 이유가 여기에 있을 것이다. 생선 가게든 잡화나 그릇 가게든 서로 인정하고 장사를 한다. 어쩌면 서로 다르기 때문에 싸울 필요가 없는지 모른다. 모든 가게가 같은 품목을 진열하고 있다면 경쟁심리가 발동하리라.

한 사람이 홍어를 사기 위해 수산시장에 갔다. 비좁은 시장을 누비다가 드디어 홍어 전문점이 있는 코너에 도착했다. 주변을 둘러보니 홍어 전문점이 여러 곳 있었다. 그는 그 가운데 한 곳에 들어가 홍어를 주문한 다음 가게 주인에게 물었다.

"사장님, 똑같은 홍어 전문점이 이렇게 많으면 경쟁이 심할 텐데 괜찮으세요?"

다소 민감한 질문을 받은 가게 주인은 웃으면서 다음과 같이 말했다.

"가게는 똑같지만, 홍어들은 똑같은 게 아니잖아요. 우리 가게는 100% 국산만 취급해요. 그래서 다들 많이 찾아와요."

똑같아 보이는 홍어도 똑같지 않다는 얘기가 주는 교훈은 무엇인가?

우리가 사는 세상도 마찬가지다. 사회는 인간시장이라 할 수 있다. 생김새부터 내면의 보이지 않는 부분까지 서로 다른 사람이 사회 곳곳에 시장판을 벌려놓고 있다. 각각의 사람들은 우월을 따질 수 없고 서로 다를 뿐이다. 그들은 하는 일이 다르고 가는 길이 다르다. 나와 다른 일을 한다고 해서 그 사람을 무시할 이유는 없다. 우리는 각자 자신의 길을 가고 있을 뿐이다. 나보다 우월해 보이는 그 사람의 능력도 나와 다른 일면에 불과하다.

이렇듯 동일 선상에서 비교하는 마음을 접으면 서로 다른 세계가 이해된다. 그러니 서로 다른 점을 인정하자.

다양한 물건이 진열된 시장 79

다양성을 표현한 신흥우 작『재즈』80

▶ 있는 그대로 상황을 보기

"돼지 눈에는 돼지가 보이고, 부처님 눈에는 부처가 보입니다."

이성계가 "대사는 돼지 같소."라고 농을 걸자, "전하는 부처님입니다."라고 응수한 뒤 무학이 한 말로 유명하다. 정말 돼지 눈에는 돼지가 보이고, 사람 눈에는 사람이 보일 수밖에 없다. 세상은 보는 대로 보이게 마련이다. 우리는 자신의 눈으로 세상을 보고 판단한다. 상황을 보는 객관적인 시각이 부족하다.

그리스의 유명한 도둑 프로크루스테스를 아는가? 이 도둑은 사람을 잡아다가 자신의 침대에 묶어놓고 밖으로 나온 만큼 자르고, 부족한 만큼 늘려서 죽였다. 주관주의의 전형을 보여주는 사례다. 우리가 있는 그대로의 상황을 보지 못하는 것은 자신이 지닌 주관에 대한 애착 때문이다. 우리는 내가 보고 느낀 것이 진실이며, 그것은 인정되어 마땅하다고 생각한다.

그러나 모든 것은 상대적이다. 내가 보는 관점은 내 안에서 옳을 뿐이다. 그것이 다른 사람에게 통용되려면 설득력 있는 객관성이 뒷받침되어야 한다. 물론 그 출발점은 있는 그대로 상황을 보려는 마음에서 비롯된다.

장자의 다음 경구는 그래서 유효하다.[30]

"학의 다리가 길다고 자르지 말라."

시골 농장에 사는 새끼돼지와 엄마가 산책을 나왔다.

"꿀꿀. 엄마, 내 코는 왜 이렇게 맥주병처럼 큰 거야?"

"쿨쿨. 아니다. 너의 코는 박카스 병처럼 아담하단다."

"꿀꿀꿀 꿀꿀. 정말? 그런데 내 귀는 왜 이렇게 마른 풀처럼 죽었어?"

"쿨쿨 쿨쿨. 아니다. 너의 귀는 이제 막 싹트는 토란잎 같아."

"꿀꿀. 정말? 그럼, 왜 내 꼬리는 용수철처럼 돌돌 말렸어?"

"쿨쿨. 아니다. 너의 꼬리는 문고리처럼 예쁘게 생겼다."

"꿀꿀 꿀꿀꿀. 엄만, 참 이상해. 언제는 있는 그대로 나를 보라고 하고선 자꾸 '아니다'라고 하는 거야?"

3) 신 뢰

▶ **자신과 사람을 믿기**

옛날에 한 신하가 사신으로 먼 길을 떠나기 전에 왕을 알현하고 한 가지 질문을 던졌다.

"만약 어떤 사람이 '대낮에 사람이 많은 저잣거리에 호랑이가 나타났다'고 고하면 믿으시겠습니까?"

당연히 왕은 "아니다."라고 대답했다. 그러자 신하는 "또 다른 사람이 같은 말을 하면, 그래도 믿지 않으시겠느냐?"고 물었다. 왕은 이번에는 "글세."라고 대답했다. 그런데 신하는 여기서 멈추지 않고 세 번째 사람을 등장시켜 똑같은 질문을 했다. 연이은 신하의 질문에 왕은 무엇이라 대답했을까?

신하는 자신이 없을 때 일어날 일에 대비해 왕의 신임을 우회적으로 확인한 것이다. 그는 정적의 농간으로 자신에 대한 왕의 믿음이 흔들릴 수 있음을 염려했다. 실제로 이 사람은 우려했던 대로 왕의 신임을 잃고 실각하고 만다.

참으로 사람의 마음은 알 수 없다. 믿음을 갖기도 어렵고, 그 믿음을 유지하기는 더욱 어렵다. 그래서 어느 기업은 다음과 같은 인사 원칙을 내세우나 보다.

"의심 가는 사람은 뽑지 말고, 한 번 등용했으면 의심하지 말라."

모든 일의 출발점은 사람이다. 어떤 사람과 어떤 관계를 맺는지가 중요하다. 그리고 그 관계의 중심에 믿음이 있다. 그러니 믿을 수 없다면 관계를 맺지 말고, 한 번 관계를 맺었으면 의심하지 말고 믿어줘야 한다. 인간관계에서 가장 기본은 신뢰이기 때문이다.

가치
통섭

▶ 잔소리하지 않기

한적한 시골 골목길을 산책하다 보면 집 지키는 개들이 밥값 하느라 소란을 떤다. 집 근처를 지날 때마다 시끄럽게 짖어대는 통에 짜증이 날 정도다. 여기서 멍멍, 저기서 멍멍. 정말 속된 말로 개판이다.

그런데 인간사에도 개판을 만드는 사람이 있다. 어떤 일을 할 때마다 시시콜콜 간섭하는 사람이 그 주범이다. 이 사람의 주특기는 잔소리다. 동양화가 주는 여백의 묘미를 모르는 사람이다.

동양화는 채움의 예술이 아니라 비움의 예술이다. 담백하고 시원한 느낌은 여백으로부터 나온다. 보는 사람은 빈 공간에 자기 나름대로 그림이나 글씨를 쓴다. 작가는 감상하는 사람이 최종적으로 작품을 완성하기를 바라고 여백을 둔다.

지방의 한 미술관에서 동양화 전시회가 열렸다. 약 100점가량 출품된 제법 규모 있는 행사였다. 그런데 전시작 가운데 특히 주목을 끄는 작품이 하나 있었다. 아무런 채색도 없이 백지 상태로 벽에 걸려있는 작품이었다. 『공 그리고 채움』이란 제목이 붙어있고, 「마음으로 그리는 그림」이란 부제가 달려있었다.

발상의 전환이 독특한 작품이 아닐 수 없다. 작가 중심의 일방적 그림과는 차별화된 쌍방향 중심의 작품이랄까?

인간관계도 그렇다. 쌍방의 노력으로 관계가 성립되는 것이다. 상대방이 채울 관계의 여백을 주지 않고 자신이 모든 걸 주도해버리면, 상대는 기겁을 하고 도망가 버린다. 자신의 존재가치를 발견할 수 없는 관계는 무의미하기 때문이다. 그러므로 상대방이 들어올 수 있는 일말의 여백을 남겨놓아야 한다.

조금 어설퍼 보여도 그 사람 몫으로 인정하고 끝까지 기다려주는 미덕이 필요하다. 만약 잔소리를 하고 싶어 입이 근질거린다면, 쌍방향 중심의 그림을 떠올려 보는 건 어떨까?

▶ 사람들을 조정하려 들지 않기

조련사가 말발굽에 밟혀 병원 응급실에 실려 오는 사태가 발생했다. 어제 오후에 평상시처럼 어린 말을 훈련시키던 중 발생한 일이다. 그는 5년 넘게 조련사 일을 해오고 있던 터라 흔치 않은 불상사였다.

조련사는 문병 오는 사람들에게 자초지종을 털어놓았다.

"말도 여러 종류에요. 성질 고약한 놈을 만난 거죠. 그런 놈을 억지로 훈련시키려다 보니, 오히려 제가 당한 거죠. 어제만 해도 하도 반항하기에 고삐를 바싹 쥐고 힘겨루기를 했더니, 갑자기 날뛰더군요."

하찮은 말도 반항하는 데 사람인들 오죽하겠는가? 사람들 간의 갈등은 대부분 의도한 목적에 상대방을 꿰어맞추려는 시도 때문에 발생한다. 마치 퍼즐 맞추기 게임처럼 이미 밑그림을 그려놓고 필요에 따라 사람을 써먹는 식이다. 나무들을 철사로 옭아맨 분재를 보았는가? 원하는 모양을 만들기 위해 나무들을 학대하고 있는 모습이 결코 좋아 보이지 않는다.

가치
통섭

사람도 마찬가지다. 누군가에게 조종당하는 자신의 모습을 발견하면 비참해지기 마련이다. 생각해보라. 자신을 비참하게 만드는 상대에게 신뢰감이 생기겠는가? 상대와 위계적 권력관계가 있다면 어쩔 수 없이 복종의 자세를 취하지만, 진심은 오가지 않는다. 가장된 진심이 오갈 뿐이다. 겉으로 포장된 진심은 언제라도 단절을 꿈꾼다.

그러므로 진정한 관계를 원하거든 조정하려 들지 말고 진심이 오갈 수 있는 통로를 마련해야 한다. 사람을 움직이는 힘은 진정성에서 나온다는 사실을 기억하자.

분재 81

3. 관용과 심리기제

볼테르는 관용의 실현을 위해서는 우리 내부의 이기적 욕망을 이겨내야 한다고 하였다. 이기적 욕망은 무의식세계의 장기저장고에 저장되어 있다가 언제든지 발현한다. 이것은 생명체의 존재를 유지하기 위한 본능이다. 작업통제관리기는 생명체 유지에 필수적인 본능적 정보-에너지를 최우선적으로 처리한다.

자신에게 불이익을 가져다주는 외부의 정보-에너지는 처리 과정에서 본능적 정보-에너지와 상충된다. 이럴 경우 작업통제관리기는 본능적 정보-에너지와 외부의 정보-에너지를 비교하며 어떻게 처리해야 할지 고심하게 된다. 만약 처리기준을 본능적 정보-에너지에 맞춘다면, 외부의 정보-에너지는 적절히 수용되지 못하고 배타적으로 처리될 수밖에 없다. 작업통제관리기는 외부의 정보-에너지에 대한 반응으로 거부나 무시 같은 부정적 지시를 내릴 것이다. 왜냐하면, 외부로부터 유입된 정보-에너지는 욕구 충족에 유익한 것이 아니기 때문이다. 이것은 이기적 욕망, 즉 본능적 정보-에너지가 비교우위에 있을 때 얘기다.

그러나 만약 본능적 정보-에너지를 억제하고 외부의 정보-에너지를 우선하여 처리한다면, 다른 반응이 나올 것이다. 물론 작업통제관리기에 탑재된 외부의 정보-에너지는 작업통제관리기의 처리방향에 따라 그 성질이 달라진다. 본능적 정보-에너지와 어느 정도 혼합하여 조합한 형태이거나, 본능적 정보-에너지를 배제한 외부의 정보-에너지의 가공 형태일 수도 있다.

가장 긍정적인 형태의 관용은 후자 쪽에서 나온다. 작업통제관리기의 수준이 높을수록 이타성을 띤 순수한 관용적 반응이 나오리라 예측할 수 있다.

이러한 논점에서 작업통제관리기는 중요한 두 가지 역할을 하게 됨을 알게 된다.

첫째, 관용적 반응의 유도를 위해서는 본능적 정보-에너지를 작업통제관리기가 적절히 제어할 수 있어야 한다. 외부에서 유입된 정보-에너지는 그냥 처리되지 않고, 참조체제로써 정신의 블랙박스(무의식 세계)에 있는 자원을 끌어다 저울질하게 된다.

정신의 블랙박스에 있는 다양한 자원에서 본능적 정보-에너지는 가장 우선적으로 선택될 가능성이 높다. 이는 생존의 문제와 관련되어 있기 때문이다. 그렇기 때문에 본능적 정보-에너지를 제어하는 일은 결코 쉽지 않은 일이다.

둘째, 작업통제관리기가 본능적 정보-에너지를 제어하고 외부의 정보-에너지 중심으로 처리한다고 하더라도 작업통제관리기의 수준에 따라 관용적 반응이 다르게 나타난다. 작업통제관리기는 유입된 정보와 에너지를 재구조화시키는 중요한 역할을 한다는 점은 주지의 사실이다.

이러한 재구조화 과정은 작업통제관리기의 수준과 밀접한 관련이 있기 때문에 관용적 반응에 차이가 발생한다. 최선의 관용적 행동은 최상의 작업통제관리기로부터 나온다.

제9장
겸손

1. 겸손의 개념

태양은 행성들에게 절대적인 빛과 열을 공급해주고도 항상 그 자리에 있다. 그것은 태양이 겸손의 정보–에너지를 품고 있기 때문이다. 우주정신은 태양이 어떤 대가를 바라고 그런 일을 하도록 설계하지 않았다. 그저 자만하지 않고 공손하게 자신이 가지고 있는 자원을 나눠주는 일을 묵묵히 하도록 만들었다. 나무들도 자신의 이파리를 썩혀서 부엽토를 만드는 일을 하면서 대가 없이 그 자리에 서 있다. 어찌 보면 겸손은 자신이 한 일에 대한 대가 없는 표현이다. 너무 자기표현이 강하면 교만해지고, 너무 자기표현이 약하면 비굴해진다. 그래서 겸손은 교만과 비굴의 중간 정도에 있다.

여기서 우리는 겸손이 상대적인 위치에 있음을 알게 된다. 대상과 수평적인 동등한 위치에서 바라볼 때 그 이하가 겸손의 시작이다. 물론 대상은 만나는 사람, 자연이나 사물, 아니면 마음속에서 이는 심상 등이 해당된다. 비교하는 대상의 수준이 높으면 높을수록 겸손의 기준점도 높아질 것이다. 예컨대, 오늘 만나게 되는 사람의 정신적,

사회적 수준이 자신보다 훨씬 높으면 겸손의 기준점도 높아야 한다. 그렇지 않고 정신적, 사회적 수준이 낮은 사람과 같은 기준으로 응대를 하게 되면 비굴하다는 인상을 줄 수도 있다.

이와 반대로 정신적, 사회적 수준이 높은 사람에게 적용하는 겸손의 기준을 정신적, 사회적 수준이 낮은 사람에게 사용하면 교만하다는 말을 들을 수 있다. 이러한 겸손의 상대성은 더 이상 자신을 낮출 수 없을 만큼 낮은 위치로 내려갈 때 그 의미를 상실한다.

그러므로 어느 선까지 자신을 낮출 것인지 판단할 필요가 있다. 무작정 자신을 낮추는 것이 겸손이 아니라는 얘기다. 자신의 자존감을 지키면서 대상과의 원만한 관계가 유지될 수 있는 선이 겸손의 기준점이다. 그렇다고 해도 그 기준점을 정하는 것은 본인이기 때문에 개인마다 다를 수밖에 없다.

서로 다른 겸손의 기준점을 지닌 사람들이 만나면 오해나 불신이 생길 가능성도 있기 마련이다. 예컨대, 대화 도중 언급된 사회적 지위나 물질적 부가 상대방에겐 불쾌감의 요인으로 작용할 수 있다. 상대방이 경험한 불쾌감은 자신이 설정한 겸손의 기준이 상대방의 그것과 맞지 않은 데서 비롯된다. 이러한 겸손의 불일치 현상은 겸손의 기초가 상대성에 있음을 말하여 준다.

따라서 겸손은 대상으로부터 관계를 손상시키지 않는 수준에서 자신을 낮추고 불필요한 욕심을 줄이는 과정에서 발휘된다. 말하자면 자신의 마음을 내려놓을 수 있는 통제력이 요구된다. 이러한 통제력을 바탕으로 자신이 설정한 겸손의 기준 이하에 있는 성과나 공적은 겸허하게 받아들이지만, 기준을 초과한 것은 다른 사람에게 넘기는 아량이 나타난다. 그러므로 겸손은 배려의 마음이며 봉사의 정신과 맥을 같이한다. 다른 사람의 입장을 먼저 생각하고, 자신에게 필요한 것이 다른 사람에게도 필요하다는 사실을 인정하고 받아들인다.

이렇게 볼 때 겸손은 어떤 일을 하고도 공을 내세우지 않고 다른 사람에게 그 공을 넘기는 큰 도량이며, 공손하게 자신을 낮춰서 표현하는 태도 속에 숨어있는 가치라 하겠다.

2. 겸손의 구성요소

1) 예 의

▶ **아랫사람에게 공손하기**

흔히 아랫사람에 대한 하대를 당연하게 생각한다. 심지어 알게 된 지 얼마 되지도 않았는데 쉽게 말을 놓는 사람도 있다. 물론 친근감의 표시일 수도 있으나, 하대 받는 사람의 입장에서 기분이 상할 수 있다.

우리는 누구나 자신을 존중해주는 사람을 좋아한다. 아무리 지체 높은 어른일지라도 함부로 하대하는 말을 사용하면 기분이 상하기 마련이다.

'박가 놈과 박 서방' 얘기를 교훈 삼아 실천해보자.

옛날 어떤 양반이 푸줏간에 와서 "이봐 박가 놈아, 돼지고기 한 근 다오." 하며 고기를 주문했다. 그런데 뒤에 서 있던 다른 양반이 "이봐요. 박 서방, 나도 돼지고기 한 근 주시게." 했다.

그 뒤 어떤 일이 벌어졌겠는가? 똑같은 한 근인데 얼핏 보아도 나중에 자른 고기의 양이 많았다. 그래서 먼저 온 양반이 "어찌 똑같은 한 근인데 차이가 나느냐?"고 따졌다. 이때 응수가 멋지다.

"나으리 것은 박가 놈이 자른 것이고, 저 손님 것은 박 서방이 자른 것입니다."

▶ 잘못했을 경우 사과하고 용서 구하기

한 젊은 남자가 헐레벌떡 뛰어가고 있었다. 청년은 두리번거리며 누군가를 찾는 게 분명했다. 한참을 더 뛰어가던 그는 드디어 누군가를 붙잡고 섰다.

그는 숨을 몰아쉬며 말했다.

"저기요. 저기, 죄송해요. 아까 제가 잘못 알고 길을 엉뚱한 데로 알려드렸어요. 이쪽이 아니고 저쪽 사거리를 돌아 오른쪽으로 가셔야 해요."

알고 보니 그는 잘못 알려준 길을 바로잡아주기 위해서 행인을 뒤쫓아 온 거였다.

잘못을 저지르고 난 뒤 사과하고 용서를 구한다는 것이 생각보다 쉽지 않다. 잘못을 인정한다는 자체가 자존심 상하는 일이기 때문이다. 거기다가 사과까지 하고 용서를 구하는 일은 자신을 최대한 낮추고 자존심을 버리지 않고서는 불가능하다.

그렇다면 의문이 든다. 왜 어떤 이는 자신의 잘못을 쉽게 인정하고 용서를 구하는데, 어떤 이는 오히려 적반하장(賊反荷杖)으로 나오는가?

우리가 흔히 겪는 교통사고 장면으로 가보자. 요즘에는 많이 줄었지만, 아직도 큰소리치는 사람이 왕왕 있다. 분명 자신이 가해자인데 피해자처럼 군다. 정말 기가 찰 노릇이다. 이 사람은 용서를 구하기는 커녕 잘못을 상대방에게 뒤집어씌우기 바쁘다. 하찮은 개에도 견격이 있다는데, 도무지 인격적으로 대할 수 없다.

도대체 이 사람의 내면은 어떤 상태이기에 이러는 것일까? 내면이 채워지지 않고 비어있는 사람은 어떤 문제에 봉착했을 때 방어하기 바쁘다. 외부의 압력이나 스트레스를 견딜만한 자원이 부족한 까닭이다.

비슷한 크기의 탁구공과 골프공을 떠올려보자. 두들겨 맞는 일이 주업인 이들 가운데 어느 것이 쉽게 망가지는가? 당연히 속이 비어있는 탁구공이다. 골프공은 금속성의 강한 타격에도 견디어낸다. 탁구공에 가해지는 힘에 비하여 그 강도가 엄청나다. 그런데도 수명이 길다. 내용물이 탄탄하지 않으면 불가능한 일이다.

사람도 마찬가지다. 건강한 자아를 지닌 사람은 내면의 밀도가 촘촘하다. 이런 사람은 자신이 불이익을 당하더라도 그것을 감당할 만큼 내적으로 성숙되어 있다. 그러므로 인격 수양은 삶의 영원한 과제라 할 것이다.

▶ 연장자에게 먼저 인사하기

옛날에 소금장수가 어느 고을을 지나다가 공동묘지 옆에서 잠시 쉬는데 깜박 졸았다. 그는 잠결에 두 사람이 나누는 대화를 들었다.

"아니, 자네 오늘 아랫동네 김개똥 집에 간다며?"

"응, 내가 생전에 다른 것은 다 용서하겠는데 그 집 망나니에게 당한 것이 분해서 도저히 못 참겠네. 그래서 오늘 마침 그 집 할마씨 제삿날이라 화풀이 좀 하고 오려 하네."

다른 사람이 참으라고 말렸으나 그는 씩씩거리며 계속 말을 이어 갔다.

"그 할마씨 손주 김말세가 어른을 봐도 인사도 안 하고 막말을 해 대는 것으로 유명하잖은가? 특히, 나한테는 더 그랬다네."

다음 날 혹시나 하고 소금장수가 김개똥 집을 찾아가 확인해보니 그 집 주인의 안색이 좋지 않았다. 집 주인의 말에 의하면 어젯밤 제사를 지내고 음복을 하는데 아들이 갑자기 배가 아프다며 쓰러졌다는 것이다.

소금장수 얘기를 각색한 것이지만 과거나 오늘날이나 버릇없는 사람은 공공의 적이다. 특히, 어린이, 청소년 할 것 없이 모두 다 어른 행세를 하는 오늘날은 이런 공공의 적이 늘어나는 추세다. 모두가 잘난 때문일까? 상하구분도 없고 위계질서는 낡은 신발처럼 버려졌다.

이제 어른이 아랫사람 눈치를 보는 시대가 되었다. 구박받던 며느리들의 반란인가? 요즘은 시어머니가 며느리 눈치를 살펴야 하는 처지다. 물론 일부의 얘기지만 씁쓸하다.

　흔히 하는 말로 누구나 나이를 먹는다. 그게 순리이다. 언제까지 젊은이로 남아서 활보할 수는 없다. 능력이나 기능은 나이가 들수록 쇠퇴하기 마련이다. 오늘의 우리는 지난날 젊음을 바쳐 일했던 어르신들이 있었기에 존재하는 것이다. 그리고 우리의 젊음은 다음 세대로 넘겨지고 우리 또한 늙게 된다. 그러니 오늘날의 풍요는 우리가 만든 게 아니다. 이전 세대 때, 젊음을 불태웠던 수많은 사람들의 피와 눈물의 대가이다. 이렇게 생각하면 자연스럽게 고개가 숙여지지 않는가? 그 누구도 시간의 흐름에서 벗어날 수 없다.

2) 친 절

▶ 배려의 마음으로 친절해지기

　인간에겐 스스로를 괴롭히는 자학심리(masochism)와 다른 사람을 괴롭히는 가학심리(sadism)가 공존한다. 이 두 가지 심리의 공통점은 '괴롭힘'이다. 자신을 괴롭히든지, 아니면 다른 사람을 괴롭히든지 뿌리는 같다. 가지가 아무리 많아도 한 뿌리에서 나오는 나무처럼 대상만 다를 뿐 '괴롭힘' 방식은 같다. 특히, 가학심리는 남을 괴롭힘으로써 즐거움을 얻기 때문에 이런 사람에겐 친절을 기대하기 어렵다. 친절은 나보다는 상대방을 우선 배려하는 마음에서 나온다.

　처음 들어갈 때 아무렇게나 벗어놓은 신발이 나올 때 보니 잘 정리되어 있는 음식점은 인상적이다. 심지어 신발의 먼지까지 털어서 내놓는 집도 있다. 과다 친절임에 틀림없지만 기분이 좋아진다. 물론 상술의 단면이다. 하지만 어차피 돈을 지불하고 먹어야 하는 음식 아닌가? 공짜가 아닌 이상 친절한 집을 선호하게 되어 있다. 음식 맛이 형편없는 집이 아니라면 다음에도 그 집을 간다.

이왕이면 다홍치마라고 하지 않던가. 이런 집의 메뉴판엔 '친절'이라는 또 하나의 메뉴가 추가되어 있음이 틀림없다. 만약 자신의 내부에서 가학심리가 꿈틀댈 때면, 친절 메뉴가 추가된 음식점을 찾아가 친절을 배우자. 친절을 주문하여 신나게 먹어보자.

어느 비 오는 날 오후, 가구를 판매하는 가게에 노부부가 들어왔다. 갑자기 쏟아지는 비를 피하기 위해서다.

종업원은 노부부를 보고 다가가 의자에 앉아 쉬기를 권했다. 노부부가 잠깐만 있다 갈 거라고 손사래를 쳤지만, 의자를 갖다 주고 따뜻한 차까지 내왔다.

종업원은 다정하게 말했다.

"비가 언제 그칠지 모르잖아요. 그동안 편안하게 쉬었다 가세요."

드디어 비가 그치고 노부부는 종업원에게 고맙다는 인사를 하고 가게를 나갔다.

그로부터 며칠이 지난 후, 한 통의 편지가 날아왔다. 수신자는 종업원이었으며, 발신자는 미국의 유명한 대기업 회장이었다. 편지 안에는 다음과 같은 글이 적힌 종이와 주문서가 동봉되어있었다.

"저의 부모님께 베풀어주신 친절에 감사드립니다. 마침 사무용 가구가 필요했는데, 주문서에 적힌 품목으로 저희 회사에 납품해주시면 고맙겠습니다."

▶ 웃음을 친절의 무기로 삼기

'웃는 얼굴에 침 못 뱉는다'는 말은 상식으로 통한다. 화가 난 상태인데 상대방이 웃고 있으면 자신이 멋쩍어진다. '화냄'은 '웃음'보다 한 단계 낮은 미숙한 행동으로 여겨지기 때문이다. 상대는 여유있게 웃는데, 나는 버럭버럭 화를 낸다면 체면이 말이 아니다. 이제 염치가 없어서 더는 화를 낼 수 없게 된다.

이렇듯 '웃음'은 인간관계를 푸는 효과적인 방법이기 때문에 친절한 사람은 예외 없이 잘 웃는다. 약방의 감초처럼 웃음은 친절의 단골메뉴인 셈이다. 혹시 위기 상황에 직면해본 적 있는가? 그렇다면 웃음이 강력한 무기가 될 수 있음을 알리라.

주차할 곳이 없어 남의 집 대문 앞에 차를 세워놓았다. 깜빡하고 핸드폰마저 차에다 놓고 내린 상태다. 두 시간 후에 돌아와 보니 불도 그처럼 인상을 구긴 중년의 사내가 으르렁댄다. 이때 어떻게 하면 위기를 모면할 수 있을까? 간단하다. 무조건 웃음부터 흘리자. 그리고 친절하게 사과의 말을 덧붙이자.

"죄송합니다. 잠시면 될 줄 알고 이곳에 차를 댔는데, 일이 안 풀려 너무 늦었네요. 정말 죄송합니다."

아마 십중팔구 상대방도 화를 거둘 것이다.

3) 존 중

▶ 타인 물건 구분하여 사용하기

지방 시골 태생의 젊은 사람이 상경하여 서울 근교에서 자취를 하게 되었다. 그가 사용하는 방은 본 건물과 떨어진 행랑채였으나, 별도의 세면장이 없어 본채 옆에 딸린 것을 사용해야 했다. 주인댁은 본채 내에서 생활하면서 이따금씩 바깥 세면장을 이용했다.

그러던 어느 날 여느 때처럼 세수를 하려는데, 주인아주머니가 불쑥 나타나 "왜 남의 집 비누를 함부로 쓰느냐."며 쓴소리를 한다. 사실 그는 세면장에 놓여있는 용품들을 아무 생각 없이 사용해 왔던 것이다.

사정이야 어찌 됐든 만약 우리가 그 사람이라면 어떻게 했을까? 아마 이 일을 계기로 도시생활의 생리를 이해하게 되었으리라.

굳이 시골과 도시를 구분하지 않아도 인간관계의 기본은 서로의 영역을 존중하는 데 있다. 물론 친근감이 쌓이면 다른 사람이 자신의 영역에 들어오는 것을 허락하겠지만, 그럴 경우에도 소유에 대한 구분은 명확해야 한다. 대부분의 사람은 친근하다는 이유로 상대방의 허락도 구하지 않고 물건을 마구 사용하여 핀잔을 들은 경험이 있다. 또 필요한 물건을 빌려다 쓰고는 정작 되돌려주는 것을 소홀히 하여 불쾌한 소리를 듣기도 한다.

이 모두가 소유물에 대한 구분의식이 약하기 때문에 벌어지는 일이다. 그러므로 내 물건이 소중하듯이 남의 물건도 소중하다는 사실을 잊지 말자.

▶ 배타적인 의견 인정하기

우리는 가끔 회의가 난투극으로 끝나는 경우를 목격한다. 정장 차림을 한 신사들의 입에서 험한 말들이 거침없이 튀어나오는 모습을 보고 얼마나 실망했던가. 어떤 사람은 처음부터 싸울 태세로 저돌적인 공격자세를 취하기도 한다. 반대의견을 제시하는 사람은 모두가 적이 되고 마는 형국이다. 이런 사람은 자신의 의견은 옳다는 믿음이 강하다. 물론 자신에 한에서 그 믿음은 옳다. 그런데 다른 사람과의 관계에서 그것은 절대적일 수 없다. 만약 절대적이라 믿는다면 오만이다.

오만과 편견은 인간관계에서 가장 경계해야 할 요소다. 이런 오만과 편견은 종종 광신도 같은 열정을 불러일으켜서 더욱 어려운 지경을 만든다. 이런 곳에는 이성은 더 이상 유용하지 않다.

자신의 의견에 반대하는 사람을 도마 위에 올려놓고 감정적으로 썰어댄다. 그 죄목은 '괘씸죄'다. 괘씸한 인간과 타협의 여지는 없다. 검은 콩, 하얀 콩 둘 중에 하나를 선택하도록 압력이 가해진다.

유명한 지록위마(指鹿爲馬)의 얘기를 아는가? 왕보다 강한 권력을 가진 실력자가 어전회의에서 사슴을 가리켜 말이라 한다. 이때 다른 대신들은 어떤 반응을 보였을까? 짐작하겠지만 사슴이라고 말한 사람은 왕밖에 없다.

우리의 일상에도 이런 일은 종종 발생한다. 그러나 물감을 섞으면 회색도 나온다. 타협과 절충의 묘미는 잘 섞는 데 있다. 겸손한 마음으로 나와 다른 의견을 수용하여 잘 섞어보자. 그랬을 때 멋진 작품이 나오지 않겠는가?

옛날 정치적인 견해 차이로 대립했던 두 사람이 있었다. 사화가 발생하여 이미 많은 사람이 죽거나 귀향길에 오른 뒤에 두 사람이 마주 앉게 되었다.

"어찌하여 나를 이렇게 후하게 대접하는 것입니까? 나는 대감의 의견에 따르지 않았을뿐더러 대감을 죽일 작정까지 한 사람이오."

"그대가 다른 사람처럼 내 의견에 반대하지 않았다면 나는 교만해져서 반대파에 의해 무참히 죽임을 당했을 것이오. 그러니 그대야말로 나의 생명의 은인이 아니오."

▶ 다른 사람의 몫을 챙겨주기

"주인 부부께서는 이 집안의 우두머리이므로 닭의 머리를 드렸고, 두 아드님은 이 집안의 기둥이므로 다리를 주었으며, 두 따님은 언제라도 날개가 돋쳐 시집을 갈 것이므로 날개를 주었습니다. 그리고 저는 배를 타고 여기에 왔고, 다시 배를 타고 돌아가야 하기 때문에 배처럼 생긴 몸통을 가진 것입니다."

요리한 닭의 부위를 7명 각각에게 분배한 어느 유대인의 말이다.[32] 분명한 이유를 들어 몫을 나누는 지혜가 놀랍다. 그는 사람들이 자신에게 할당된 몫이 못마땅하더라도 그에 합당한 이유가 있다면 수긍하기 마련이란 사실을 알고 있었다. 누구나 합당한 몫이 있고 그에 따른 분배는 정당하다는 논리는 매우 설득력 있어 보인다.

사실, 우리는 각자 자신의 몫이 있다. 그 몫의 많고 적음은 차치하더라도 일의 성과에 따라 나눠야 할 몫이 있다. 아주 작은 몫이라도 인정해주었을 때 서로 존중하는 풍토가 조성된다. 너무 욕심을 부려 통닭 전체를 혼자 먹으려 하다가는 필시 말썽이 나고 만다. 자신이 상대적으로 중요한, 또는 더 많은 일을 했다고 해서 다른 사람의 몫을 무시해도 된다는 얘기가 아니다.

그렇기 때문에 자신의 몫을 주장하기에 앞서 다른 사람의 몫부터 챙겨주어야 한다. 다른 사람의 몫을 챙겨주는 일은 그 사람의 존재를 인정한다는 겸손의 표현이다. 사실 그 어떤 일도 혼자서 이뤄낸 성과는 없다. 달콤한 성과 뒤에는 많은 사람들이 연관되어있기 마련이다.

동호인 마을을 조성하기 위해 집을 지을 수 있는 임야를 회원들이 공동구매하게 되었다.

모임을 주도하는 회장은 일반 회원들이 먼저 원하는 땅의 위치를 선정하도록 하였다. 땅의 면적은 충분하였으나, 위치를 정하는 일은 매우 민감한 사안이었다. 회원들은 협의 끝에 입주시기에 따라 순번을 정하고 차례차례 위치를 정하기로 했다.

이제 막 위치 지정이 시작될 즈음, 한 사람이 나서서 말했다.

"회장님의 위치 지정은 어찌 되나요?"

회원들은 아차 싶었다. 그들은 자신의 몫을 챙기기 바빠서 정작 회장의 몫을 챙기지 못했음을 깨달았다. 그들은 이 문제를 해결하기 위해 모여서 의논했다. 우선 먼저 회장 몫으로 돌아갈 땅의 면적을 정하는 게 순서였다. 여러 차례 모여서 의논한 결과, 회장의 몫은 회원들이 신청한 땅의 면적을 비율에 따라 공제해서 주기로 결정됐다.

이번에는 회장의 위치 지정순위가 도마에 올랐다. 회장이 먼저 지정하면 나중에 지정하는 사람은 불리할 수 있었다.

이를 논의하기 위한 협의회가 열리던 날, 한 사람이 조심스럽게 발언했다.

"회장님이 없었으면 오늘의 이 모임은 있지도 않았습니다. 그동안 수년을 고생하셨는데, 합당한 보상을 해드리는 게 당연하다고 생각합니다."

사실 다른 회원들도 이의를 제기할 수 없을 만큼 회장은 1등 공신이었다. 그것을 인지한 회원들은 회장에게 위치 지정 우선권을 주자는데 동의하였다.

3. 겸손과 심리기제

사람은 누구나 칭찬받기를 좋아하고, 성공경험을 원한다. 이들 칭찬이나 성공경험 속에는 당연히 긍정적 정보-에너지가 들어있다. 달콤한 사탕 같은 긍정적 정보-에너지는 선호도가 높을 수밖에 없다. 긍정적 정보-에너지의 축적은 곧 자아 성장, 또는 자신감과 연결되기 때문이다. 이러한 이유로 긍정적 정보-에너지를 계속해서 찾게 된다. 마치 단맛에 길들여지면 이빨이 썩는 줄도 모르고 사탕을 먹어대는 경우와 같다.

그러나 이것이 너무 지나치게 개인 무의식 장기저장고에 저장되면, 긍정가치 편중형이 되어버린다. 편중된 정보-에너지는 일종의 마약과 같아서 다양한 외부의 정보-에너지에 대한 작업통제관리기의 민감한 반응을 감퇴시킨다. 작업통제관리기가 익숙한 정보-에너지들(칭찬, 성공, 보상 같은)만 추출하여 손쉬운 반응을 하도록 유도하는 경향이 있다. 그 결과 외부로부터 유입되는 다양한 정보-에너지 가운데 가치편중 현상을 가속화시키는 일부만 선택적으로 수용하는 악순환이 계속된다. 말하자면 특정가치(정보-에너지)에 중독되는 현상이 심화된다.

이러한 가치의 중독현상은 현실감각을 둔화시키기 때문에(현실은 다양한 가치가 뒤섞여 있음) 비정상적 행동(지나친 자신감, 오만함 등)을 유발하기 쉽다. 만약 작업통제관리기가 어느 정도 성숙되어 있다면, 이러한 위험성을 인지하고 겸손과 관련된 정보-에너지에 집중하게 될 것이다. 말하자면 작업통제관리기가 가치의 중독현상을 얼마나 조절할 수 있느냐가 관건이다. 이것은 작업통제관리기의 균형감각의 중요성을 말해준다.

작업통제관리기가 충분히 발달되어 있다면, 외부의 정보-에너지를 편중되지 않게 받아들이고(듣기 좋은 칭찬뿐만 아니라 질책 같은 귀에 거슬리는 정보-에너지) 처리하여 개인 무의식 장기저장고에 저장하게 될 것이다. 이렇게 작업통제관리기가 제대로 작동할 때 가치의 편중현상으로부터 비롯되는 비정상적 행동은 줄어들 수 있다.

제10장
절 제

1. 절제의 개념

절제는 모든 것을 분에 넘치지 않도록 알맞게 조절한다는 뜻이다. 동물들도 양육환경이 좋을 때는 새끼를 많이 낳아 기르지만, 먹을 것이 충분하지 않고 천적 같은 위험요소가 많을 경우 새끼를 적게 낳는다. 뿐만 아니라 배가 부르면 더 이상 사냥을 하지 않고 쉬기만 한다. 식물들도 봄에 싹을 틔우고 가을에 열매를 맺지만, 겨울이 오면 성장을 멈추고 휴면기간을 갖는다.

이렇듯 절제는 우주정신의 발현임을 알 수 있다. 우주정신은 온우주에 절제의 정보-에너지를 심어놓았다. 그것은 한쪽으로 치우치지 않고 중용을 지향하는 정보-에너지다. 구심력에 상응하는 원심력이 있어 행성들의 운항이 순조로워지고, 과식과 소식 사이의 균형 잡힌 식사를 통해 건강이 유지되는 바와 같다. 말하자면 서로 상반된 정보-에너지를 조화시키기 위해 필요한 것이 절제이다. 예컨대, 자유는 방종과 억압 사이를, 겸손은 비굴과 자만을 중도에서 조절한 결과이다.

따라서 절제의 본질은 자연성에 대한 내면적 지배에 있다. 선천적으로 주어진 감정, 본능, 충동, 정열 등의 정보–에너지를 이성적인 제어 과정을 통하여 정보–에너지 체계의 균형을 유지시키는 일이 절제이다. 사실, 방종이나 자만 등 어느 한쪽으로 치우친 정보–에너지는 반대과정이론에 따라 상반된 정보–에너지가 발생하게 되어 있다. 즉, 방종에 빠지면 공허감이나 허무 같은 불유쾌한 감정이나 정신적 공황을 맞게 된다.

우리는 우주정신이 모든 것을 쌍으로 설계했다는 점을 상기할 필요가 있다. 항상 어느 쪽이 차면 어느 한쪽은 비게 마련이다. 이러한 점에서 절제를 통한 중도의 지향은 자연스런 현상으로 볼 수 있다. 과음으로 인한 숙취로 고생한 사람이 술을 삼가게 되는 경우가 하나의 예일 것이다.

이렇듯 절제는 자연스러운 가치이지만, 그것이 발휘되는 순간은 인위적인 노력이 필요하다. 왜냐하면, 절제는 쾌락이란 강력한 도전을 받기 때문이다. 절제는 대부분 욕구의 충족이 극에 달했을 때 발휘되어야 하지만 '쾌락 〉 절제' 공식에서 밀리고 만다.

이러한 점에서 절제는 이성적 통제력이 중요하다. 우리가 흔히 말하는 극기라든지 인내가 이에 해당한다. 공자의 '극기복례(克己復禮, 자신의 마음을 다스려 사람다운 도리를 다하다)'나, '고진감래(苦盡甘來, 참고 견디면 그 결과는 달콤하다)' 같은 경구는 인위적 노력의 중요성을 말해주고 있다.

결국, 절제는 분에 넘치지 않도록 감정적 욕구를 이성으로써 제어하는 내면적 자기 통제의 근원적 힘이 되는 가치라 할 수 있다.

1) 중 용

▶ 욕망의 통제선 지키기

'넘치는 것은 모자람만 못하다'고 했다. 귀에 익숙한 말이지만 일상생활을 하다 보면 놓치기 쉽다. 어느 선에서 멈춰야 할지 분간이 안될 때가 많다.

적국 고구려의 고승 도림의 꾀에 빠져 나라를 위기에 빠뜨린 백제 개로왕의 얘기는 귀감이 된다. 바둑을 미끼로 접근한 도림의 허영심 유발작전에 보기 좋게 넘어간 백제 개로왕. 왕실의 위엄이 나라의 발전에 도움이 된다는 도림의 달콤한 말에 왕의 욕망 통제선은 무너지고 만다.

그러나 절제와 검소가 사라진 결과는 어떠했는가? 왕궁은 화려해졌지만, 재정을 탕진한 백제는 고구려의 침략으로 왕이 죽고 한강유역의 주도권을 상실하지 않았던가.

그런데 여기서 주목할 점은 개로왕을 무너뜨리기 위해 도림이 사용한 전략이다. 그는 바둑을 둘 때 5집 이상 이기지 않는 '서서히' 작전을 사용했다. 마치 프랑스 요리사가 물의 온도를 조금씩 높여서 살아있는 개구리의 감각을 무뎌지게 하여 죽이는 방식이다.

'서서히' 작전에 의해 감각이 무뎌진 욕망은 이제 미끄럼틀을 타기 시작한다. 미끄럼틀을 타본 사람은 알리라. 가속도의 위력을. 가속도가 붙은 욕망은 통제불능상태에 빠지고 만다. '미끄럼틀 원리'에 의해 욕망의 통제선이 제 기능을 잃고 마는 것이다.

우리의 마음은 그만큼 연약하다. 한 번 미끄럼을 타기 시작하면 멈추기 어렵다. 그래서 가장 힘든 일이 마음을 조절하는 것이라 했는지 모른다.

사귄 지 얼마 안 된 청춘 남녀가 여행을 떠났다. 낮 동안 관광지를 구경한 두 사람은 밤이 되어 숙소로 돌아왔다. 숙소는 침대 하나가 놓인 원룸이었다. 그들은 상의하여 따로따로 잠을 자기로 했다. 그리하여 어젯밤은 여자가 침대를 차지하고 남자는 방바닥에서 잠을 잤다.

남자가 불편하게 잠을 자는 모습이 안쓰러워 여자가 말했다.

"오늘은 내가 바닥에서 잠을 잘 테니 침대에서 자."

여자의 제안에 남자는 잠시 생각하더니 말했다.

"내가 바닥에서 잠을 자보니 많이 불편해. 그러지 말고, 침대에서 함께 자면 어때? 단, 침대 가운데에 가방들을 놓아 경계선을 만들자고. 절대 그 경계선을 넘어가지 않는다고 약속할게."

남자의 제안에 고민하던 여자는 절대 경계선을 넘지 않는다는 남자의 다짐을 받고 나서야 승낙했다.

남자는 자신의 말에 책임을 지는 사람이었다. 잠에서 깰 때까지 그는 절대 경계선을 넘지 않았다. 가방이 밀려와 자신에게 밀착되고 있다는 점 말고는 여자도 큰 불만이 없었다. 여행 마지막 날인 3일째 되는 날 밤, 그들은 여전히 그 경계선을 지키며 잠을 잤다.

그러나 아침에 눈을 뜬 남자는 뜻밖의 장면을 목격했다. 가방들이 침대에서 떨어져 있었고 여자는 방바닥에서 새우잠을 자고 있었다.

개구리 요리 82와 미끄럼틀

▶ 일과 여가의 균형 잡기

어떤 이는 일을 하지 않으면 안절부절못하고, 어떤 이는 온종일 빈둥거리며 시간을 축낸다. 일명, 일 중독에 빠진 사람은 뭔가를 하지 않으면 불안하다. 이들은 대개 성취욕구가 강하다. 어린 왕자가 왔는데도 돈 계산하기 바빠서 얘기할 새도 없는 상인과도 같다.

물론 일은 중요하다. 우리는 일을 통해서 성취감을 맛보고 그것으로 생활을 영위한다. 그런데 제방의 한쪽을 쌓는데 열중하다 보면, 다른 곳이 부실해지기 쉽다. 우리의 삶은 일이 전부가 아니지 않은가? 개인적으로도 과로하여 쓰러지는 사람이 있는가 하면 정신적인 문제를 갖게 되는 경우도 있다. 본질적으로 우리는 행복해지기 위해서 일을 한다. 그러나 역설적이게도 일이 행복을 잡아먹는다.

벌레 먹은 복숭아를 떠올려보자.

당도 높은 복숭아 속을 벌레가 야금야금 파먹는다. 벌레는 정말 열심히 일한다. 그런데 벌레가 일을 많이 할수록 복숭아 속살은 줄어든다. 행복을 복숭아에 비유한다면 적절할지 모르겠다.

생태주의자였던 리어링 부부는 복숭아 속살을 갉아먹는 벌레의 함정을 잘 알고 있었다. 그들은 한적한 숲 속에서 '4-4-4 원칙'을 정하고 조화로운 삶을 살고자 노력했다. 4시간 일하고 4시간 취미활동을 하며, 4시간 지역사회에 봉사하면서 균형 잡힌 생활을 실천했던 것이다.

너무 바빠서 친구를 만나 담소하거나 취미를 즐길 시간이 없는가? 그렇다면 여가 시간을 과감히 끌어와야 한다.

반대로, 너무 할 일이 없어 지루한 시간을 보내고 있다면 소일거리라도 만들어보자. 텃밭을 가꾸거나 일당을 주는 일이라도 괜찮다. 손발을 움직여 땀을 흘릴 수 있는 일이라면 소소한 일인들 무슨 상관이랴.

적당한 일은 생계유지뿐만 아니라 정신적 건강까지 챙겨준다. 그래서 공자는 '무항산이면 무항심(無恒産 無恒心)'이라 했다. 일정한 일이 없으면 마음도 허허로울 수밖에 없음을 지적한 말이다.

백장 스님도 "하루 일하지 않으면 하루 먹지 말라."라고 할 정도로 일의 중요성을 강조했다. 일이 없는 일상은 무덤 속 같으니, 지나친 휴식과 여가는 죽음에 이르는 길이다. 균형 잡힌 식단이 필요하듯, 일과 여가가 적당히 조화를 이룬 삶이 몸에 좋은 것이다.

어떤 회사에 다음과 같은 안내문이 공지됐다.

"우리 회사는 내년 1월부터 초과 근무수당을 지급하지 않습니다. 초과근무는 사원들의 업무 과중을 초래하여 생산성을 떨어뜨립니다. 또한, 사원들의 여가 및 휴식시간을 단축시켜 결과적으로 회사에 부정적인 영향을 끼칩니다. 이에 따라 비효율적인 초과근무를 없애는 특단의 조치를 취하게 되었음을 알려드리니, 착오 없으시기 바랍니다."

사원들은 회사의 공고문에 불만을 표시했으나, 정작 1월이 되자 초과근무를 하는 사람이 급격하게 줄기 시작했다. 그로부터 몇 달 뒤 회사를 순시하던 사장은 대부분 불이 꺼진 사무실을 보고 흡족해했다.

그런데 한 부서의 사무실에 불이 켜진 채 사원 한 명이 일하고 있었다. 사장은 그에게 다가가 물었다.

"자네는 왜 아직 퇴근하지 않고 남아있는 건가?"

사원은 채근하는 사장의 말투에 반사적으로 대답했다.

"밀린 일이 있어서 마저 처리하고 가려고요."

"그래, 그렇다면 초과로 근무한 값을 내게 나. 제때에 일을 마치지 못했으니 벌금을 내야 맞지 않은가?"

▶ 자신의 한계 인식하기

모임에 가면 으레 술판이 벌어지기 마련이다. 사람 간의 관계를 맺는 방법으로 이만한 것도 없다. 주거니 받거니 하다 보면, 서서히 마음의 문이 열리니 신기하다.

그런데 술에 대한 오랜 격언이 있다. 처음에는 사람이 술을 먹다가 점차 술이 술을 먹고, 나중에는 술이 사람을 먹는다. 얼마나 많은 사람들이 숙취로 힘든 하루를 보내고 있는가? 자신을 좋아하는 사람들을 골탕먹이는 술의 심술이 사납다. 이런 술의 심술을 아는 사람은 주량을 따진다. 처음부터 자신의 한계를 인식하고 절주할 줄 안다.

우리의 인생도 술자리와 비슷하다. 자신의 한계를 넘어섰을 때 멈출 줄 알아야 한다. 거북이가 토끼를 쫓다가는 말라 비틀어 죽는 법이다. 분명 거북이인데 자꾸 토끼처럼 행동하는 사람은 자신의 한계를 잘 인식하지 못한다.

동물병원에 거북이가 진찰을 받으러 왔다. 어제 있었던 동물들의 체육대회에서 100m 달리기 종목에 출전했다가 뒷다리의 근육이 파열되는 사고를 당한 것이다. 다른 동물들이 장거리 종목을 추천했는데도 굳이 단거리를 선택한 후유증이었다. 거북이는 평소 잘 알고 지내던 토끼가 느림보라고 놀려대지 못하도록 이번 대회에서 뭔가를 보여주고 싶었다. 그러나 경기에서 꼴찌를 하자 1등을 한 토끼가 다가 와 놀려댔다.

"너의 가장 큰 문제점이 뭔지 알아? 자신의 한계를 모르고 오기를 부린다는 점이야."

자신의 한계를 모르면 절제의 기회는 사라지고 만다. 어디에서 멈춰야 할지 모르기 때문에 과욕을 부리고 몸이 망가지기까지 한다. 그만큼 자신의 한계를 아는 일은 중요하다.

▶ 본능적 욕구 조절하기

하느님이 생물제조공장에서 인간을 만들어놓은 채 출고를 하지 않자 공장장이 물었다.

"인간을 힘들 게 만드셨는데 출고를 미루시는 까닭이 무엇인지요?"

"만약 이대로 출고를 하게 되면 리콜할 일이 생기지 않을까 싶어서… 곰곰이 생각해보니 한 가지 실수를 한 것 같구먼."

공장장은 한 가지 실수가 무엇인지 궁금하여 재차 물었다.

"제가 보기엔 지금까지 만드신 생물 중에서 가장 완벽해 보이는데, 어떤 실수를 하신 건지요?"

하느님은 크게 한숨을 내쉰 뒤 다음과 같이 대답했다.

"음, 그게 말이야. 부품을 만들 때 너무 많은 욕망의 코드를 집어넣은 것 같아서…."

우리 몸은 욕망 덩어리이다. 눈은 보기 좋은 눈요깃거리에 초점을 맞추고, 귀는 듣기 좋은 소리를, 그리고 입은 맛있는 음식을 탐한다. 코도 뒤질세라 향기로운 냄새를 쫓아다니기 바쁘다. 허리 밑으로 내려오면 어떤가? 성호르몬이 우리를 가만히 내버려두지 않는다. 이 밖에도 얼마나 많은 원초적 본능이 우리를 지배하고 있는가!

수많은 욕구 가운데 가장 강렬한 것은 무엇일까? 쥐를 대상으로 한 실험은 하나의 힌트가 될 것이다. 쥐들을 실험용 상자에 가둬두고, 며칠 동안 밥도 주지 않은 채 잠을 못 자게 소음을 발생시킨다. 물론 암수를 분리해놓은 상태다. 시간이 지난 뒤 암수로 분리한 칸막이를 연 다음 밥을 주고 소음을 없앤다. 이때 쥐가 취한 행동의 순서는?

먹고 자고 성욕을 발산하는 일은 모든 생명체의 본능이다. 문제는 인간만이 본능 그 이상을 추구한다는 점이다. 우리는 너무 지나치게 먹어서 당뇨병이나 성인병 같은 친구를 불러온다. 결코 반갑지 않은 친구를 쫓아버리기 위해 얼마나 많은 사람들이 지금 이 순간, 전쟁을 치르고 있는가? 남아도는 에너지는 성호르몬의 분비를 촉진하고, 이를 감당하지 못한 사람들이 각종 성 문제를 야기시키고 있다. 그만큼 식욕과 성욕은 우리 자신의 조절 능력을 비웃고 있다. 과다 복용한 약이 엉뚱한 곳에 부작용을 일으키는 격이라 할까?

그러니 이제 적당히 먹자. 어떤 이는 1일 1식으로도 충분하다고 하지 않던가. 에너지의 과다 상태로부터 벗어나 몸을 가볍게 하자. 먹는 것을 조절한 다음 운동이나 취미활동으로 에너지를 발산하면 성욕의 덫에 걸릴 일도 적어진다.

2) 인 내

▶ 일이 안 풀릴 때 원인 파악하기

살다 보면 일이 제대로 풀리지 않아 답답할 때가 있다. 분명 이유가 있을 터인데, 확실한 단서를 잡지 못해 안달이 난다.

이색적인 수업이 펼쳐지고 있는 탐정학교 1학년 1반 교실로 들어가 보자.

교사는 아무렇게나 감겨있는 실타래 3개를 3명의 학생에게 나눠 주고 말했다.

"지금부터 누가 가장 빨리 실타래를 풀고 되감는지 시합을 하겠습니다. 실타래 풀고 되감기를 가장 먼저 한 사람이 이 상품의 주인 공이 됩니다."

교사는 말을 마치고 "준비, 시작!"을 외쳤다. 3명의 학생은 시작과 동시에 정신없이 실타래를 풀어나갔다. 나머지 학생들은 교탁 위에 있는 상품의 주인공이 누가 될지 두 눈을 크게 뜨고 지켜보았다.

얼마의 시간이 흐른 뒤, 드디어 한 명이 실타래를 풀고 되감는 데 성공하여 상품을 받게 되었다. 나머지 한 명은 아직 되감기 중이었 고, 또 다른 한 명은 이미 포기한 상태였다.

한 학생이 포기한 이유는 무엇일까?

꼬인 실타래를 풀기 위해 애써본 사람은 알 것이다. 아무렇게나 헝클어져 있는 실타래를 풀자면 여간 인내력이 필요한 게 아니다. 아주 천천히 실과 실 사이를 오가며 꼬인 부분을 추적해나가야 한다. 성미 급하게 잡아챘다가는 매듭이 져서 더욱 풀기 어려워진다. 급할수록 돌아가라는 말은 이때에 제격이다.

실타래처럼 일이 꼬이면 한 걸음 물러서서 원인을 찾아보자. 시간을 충분히 들여서라도 분명한 이유를 찾아내야 한다. 어떤 단서를 발견했다면 이전까지 지체되었던 시간들은 충분히 보상받게 될 것이다. 그러니 밤을 뜸들이는 심정으로 시간을 투자하여 정체된 일의 원인을 분석해보자.

두 아들이 아버지 생신을 맞이하여 집에 방문했다. 큰아들과 작은아들은 각각 배와 사과가 들어있는 상자를 아버지께 드렸다. 아버지가 평소 과일을 좋아하셨기 때문이다.

아버지는 두 아들이 준 과일을 고맙게 받았지만, 웬일인지 큰아들이 가지고 온 배는 입에 대지 않았다. 큰아들은 내심 불만이 생겨 아버지에게 물었다.

"아버지, 배는 안 드시고 사과만 잡수시는 이유가 뭐에요? 배가 마음에 안 드세요?"

"음, 너가 이 애비라면 돈 주고 쉽게 사온 배를 좋아하겠느냐? 아니면 힘들게 직접 재배해서 가져온 사과를 좋아하겠느냐?"

아버지의 의도를 알아챈 큰아들은 자신이 너무 쉽게 세상을 살려고 했다는 점을 반성하게 되었다. 작은아들은 주말농장에 직접 사과나무를 심고 가꿔온 것이다.

어떤 결과를 얻기 위해서는 거쳐야 할 과정이 있다. 그리고 그 과정 속엔 즐거움만 있는 것이 아니다. 오히려 고통이 수반되는 경우가 많다.

복수의 기회를 노리고 장작더미에서 잠을 자고 쓸개를 맛보던 와신상담(臥薪嘗膽)의 얘기를 들어보았는가? 비록 정치적인 고사지만 부친의 복수를 잊지 않기 위해 장작더미에서 잠을 잤던 오왕 부차와 부차에게 당한 치욕을 씻기 위해 날마다 쓸개를 씹었던 월왕 구천의 견디기 작전이 놀랍다. 원하는 목표는 그냥 이루어지지 않음을 부차와 구천은 알고 있었다. 그래서 목표를 달성할 수 있는 기회가 올 때까지 참고 견디며 칼을 간 것이다.

어떤 사람은 날도 제대로 서지 않는 칼로 원하는 음식을 만들겠다고 덤벼들지만, 식재료가 제대로 요리될 리 없다. 식재료를 요리하기 위해서는 숫돌에 칼부터 갈아야 한다. 칼도 갈지 않고 음식을 만들겠다고 호언장담하는 사람은 과정의 중요성을 잊은 사람이다.

그러므로 어떤 결과를 얻기 위해서는 과정을 계획하고 실천하는 동안의 고통을 감내해야 한다. 고통 속에서 단물이 솟는다는 단순한 진리는 '견디기'의 중요성을 말해준다.

▶ 아나바다 운동하기

이미 널리 알려진 아나바다 운동은 '아껴 쓰고, 나눠 쓰고, 바꿔 쓰고, 다시 쓰자'의 준말이다. 돈을 물 쓰듯이 한다는 말이 있지만, 돈은 자원이다. 우리가 돈을 마구 쓴다는 말은 곧 자원을 낭비한다는 뜻이다. 혹자는 소비는 미덕이라는 말을 하지만, 자원은 유한하다.

지금 지구는 벌레 먹은 사과 신세가 되고 있다. 인간들은 벌레처럼 지구 내부의 자원을 찾아 삽질을 해대고 있다. 조만간 지구는 온몸에 난 상처로 주저앉고 말지 모른다. 지구가 병들면 치료받을 병원도 없다. 그러니 아껴 써야 한다. 물자가 적었던 과거에는 몽당연필, 꿰맨 양말, 땜질한 솥단지 등이 흔했다. 그만큼 지구는 건강했다. 인간이 조금 불편함을 감수할 때 지구는 건강해지는 법이다.

요즘 들어, 인간들은 뭔가 좀 느낀 것 같다. 분리수거가 정착되어가고, 재활용센터도 활성화되고 있다. '벼룩시장' 같은 생활정보지를 활용하는 사람도 많아졌다. 인간들이 철이든 걸까, 아니면 자원이 부족해진 걸까?

이쯤에서 나우루 공화국(울릉도의 1/3 크기의 호주 북쪽 섬나라)을 방문해보자.

사람들이 쓰레기 더미를 뒤지고 깡통을 모으고 있다. 그들은 비료의 원료가 되는 인광석을 수출하여 떼돈을 벌던 1980년대 시절을 한없이 그리워하며, 돈이 될 만한 자원을 찾고 있다. 거기다가 언제 바닷물의 습격을 받을지 불안한 표정들이 역력하다. 최빈국의 생활을 하고 있는 지금, 향수에 젖어 갈팡질팡하고 있다.

1인당 국민소득 2만 달러가 2천5백 불로 줄어들기 전까지만 해도 호사스런 생활이 지속되리라 믿었다. 타이어가 펑크 나면 차를 버리고 새로운 차를 사고, 한 끼 식사를 위해 외국 원정을 가고, 거기다가 세금, 교육비, 의료비도 안 내니 정말 천국이 따로 없었다.

그러나 자업자득이라 했다. 인광석으로 이루어진 섬을 파기 시작하면서부터 예견되었던 일이다. 제 살점을 팔아 사치를 누렸으니 그 대가는 혹독하다. 만약 더 이상 괭이질을 할 수 없을 때를 대비하였다면 최악의 상황은 면할 수 있었으리라.

그러므로 제한된 자원을 아껴 써야 한다. 누더기 옷은 종교적 신념을 가진 사람에 국한된 얘기가 아니다. 전 지구적 신념을 가진 사람이라면 유행에 상관하지 않고 쓸 수 있는 데까지 물건을 사용할 것이다.

신념의 차이가 지구를 살린다.

나우루 공화국의 모습 84

▶ **인내심을 발휘하여 만족을 지연하기**

"여행 갈 돈이 모자라 마트에서 물건을 훔쳤어요."

"훔쳐서 그걸 어떻게 하려 했는데?"

"중고나라에 팔아 돈을 마련하려 했어요."

"절취한 물건을 팔아 여행을 가는 일이 합당한 거야?"

어느 청년 절도범과 경찰과의 대화 내용이다. 이유 없이 공동묘지에 누워있는 사람이 없듯이, 도벽에도 분명한 이유가 있다. 이 세상에 이유 없는 행동은 존재하지 않는 법이니까.

문제는 그 이유가 합당한가이다. 대부분의 사람들은 합당하지 않다고 느끼면 자신의 행동을 자제한다. 아무리 중요하고 다급한 일일지라도 합당한 이유가 성립되지 않기 때문에 그 일을 하지 않게 된다.

자신의 목적달성과 맞지 않는 합당하지 않는 이유. 그곳에서 인내심이 싹트고 만족 지연이 이루어진다.

유명한 마시멜로 실험을 생각해보자.[8] 달콤한 마시멜로를 눈앞에 두고 15분 동안 참아내려면 인내심이 필요하다. 더군다나 4살짜리 어린이들에겐 그 시간이 고문에 가깝다. 물론 현명한 어린이는 그 고문을 견디고 보상으로 추가되는 마시멜로 1개를 더 얻을 것이다. 10년이란 세월이 흘러 인내심 많은 청소년으로 성장한 그들은, 공부도 잘하고 친구 관계도 원만하여 스트레스를 별로 받지 않는다. 그들은 성공한 사람들이 지닌 특성을 고스란히 닮아간다.

다람쥐 두 마리가 식량을 구하기 위해 밤나무 숲으로 갔다. 숲에는 잘 익은 밤들이 여기저기 떨어져 있었다.

다람쥐들은 느긋하게 최대한 많이 주워가지고 집으로 돌아왔다. 집에 도착한 다람쥐 한 마리는 토굴 속에 만들어놓은 저장고에 가져온 밤을 쌓았다. 저장고에는 며칠 전에 주워온 도토리도 있었다.

다른 한 마리는 집에 돌아오자마자 허겁지겁 밤을 까먹기 시작했다. 그의 집에는 별도의 저장 공간도 없었다.

이 다람쥐는 생각했다.

'이렇게 먹을 것이 넘쳐나는데 무슨 걱정이야? 필요하면 언제든지 주워다 먹으면 되지.'

이 다람쥐는 가져온 밤을 그때그때 먹어치우고 필요하면 다시 밤나무 숲으로 달려가곤 했다.

그러던 어느 날, 밤나무 숲으로 달려간 다람쥐는 빈손으로 돌아올 수밖에 없었다. 사람들이 숲에 들어와 남아있는 밤을 모조리 주워가 버렸기 때문이다.

그는 별수 없이 다른 다람쥐에게 구걸로 연명하는 신세가 되었다.

3) 양 보

▶ 양보심을 얻어내는 방법 알기

여행 중 정말 마음에 드는 조각품을 공예품 가게에서 발견했다. 한참을 살펴보고 나서 가격을 흥정하려는 순간, 어떤 사람이 그 작품을 자기가 사겠다고 불쑥 끼어든다.

우리는 종종 이와 비슷한 경우를 만나곤 한다. 어떤 것을 얻어내기 일보 직전에 훼방 당하는 것이다. 물론 십중팔구 양보하고 싶은 마음이 없다. 왜 하필 다 된 밥에 재를 뿌리는가? 똥개도 밥 먹을 때는 건드리지 않는다고 하지 않던가? 정말 맛있는 떡을 애써서 고른 다음 먹기 직전인데, 누군가 간섭하면 기분 잡친다.

문제는 이렇다. 내가 그것을 얻기 위해 시간과 에너지를 투입했다는 점. 그리고 이미 그것을 얻는 기쁨을 누리기 시작했다는 점. 어떤 것에도 단순히 돈만 연관되어있지 않다는 사실을 아는 게 중요하다.

우리는 물건을 사는 게 아니라 그 사람의 마음을 사도록 노력해야 한다. 그 사람이 투입한 시간과 에너지를 인정하고 원하는 것을 얻음으로써 갖게 되는 기쁨을 공감해주어야 한다. 양보를 함으로써 손실되는 것들에 애도를 표하고 상대방이 양보를 해야 할 이유를 충분히 제시하면 승산이 있다. 그 이유가 비록 개인적인 것일지라도 다른 사람에게 파급 효과가 큰 공공성을 강조한다면, 상대방의 양보심을 얻어낼 수 있다. 왜냐하면, 우리는 '모두', 또는 '우리'라는 전체 속에 들어가기를 바라기 때문이다. 예컨대, 다음과 같이 요청해보면 어떨까?

"작품을 사시려는 마음을 이해합니다. 그런데 제가 개인적으로 운영하는 박물관이 있는데, 주로 어린이를 위해 무료로 개방하고 있지요. 이 작품을 그곳에 전시한다면 아이들이 무척 좋아할 것 같군요. 죄송하지만 저에게 양보해주시면 감사하겠습니다."

물론 얼마간의 릴레이가 진행될 것이다. 그리고 결국 양보를 얻어냈다면, 오로지 그 사람의 마음을 내가 살 수 있었기 때문이다. 이 얼마나 쉽고도 어려운 일인가?

"아니, 이게 웬 거스름돈이에요. 물건 값에 맞게 분명히 드렸는데."

"금방이라도 비가 올 것 같고, 이것들을 언제 다 파나 싶었는데…, 손님이 제 마음을 아시고 팔아주셨잖아요. 그래서 고마워서 깎아드리는 거예요."

"하하, 그래요? 그럼, 이건 제 마음 값인 셈이네요."

"마음 값? 그래, 맞아요. 마음 값!"

"그렇다면 다시 돌려드려야겠네요. 내 마음보다 사장님 마음이 더 비싸 보이니까."

▶ 자신의 몫을 다른 사람에게 주기

행사가 끝나고 답례품으로 10만 원 상품권 여러 장이 들어왔다. 세어보니 수량이 부족하다. 팀원 중에 두 명이 받을 수 없는 상황이다. 누군가 양보를 자청해주길 바라지만 액수가 크다. 만약 우리가 이런 상황에 놓여있다면 어떻게 해야 할까? 양보를 자청하여 두 명 안에 들 것인가, 아니면 공평하게 나눌 방법을 찾아 머리를 싸맬 것인가? 우리는 아무도 손해 보는 걸 좋아하지 않는다. 그래서 공평하게 나눌 방법을 찾아 머리를 쓴다. 자로 재고 계산기를 두드린다. 피곤한 일이다.

사람들이 피곤하게 머리를 굴릴 때 가슴으로 가는 사람이 있다. 다른 이들이 방법을 찾아 설왕설래하는 모습을 보고 기꺼이 양보하겠다고 한다. 가슴이 머리를 이기는 순간이다. 자신의 몫을 다른 사람에게 양보할 수 있는 사람은 가슴이 살아있다.

그리고 그것은 손해가 아니다. 양보함으로써 그의 가슴은 더욱더 커지고 우람해진다. 우리는 그런 사람을 잊지 않는다. 언젠가 나에게 떡이 오면 그 사람에게 주겠다고 다짐한다. 물론 시간이 지나면 이런 일은 일상에 파묻혀버리고 고마운 마음도 사라져버린다. 그런데 무슨 상관이랴. 가슴으로 사는 사람들이 만들어낸 훈훈한 온기가 있어 매서운 추위도 한풀 꺾이는 것을.

그래서 안도현 시인은 "연탄재 함부로 차지 마라. 너는 얼마나 남에게 뜨거운 적 있었느냐?"고 우리에게 묻지 않았던가.

어느 동호인 마을 사람들이 공동으로 텃밭을 일궜다. 봄에 고구마를 심어 가을에 추수를 하게 됐다. 많은 사람들이 참석하여 추수 작업에 동참했으나, 그렇지 못한 사람도 있었다. 참석자들은 그날 작업에 동참하지 못한 사람들의 몫을 따로 챙겨두었다. 그리고 기회를 봐서 전달하기로 했다.

불참자 중 한 명의 몫을 보관하고 있던 회원이 그것을 전달하기 위해 통화를 시도했다.

"고구마 수확하는 모임에 안 오셔서 제가 대신 선생님의 몫을 보관하고 있습니다. 언제 가져다 드릴까요?"

"아, 그래요. 고맙습니다. 그런데 여기까지 오시기 어렵고, 그렇다고 제가 가서 받아오기도 민망하네요."

"괜찮습니다. 제가 가져다 드릴게요. 한 박스라서 별로 무겁지도 않습니다."

"아니에요. 행사에 참석하지 못한 것도 미안한데 제 몫이라고 넙죽 받기가 그렇군요. 그렇지 않아도 마을 조성 일에 적극적으로 재능기부를 해주시고 계신 김사랑 님께 보답하고 싶었는데 잘됐네요. 얼마 안 되지만 대신 맛있게 드세요."

"아닙니다. 다 같이 고생하는데 뭘 그래요."

"그러지 마시고 그냥 드세요. 일부러 사서라도 보내드려야 할 판인데 잘됐네요. 그래야 제 맘이 편할 것 같아요."

쾌락은 가장 강력한 행동유발요인 가운데 하나다. 우리는 고통을 회피하고 쾌락을 추구하려는 경향이 있다. 암흑에서 밝음, 부정에서 긍정으로 변화·성장하고자 하는 우주정신의 속성은 여기에도 적용된다. 말하자면, 고통에서 벗어나 쾌락의 방향으로 나가도록 설계되어 있다. 그런데 쾌락은 욕구가 충족되었을 때 발생하는 즐거운 감정이다.

작업통제관리기는 무의식 장기저장고에서 욕구가 발현하면 이를 충족시키는 방법을 우선적으로 고려하게 되어 있다. 만약 욕구를 충족하지 못하면 고통스런 감정이 동반되기 때문이다. 고통스러운 감정은 부정적인 에너지로 어떤 식으로든지 처리되지 않으면 안 된다.

작업통제관리기는 부정적 에너지를 해소할 수 있도록 행동 반응을 처방한다. 예컨대, 배가 고프면 밥을 찾고 먹는 행위를 하도록 명령한다. 밥을 먹는 행위는 작업통제관리기의 지시에 의한 것으로, 이때 취해진 행동의 결과는 정보-에너지 형태로 의식세계로 재투입된다. 만약 밥을 먹는 행위가 만족스러운 감정을 동반하였다면, 에너지처리기가 산출한 감정을 작업통제관리기가 긍정적으로 인식한 결과이다. 물론 정보처리기 역시 에너지처리기처럼 긍정적으로 정보를 처리했을 것이다.

두 기제는 상보적인 관계에 있기 때문에 대체로 동일한 처리 결과를 얻어낸다. 그만큼 인지와 정서는 서로 밀접한 연관을 맺고 있다. 두 기제의 처리결과에 따라 작업통제관리기는 이를 통합하여 행동세계에 명령한다. 쾌락을 유발하는 정보와 에너지는 매우 강렬하여 긍정적인 처리 결과를 얻어낸다. 즉, 만족감을 주는 긍정적 정보–에너지는 심리기제의 활동을 활성화시키기 때문에 수많은 자극 가운데 우선적으로 고려의 대상이 된다.

그러나 강렬한 자극에 계속 노출되다 보면, 작업통제관리기의 분별력이 떨어질 수밖에 없다. 이것은 곧 작업통제관리기의 통제력 상실을 의미한다. 작업통제관리기가 쾌락에 중독되어 달콤한 자극만 쫓아다니는 꼴이 된다. 즉, 무절제의 구조화 과정은 쾌락 자극에 과다 노출된 작업통제관리기의 중독 현상에 따른 분별력 상실이 원인이다.

따라서 작업통제관리기의 통제력을 회복하는 일이 급선무다. 절제된 생활을 하는 사람은 작업통제관리기가 분별력을 발휘할 만큼 성숙되어있으며, 쾌락 자극을 처리하는 통제력이 발달되어 있다. 만약 과다한 쾌락 자극에 노출되어 있을 경우 정보·에너지처리기가 중독되지 않도록 상황을 반전시키거나 전환시키는 행동반응을 유도한다. 그렇게 함으로써 쾌락 자극의 빈도를 낮출 수 있기 때문이다.

결국, 작업통제관리기의 성숙과 발달이 절제의 관건이라 할 수 있다. 대부분의 미성숙한 작업통제관리기는 쾌락 자극에 자주, 반복적으로 노출되는 것을 자연스럽게 받아들이지만, 성숙한 작업통제관리기는 자극을 통제하고 행동을 절제할 줄 안다.

제11장
책 임

1. 책임의 개념

책임은 어떤 일에 대한 임무나 의무를 말하며, 그러한 임무나 의무를 다하는 마음을 책임감이라 한다. 말하자면 역할 수행에 필요한 정보—에너지 묶음이 책임이다.

우주정신은 온우주에 존재하는 실체들이 고유의 역할을 하도록 설계하였다. 태양은 온우주의 구성성분의 하나인 수소를 이용하여 열과 빛을 발하는 일을 맡도록 하였다. 지구 역시 스스로 자전과 공전을 통하여 태양 빛을 받아들이고 공기를 순환시키며 물을 정화하도록 만들었다. 비록 생명체가 살지 않는 행성일지라도 항성을 돌면서 행성계의 균형을 잡는 역할을 한다.

행성 안에 존재하는 사물 또한 각각의 역할이 있다. 나무는 산소를 만들어 생물들에게 공급해주며, 토양은 지표면을 형성하고 그 위에 사는 생물들의 집터가 된다. 아무리 하찮은 세균도 사체를 분해하여 무기질을 만드는 일을 하고 있다.

이렇게 볼 때 책임은 역할수행과 밀접한 관련이 있다.

인간계에서 부모는 자식을 부양하고 양육하는 역할을 하며, 자식은 가족의 유지와 사회발전에 기여하는 역할을 한다. 사회적 동물인 인간에게 책임은 특별한 의미가 있다. 사회라는 것은 거시체계인 온우주의 미시체계이므로, 그 안에도 다양한 조직이 존재하며 조직은 개개인의 역할에 기초한다. 즉, 사람은 조직체 안에서 특별한 역할을 하도록 되어 있다. 마치 자동차의 부속품처럼 사람은 각자 자신이 맡은 역할이 정해져 있다. 어떤 사람은 물건을 만들고, 어떤 사람은 그 물건을 판매하는가 하면, 또 어떤 사람은 회계를 한다. 이러한 무수한 역할들이 사회를 제대로 움직이게 한다.

따라서 완전한 역할수행은 사회나 조직의 정상적인 기능에 필수불가결한 요소이다. 만약 태양이 핵융합을 통하여 열과 빛을 방출하는 역할을 충분히 하지 않거나, 지구가 자전과 공전을 수행하지 않으면 온우주의 질서가 무너지는 것처럼, 사람이 자신의 역할을 제대로 하지 않으면 사회가 정상적으로 돌아가기 어렵다. 마치 부품 하나가 고장이 나면 자동차가 굴러가다 멈추는 격이다.

그러나 역할 수행의 과정은 의무나 책임을 동반하기 때문에 회피성향을 가져오기 쉽다. 책임 자체가 유쾌한 감정보다 고통스런 감정을 일으키기 때문이다. 이러한 문제로 인하여 우주정신은 책임과 쾌락을 짝지어놓았다. 예컨대, 출산 및 양육 책임과 성교의 쾌락을, 생명체 유지 책임과 식욕이나 수면욕 해소의 기쁨을 짝지음으로써 역할수행이 원활하게 이루어지도록 정보-에너지 망을 조직해놓았다.

이러한 점은 욕구의 충족이 단순히 쾌락만을 위한 것이 아니라 본질적으로 책임의 이행을 전제로 하고 있다는 사실을 말해준다. 요즘은 쾌락과 책임을 분리하는 경향이 있으나, 우주정신의 설계의도와는 다른 것이다. 그렇기 때문에 책임을 질 수 없는 상황이라면 욕구를 조절하여 쾌락을 통제할 필요가 있다.

이와 같은 쾌락과 책임 간의 미묘한 관계는 절대적이지는 않지만, 상당히 유용해 보인다. 온우주의 모든 사물이 쾌락만 추구하고 책임을 지지 않는다면 무질서와 혼돈이 난무하게 되리라. 그러므로 쾌락은 그 충족 결과에 따른 합당한 이유에 기초하기 마련이고, 이러한 합당한 이유가 책임 발생의 근거가 된다.

이렇게 볼 때 책임은 어떤 일이 합당한 이유를 가지고 있어서 마땅히 해야만 하는 임무나 의무로 인식되는 가치라 할 것이다.

2. 책임의 구성요소

1) 근 면

▶ 맡은 일을 단계적으로 처리하기

물개가 불 터널을 통과하고, 비둘기가 탁구를 치고, 코끼리가 농구를 하고…. 놀이공원에서 벌어지는 동물들의 쇼에 넋을 잃은 적이 있는가? 불가능해 보이는 동작들을 연출하게 한 장본인은 조련사들이다.

그들은 먹이를 줘가면서 동물들이 조금씩 기능을 익히도록 훈련시킨다. 조련사 한 명을 관찰해보자.

　그에게는 훈련시켜야 할 물개가 3마리 있다. 오늘은 왕초보 물개가 훈련대상이다. 이 물개의 최종목표는 불 터널을 무사히 통과하는 것이다. 조련사는 이를 위해 다음과 같은 단계를 짰다.
　'원하는 곳으로 방향 바꾸기, 낮은 곳에서 높은 곳으로 점프하기, 불이 붙지 않은 터널 통과하기, 그리고 불붙은 터널 통과하기'
　일명 조성(造成, shaping)으로 불리는 이 방법은 도달할 목표가 아무리 어려워도 단계적으로 해낼 수 있도록 하는 유용한 방법이다.
　조련사는 허리춤에 꽁치가 들어있는 먹이통을 찼다. 이것으로 준비 끝이다. 이제 물개가 있는 곳으로 출발이다. 그런데 왠지 발걸음이 무거워 보인다.

　원래 책임은 물개훈련과 비슷하다. 꽁치 같은 보상이라도 주어지면 다행이지만, 그렇지 않으면 제대로 이행이 안 된다. 책임감 자체가 결코 즐거운 감정이 아니지 않은가. 더군다나 복잡하게 얽혀있는 일이라면 즐겁게 물개를 만나러 가기보다 그로부터 도망치고 싶어진다. 그러나 회피한다고 책임이 사라지거나 그 일이 해결되지 않는다는 사실을 우리는 잘 알고 있다. 언젠가는 돌아와 그 일과 마주하지 않으면 안 된다.
　이때 조련사처럼 조성의 방법을 사용해보자. 태산처럼 커 보이던 일도 잘게 쪼개면 아주 작은 일이 될 수 있다. 큰일들을 피자 조각처럼 작게 나눈 다음 하나씩 해결해나가면 된다.

연탄을 가득 실은 손수레를 끌고 비좁은 골목길을 오르고 있는 청년이 있다. 너무 힘들었던지 가끔 쉬었다가 가곤 하는 모습을 보고 동네 사람이 말을 걸었다.

"총각, 너무 힘들겠어. 조금씩 배달하지그래?"

"힘들긴요. 이렇게 쉬었다가 가면 되는데요."

"그러지 말고, 조금씩 여러 번 왔다 갔다 하는 게 나을 텐데."

동네 사람은 안쓰러운 마음이 들어 진정 어린 충고를 해주었다. 그러나 연탄을 배달하는 청년은 한꺼번에 많이 싣는 쪽을 택했다. 조금씩 나눠서 여러 번 왕복하는 것보다 그것이 더 유리하다고 생각한 까닭이다.

청년은 여러 차례 쉬기를 반복한 끝에 드디어 배달하는 집 근처에 도착했다. 그 집은 언덕 위에 있었기 때문에 여러 개의 계단을 올라가야 했다.

그래서 미리 준비해간 지게를 사용하여 손수레에 있는 연탄을 나르기 시작했다. 그는 이번에도 '조금씩 여러 번'보다 '한꺼번에 많이'를 택했다. 그는 자신의 젊음을 믿고 소신을 버리지 않았다. 계단을 오르고 내리느라 조금 힘들었지만, 한꺼번에 많이 날랐기 때문에 손수레 안의 연탄은 금방 줄어들었다.

그는 잠시 쉰 다음 손수레 안에 남아있는 마지막 연탄을 지게에 옮겨싣고 계단을 오르기 시작했다. 하나, 둘, 셋. 힘겹게 계단 위에 발걸음을 옮겼다. 이제 잠시 후면 '한꺼번에 많이'를 고수한 자신의 믿음에 확신을 가질 수 있게 된다. 그러나 계단을 거의 다 올라왔다고 생각한 순간, 그만 발이 삐꺽하고 말았다. 그 바람에 짊어졌던 연탄이 와르르 계단 밑으로 쏟아져 버렸다.

그 모양을 보고 그의 입에서 한숨 섞인 말이 튀어나왔다.

"아이구 참, 못 살겠네. 내 이럴 줄 알았다니까."

▶ 맡은 일을 뒤로 미루지 않기

한여름 그늘에 누워 늘어지게 잠을 자고 나서 게으른 하품을 하고 있는 사자를 떠올려보자. 초원의 무법자인 사자의 게으름은 동물의 세계에 잠시나마 평화를 선물한다. 그들이 게을러질수록 평화로운 시간은 증가한다. 사실 그들은 게으름을 피울 권리가 있다. 왜냐하면, 책임질 일이 없기 때문이다.

그렇다면 사람은 어떤가? 사람 중에도 사자를 닮은 이들이 있다. 그들은 오늘 할 일을 자꾸 뒤로 미룬다. 오늘 하지 않아도 내일 하면 된다고 습관적으로 말한다.

습관의 무서움은 김유신 장군의 일화에서 여실히 드러난다. 오죽하면 말이 자동적으로 기생집에 갔겠는가? 한 번 어떤 일에 젖어들면 좀처럼 바꾸기 어렵다. 그 틀을 깨기 위해서는 김유신 장군처럼 애마를 칼로 쳐 죽이는 것과 같은 아픔을 감내해야 한다.

그러니 대부분의 사람들은 습관을 바꾸기 어렵다. 그들은 내일이 오면 조금 해볼까 하다가 다시 내일을 찾는다. 이렇게 몇 번의 내일이 반복되다 보면, 무엇을 해야 할지 까먹게 된다. 가장 중요한 사실은 그 일을 하겠다는 의욕이 바람처럼 사라져버린다는 점이다. 즉, '의욕 상실증'에 걸려 무기력해지고 만다.

최 부자 집에 게으른 아들이 있었다. 아들은 아버지가 시키는 일이면 무엇이든 "내일 할게요." 하며 뒤로 미루기 일쑤였다. 이런 아들을 보다 못한 아버지가 콩 한 되를 주고 세도록 하였다.

만약 3일 안에 콩의 수를 다 세면 아들이 원하는 것은 무엇이든지 들어주겠다는 조건을 걸었다. 아들은 신이 나서 콩을 세기 시작했다. 하나, 둘 세다가 아들은 생각했다.

"내일 하지 뭐."

그런 뒤 늘어지게 잠을 자기 시작했다. 다음 날도 아들은 조금 세다가 내일 해야겠다고 생각했다. 시간이 흐를수록 아들의 눈에 콩은 보이지 않게 되었다. 삼 일째 되는 아침에 잠에서 깬 아들이 콩을 발견했다. 아들은 자기 방에 왜 콩이 널려있는지 이해할 수 없었다.

그래서 마당을 쓸고 있는 돌쇠를 불러 말했다.

"돌쇠야, 이 콩들을 볶아서 가져와. 아주 맛있게 잘 볶아야 된다. 알았지?"

도대체 왜 이러한 현상이 벌어지는 걸까?

우리는 대부분 게으름을 피울 때 핑곗거리를 찾는다. 내가 하지 않아도 누군가 하게 될 테니까, 별로 중요하지 않으니까. 또는 몸이 아파서…. 그럴듯한 이유를 줄줄이 엮는다. 이렇게 엮어놓은 이유들은 게으름을 먹여 살리는 반찬이 된다. 우리는 해야 할 일이 가득 찬 도가니 속에 들어앉아 이들 반찬을 꾸역꾸역 먹어댄다.

만약 우리가 동물이라면 게으름에 취해 있어도 무방하리라. 그러나 인간은 해야 할 일이 있다. 내가 맡은 일이 제때에 처리되지 않으면 나뿐만 아니라 그 일과 관련된 사람에게도 악영향을 주게 된다.

우리는 모두 연결되어 있다는 사실을 다시 한 번 상기하자. 나는 너와 너는 나와 서로 연결되어 있어서 도미노처럼 연쇄적으로 영향을 미친다. 그러므로 지금 당장 눈을 비비고 일어나 할 일을 시작하자. 무엇을 해야 할지 까먹기 전에 말이다.

▶ 꾸준히 능력을 배양하기

책임은 능력을 요구한다. 어떤 일을 감당하려면 그 일을 해낼 수 있는 능력이 뒷받침되어야 함은 당연지사다. 자녀가 부모를 봉양하거나 부모가 자녀를 양육하거나 각각 능력이 있어야 책임을 다할 수 있는 바와 같다. 특히, 분업화된 현대사회에서 책임은 전문성을 요구하는 경우가 많다. 가령 컴퓨터를 제조하는 회사라면 각종 하드웨어 부품을 만드는 사람뿐만 아니라, 디자인이나 판매, 경영 등의 다양한 분야에서 전문성을 필요로 한다.

만약 특정 분야에서 책임이 제대로 이행되지 못하고 있다면, 그에 합당한 전문적인 능력을 갖추도록 노력해야 한다. 심혈을 기울여 제작한 컴퓨터가 판매 부진에 빠졌다고 생각해보자. 원인을 분석해보니 디자인이 시원치 않아서였다. 그렇다면 이제 어떻게 해야 할까? 당연히 디자인 능력을 배양하도록 힘써야 한다. 그렇다고 하루아침에 없던 능력이 생기지 않는다. 소처럼 꾸준히 갈고 닦아야 능력이 갖춰진다.

둔재 중의 둔재 조선의 김득신을 아는가? 그의 묘비에는 다음과 같은 글이 새겨져 있다.[96]

"재주가 다른 사람보다 못하다고 스스로에게 한계를 두지 말아야
한다. 나처럼 어리석고 둔한 사람도 없는데 결국에는 이루었다. 모
든 것은 힘쓰고 노력하는 데 달려있다."

실제로 김득신은 어느 집 앞을 지나다가 자신이 11만 번이나 읽었
던『백이전』의 글귀를 듣고도 이해하지 못한 자신을 한탄하며 1억 번
을 읽었다고 한다. 한유의『사설』은 1만 3천 번, 『노자전』은 2만 번을
읽을 정도였다고 하니 지독한 독서광이라 불릴만하다. 심지어 딸과
아내가 죽어 장례를 치르는 동안에도 책을 놓지 않았다고 하니 놀랄
일이다.

그의 노력의 정도는 소의 걸음이 아닌 거북이의 그것에 비유하고도
남음이 있다. 남들은 30세 이전에 과거 급제하는 마당에 59세에 등
용문을 통과했으니 그는 노력의 화신이다. 둔재도 노력하면 안 되는
일이 없음을 그의 삶은 실증적으로 보여준다.

그러므로 아무리 어려운 전문적인 능력도 노력으로 갖추지 못할 이
유가 없다.

▶ **시간의 지배자 되기**

두 사람이 물고기를 잡고 있었다. 한 사람이 다른 사람의 망태기
를 보니 잡은 물고기의 양이 자신보다 현저하게 적었다. 분명 같은
시간에 투망질을 했는데 이상하다 싶어 그가 질문을 던졌다.

"아니, 지금까지 그것밖에 못잡았나? 분명 나랑 같은 시간에 고

기를 잡기 시작했지 않은가?"

다른 어부는 달리 대답할 말이 궁해졌다. 그래서 이렇게 응수했다.

"아마 물고기가 내 그물을 피해 자네한테 간 모양이지."

사실 그의 그물은 촘촘하지 못해 작은 물고기가 빠져나갔던 것이다.

만약 시간이 물고기라면 우리는 어떤 어부 편에 서야 할까? 정말 시간은 그물을 빠져나가는 물고기와도 같다. 그물을 촘촘히 짜지 않으면 잡힌 물고기가 빠져나가듯이 시간도 마찬가지다. 우리의 삶을 간단히 요약하면 시간의 집합이며 세분화된 시간의 연속이 일상이다. 우리가 오늘 하루를 산다는 뜻은 24시간이라는 제한된 삶을 살고 있다는 의미이다. 그런데도 우리는 시간을 아무렇게나 흘려보내면서 살고 있다. 오죽하면 "시간은 돈이다."라는 경구가 판을 치겠는가?

그러나 시간은 돈보다 귀한 몸값을 지니고 있다. 돈을 지갑에 고이 모시듯이 시간도 그물을 촘촘히 짜서 새지 않도록 해야 한다.

이를 위해 하루 일과를 세분화해보자. 오전, 오후 시간대별로 어떤 일을 할 것인지 구체적으로 계획을 잡고 실천한다. 시간대별로 계획을 잡아 실천하되, 각각의 일은 독립적으로 처리되어야 한다. 그렇지 않고 어느 특정한 시간대에 계획 잡힌 일이 하루 일과 전체에 영향을 준다면(저녁에 애인을 만나는 일로 들떠서 다른 일에 집중하지 못하는 경우 같은), 나머지 시간은 그물을 빠져나가는 물고기와 같다.

어부가 낚시를 마치고 망태기를 점검하듯이 하루 일과를 마치고 나면, 시간의 그물망을 점검해보는 것도 필수다. 꼭 일기를 쓰지 않더라

가치
통섭

도 하루를 반성하는 기회를 가져야 한다. 시간을 효율적으로 사용했는지 자문자답하는 습관은 우리 자신을 시간의 지배자로 만들어줄 것이다. 시간을 지배하는 자가 세상을 지배한다는 말도 있지 않은가.

2) 성실

▶ 일과를 목록으로 세분화하기

"아휴, 이렇게 뒤섞여 있으면 어떻게 처리해. 따로따로 분리해 놓아야지."

어떤 고물 수집상이 아무렇게나 쌓여있는 잡동사니를 보고 한숨을 쉬며 불평을 한다. 이 수집상은 뒤섞여 있는 물건들을 분리해서 처리할 생각을 하니 엄두가 안 난 모양이다.

우리의 일상도 잡동사니 같다. 해야 할 일, 해서는 안 되는 일, 하고 싶은 일, 그저 그런 일 등이 뒤섞여 있다. 이것들은 우리의 일과를 혼란스럽게 하고 부산을 떨게 만든다. 그런데 일과를 마치고 저녁이 되면 후회하기 일쑤다. 분명 열심히 하루를 보낸 것 같은데 남는 게 별로 없다. 마치 물건을 열심히 팔았지만, 저녁에 정산해보니 겨우 손해를 면한 기분이랄까?

이럴 때 하루 일과를 목록으로 작성해보자. 옥석을 고르듯이 뒤섞여 있는 일들을 분류한 다음 우선순위를 정한다. 예컨대, '해야 할 일', '해서는 안 되는 일', '하고 싶은 일' 항목을 정한다. 그런 다음 항목별로 내용을 적은 뒤 순위를 매긴다. 다음과 같은 양식은 하나의 예가 될 것이다.

순 위	일의 유형		
	해야 할 일	해서는 안 되는 일	하고 싶은 일
1			
2			
3			
4			

"아들, 내 핸드폰 못 봤어?"

"못 봤는데요. 전화를 걸어봐요."

"내 딸, 엄마 안경 못 봤어?"

"조금 전에 전기 밥통 옆에 있었던 것 같은데요."

물건을 어디 다가 두었는지 잘 잊어버리는 한 여자가 있었다. 그녀의 이 점은 가족들의 골칫거리였다. 남편이 "항상 두던 곳에 다시 두면 찾기 쉽지 않으냐."고 잔소리를 해도 소용없었다.

그러던 어느 날, 남편이 묘안을 짜냈다. 꼬마 서랍장을 사서 칸별로 용도를 정한 다음 각각 이름을 써 붙이는 것이다. 남편은 아내의 동의를 얻어 꼬마 서랍장을 사다가 거실에 들여놓았다.

분류된 목록이 적힌 서랍장을 들여놓자, 다행히도 물건을 찾는 아내의 행동이 사라지게 되었다. 남편은 회심의 미소를 지었다. 작전 성공이다. 그런데 얼마 지나지 않아 아내의 물건 찾기 소동이 다시 시작되었다.

남편은 그 모양을 보고 버럭 화를 냈다.

"아니, 한동안 괜찮더니만, 왜 또 그러는 거야."

남편의 눈치를 살피며 아내가 사정하듯 말했다.

"서랍장을 하나 더 사줘. 안방에 놓게."

아내의 말을 듣고 남편이 퉁명스럽게 말했다.

"아휴, 그렇다면 두 개를 사야겠군. 주방에도 필요할 거 아니야."

▶ 알아서 할 수 있는 사람 되기

"삐악삐악. 엄마 이것 어떻게 먹어?"

"꼬꼬댁 꼬꼬. 알아서 해."

"삐악삐악. 엄마 '알아서 해'가 무슨 뜻이야?"

"꼬꼬댁 꼬꼬. 알아서 하라니까."

"삐악삐악. 그러니까 알아서 하라는 말이 무슨 뜻이냐고?"

"꼬꼬댁 꼬꼬. 아이구, 내가 미쳐. 알아서 하라니까 자꾸 말 시킬 거야? 혼 좀 나 봐야 알겠어?"

어미 닭과 병아리의 가상적인 대화 내용이다.

우리는 이처럼 가끔 '알아서 해'라는 말을 듣곤 한다. 어찌 보면 믿고 인정해주는 말 같지만, 무책임한 소리로도 들리는 까닭은 무엇일까? 알아서 하려면 자신이 무엇을 해야 할지 분명히 인식하지 않으면 안 된다. 설사 해야 할 일을 알고 있더라도 어떻게 해야 할지 그 방법을 제대로 모르면 공염불이다.

일명 노우하우(Know-How)는 그래서 중요하다. 선인(先人)들은 모르는 게 약이라 했으나, 오늘날은 약이 아니라 병이 되는 세상이다. 아는 만큼 당당히 자신이 맡은 일을 수행할 수 있으니 타당한 얘기다.

그렇지만 '알아서 해'는 '노우하우'를 갖추지 못한 사람에겐 병이 될 수 있다. 누구인들 알아서 하고 싶지 않겠는가. 그러고 싶어도 방법을 모르기 때문에 답답한 것이다.

이런 사람에겐 일에 대한 지침을 주거나 안내를 해주는 게 좋다. 알아서 할 준비가 안 되어 있는 사람에겐 이 방법이 효율적이다. 그렇다고 너무 세부적인 내용까지 일일이 챙겨줄 필요는 없다. 그렇게 되면 오히려 의욕이 떨어지고 책임감을 상실하기 십상이다. 나무보다 숲을 보는 선에서 간단한 안내를 해주고 나머지는 그 사람의 몫으로 남겨두자.

▶ 역할 수행에 최선을 다하기

무슨 일이든지 최선을 다하는 모습은 아름답다. 농부는 논밭에서 땀을 흘리며 농사를 짓고 장사하는 사람은 가게에서 열심히 물건을 팔고, 사무실에서 근무하는 사람은 사무 처리를 빈틈없이 하고….

우리가 그 어디에 어떤 상황에 처해있든지 취할 수 있는 자세는 한마디로 '최선'이다. 최선을 다해 지금 맡고 있는 역할을 수행할 수 있다면, 우리의 존재 가치는 상승한다. 내가 수행한 일의 결과는 나에게 그치지 않고 주변 사람, 그리고 이 세상에 존재하는 사람들에게 파급된다.

독일 영화 『스피드』를 보았는가? 자동차 수리공의 사소한 실수 하나가, 그토록 엄청난 사고를 일으킬 줄 누가 예상이나 하겠는가? 엑셀부품 하나가 빠진 자동차는 제동장치 이상으로 아우토반(독일의 고속도로)을 무한 질주하게 된다. 그리고 그 결과는 대형 추돌사고의 연속이다. 멈추고 싶어도 멈출 수 없으니 참담하다. 한 개인의 역할 수행이 얼마나 중요한지 잘 보여주는 수작이라 하겠다.

나의 역할이 비록 나비의 날갯짓에 불과하더라도 그 효과는 폭풍으로 나타날 수 있는 것이다. 흔히 말하는 '나비효과'는 우리 자신의 행동이 얼마나 큰 영향을 미칠 수 있는지 분명히 보여준다. 하찮은 나비의 날갯짓이 폭풍을 일으키는 원인이 될 수 있다니 놀랍지 않은가?

나비 한 마리가 강가에서 날갯짓을 하며 돌아다니고 있었다. 마침 박새 두 마리가 근처를 지나다가 나풀거리는 나비를 발견하고 다가왔다. 박새들은 나비 한 마리를 두고 군침을 삼키며 누가 먼저 식사할 것인지 다퉜다.

하늘 높이 떠서 이를 지켜보던 매 한 마리가 재빨리 내려왔다. 매는 다투고 있는 박새 두 마리 중 한 마리를 낚아채서 높은 산꼭대기로 올라가 착륙하려 했다. 매가 착륙하려는 순간, 착지에 신경 쓰느라 발톱으로 움켜쥐었던 박새를 놓치고 말았다. 박새는 급경사면에 떨어져 산 아래로 굴렀다. 매는 굴러떨어지고 있는 박새를 잡으려 수차례 노력했지만 허사였다. 매가 먹잇감을 잡으려 할 때마다 산비탈에 쌓여있던 눈과 돌들이 무너져 내렸다. 무너져 내리기 시작한 눈과 돌들이 점점 많아져 눈사태를 일으켰다. 그리고 눈사태는 앞이 안 보일 정도의 폭풍으로 돌변했다.

▶ 즐겁게 책임을 받아들이기

본질적으로 책임은 즐거울 수 없는 부담감이다. 어떤 일이 즐겁지 않다면 무엇 때문에 그 일을 해야 하는가? 부담감을 가지고 어쩔 수 없이 해야 한다면 그것은 지옥이다. 이왕 해야 하는 일이라면 즐겁게 받아들일 수는 없을까? 이쯤에서 우리는 책임에 대한 체질을 개선할 필요를 느낀다. 부담스러운 것이 아닌 즐거운 대상으로.

그 방법은 간단하다. 책임에 긍정적인 의미를 부여하면 된다. 만약 내가 없다면 지금의 일은 그 '누군가'가 대신해야 한다. 또, 그 '누군가'가 없다면 또 다른 '누군가'가 필요하다. 개미나 벌들의 사회가 유지되는 이유는 그 '누군가'가 반드시 존재하기 때문이다. 한번 점 찍어놓은 먹이는 그 '누군가'로 인하여 기필코 그들의 소굴에 저장된다. 이렇듯 그 '누군가'는 집단에서 없어서는 안 될 소중한 존재이다. 내가 그 '누군가'에 해당되는 유일한 존재가 될 때 즐겁게 책임을 받아들일 수 있다.

다음의 얘기에서 이를 확인해보자.[100]

결혼을 앞둔 한 여자가 두 남자 중 한 사람을 선택해야 할 상황에 놓이게 되었다. 이 여자는 아버지와 의논하여 넷이서 여행을 떠나기로 했다. 여행 도중 험한 산길을 가다가 아버지가 발을 헛디뎌 낭떠러지에 떨어질 뻔했다. 그때 앞서 가던 남자가 재빨리 나서서 구해 주었다. 여자는 아버지를 구해준 그에게 고맙다고 인사를 했다.

일행은 다시 산을 오르기 시작했다. 그런데 불행하게도 이번에는 뒤따라오던 다른 남자가 발이 미끄러지고 말았다. 아버지는 재빨리 그의 손을 잡아 추락사를 막았다.

두 번의 위험한 사고를 겪고 집에 돌아온 딸이 아버지에게 물었다.

"아빠, 아빠는 내가 누구와 결혼하길 바라세요?"

아버지는 살짝 웃음을 보이며 말했다.

"내가 너라면 아빠가 목숨을 구해 준 남자를 선택하겠다. 그 친구가 너를 평생 책임질 수 있다고 생각하기 때문이다. 빚을 진 사람은 상대방에게 책임감 같은 것을 느끼게 마련이지. 더군다나 사랑하는 사람을 위한 일이니까 즐겁게 그 책임을 받아들일 수 있을 거야. 그 녀석은 너를 책임 질 유일한 사람은 자신밖에 없다고 생각할걸? 그런 사람은 너의 등에 진 짐이 아무리 무거워도 즐거운 마음으로 대신 짊어질 거다."

3) 의 무

▶ 내면의 규칙 세우고 지키기

진흙탕 속에 빠져본 적이 있는가? 자유롭게 산에 오르거나 길을 걷다가, 자신도 모르게 질퍽거리는 흙탕물을 만나 곤욕을 치른 경험 말이다. 분명 자유롭고 편한 생활 같은데 왠지 모르게 진흙탕 속에 빠져있는 느낌. 말할 수 없이 밀려오는 권태감과 느슨한 감정들!

다음의 얘기는 우습지만, 교훈이 될 것이다.

어떤 사람이 죽어서 하늘나라에 갔다. 날마다 산해진미를 먹고 예쁜 여자들과 밤새 향락을 즐길 수 있는 환상의 세계였다. 게다가 온종일 아무 일도 하지 않고 빈둥거려도 시비 거는 사람이 없다. 정말 이보다 더 좋을 수 없었다.

그러나 그런 생활을 몇 달 해보니 좀이 쑤셔 죽을 맛이다. 그래서 하루는 그곳을 관리하는 사람에게 "심심해 죽겠네요. 뭐 일거리 좀 없을까요?"라고 정중히 물었다. 그랬더니 그 관리인이 "당신이 지금 하고 있는 일들이 이곳에서 할 수 있는 일거리의 전부요."라고 말했다. 이에 화가 난 그 사람이 "그럼, 이곳이 지옥이지 천국이요?"라고 대들었다. 이때 관리인이 뭐라고 대꾸했겠는가?

만약 규칙 없는 생활로 권태의 병에 걸리게 하는 곳이 있다면 그곳엔 수많은 병원이 세워져야 하리라. 우리는 그런 곳을 원하지 않으면서도 곧잘 문을 두드린다. 물론 그 문이 천국의 입구로 착각하면서.

▶ 개인적 의무 수용하기

신들이 인간 세상에 있는 집들을 구경하고 품평회를 열었다. 회의 주관자인 하느님이 먼저 입을 뗐다.

"어떻소, 인간 세상에 다녀온 소감이? 특별히 눈에 띌만한 집이라도 발견했소?"

신들이 차례대로 소감을 말하기 시작했다.

"나무나 흙 같은 특별한 집을 짓고 사는 사람들이 있었는데, 행복의 신을 모셔오기 위해서 치장을 많이 했습니다. 그런 집은 대개 한적한 곳에 있어서 사람들이 많이 찾아오지 않았습니다."

"인간들 집은 대부분 콘크리트로 지어졌습니다. 제가 보기에 콘크리트 집이 많은 이유는 사람들이 너무 많은 의무를 지고 있어서 몸도 마음도 굳어버린 탓이 아닌가 싶습니다."

우리 자신이 건설하는 집은 의무 덩어리다. 배우고 익히는 일과 관련된 어린 시절의 의무로 터를 닦고, 삶을 설계하고 개척하는 일과 관련된 청소년기의 의무로 주춧돌을 놓으며, 자력갱생과 관련된 성인기의 의무로 기둥을 세운다. 지붕은 또 어떤가? 자신과 타인을 이롭게 해야 하는 장년기 의무들로 삶의 지붕을 완성해야 한다.

이 세상 어떤 동물도 이처럼 의무로 뭉쳐진 집을 짓지 않는다. 오직 인간만이 천근보다 무거운 의무를 재료로 삼아 집을 완성한다. 평생 동안 의무로 만든 집을 짓느라 등은 굽어지고 머리는 희어지는 거다. 집을 다 짓고 나면 초라한 모습만 남는다.

우리는 아무도 이런 모습을 원하지 않는다. 의무 때문에 초라하게 추락하고 싶지 않다. 이런 까닭에 의무는 피해야 할 똥처럼 취급받는다. 똥을 밟아 본 사람은 알 것이다. 그 역겨운 기분을. 아무리 닦아도 구린내는 쉽게 없어지지 않는다.

그런데 그 똥의 출처는 어디인가? 바로 우리 몸속이다. 우리는 배 속에 똥이 들어있지 않으면 살 수 없다. 알고 보면 고마운 것이 똥이다.

의무도 마찬가지다. 피해야 할 어떤 것이 아니라 우리를 성장시키는 자양분이다. 우리는 의무라는 자양분을 먹고 자란다. 그러니 얼마나 고마운 일인가? 오늘 짊어질 의무가 있다는 것이.

▶ 사회적 의무 이행하기

사회가 거대해질수록 사람 관계는 복잡해지고 서로 충돌할 일도 많아진다. 이기적 유전자는 사회적 관계망 속에서 더욱 꿈틀거린다. 틈만 나면 이익을 취하기 바쁘다. 사회라는 추상적인 조직은 그런 빈틈을 많이 가지고 있다. 이제 점점 사회의 조직은 골다공증에 걸린 것처럼 허약해진다. 언제 골조가 무너져 내릴지 모른다.

자, 이쯤에서 생각해보자. 사회가 무너져 공멸할 것인가, 아니면 공생의 길을 찾을 것인가? 수많은 사회적 의무의 등장배경이다. 우리의 삶은 어찌 보면 사회적 의무의 이행과정인지 모른다. 국방, 납세, 교육, 근로의 의무는 기본이고, 준법의 의무, 환경보전의 의무, 공공복리 적합의 의무 등 의무에 치여 죽을 지경이다.

의무를 생각하면 머리가 아픈가? 그렇다면 홀로 섬에 남겨진 자신을 떠올려보라. 그곳에는 의무란 없다. 자유로울 뿐이다. 그러나 아무도 섬에 혼자 살기를 원하지 않는다. 이유는 단 하나 생존이 불가능하기 때문이다. 우리가 사회적 의무를 달게 받아들여야 할 까닭이 여기에 있다.

수족관 속에 물고기들이 살고 있었다. 추운 겨울이 오자 수족관의 물이 얼기 시작했다. 물고기들이 모여 긴급회의를 열었다.

"이렇게 계속 물이 얼기 시작하면 우리가 사는 수족관이 깨질 수 있습니다. 물론 우리들은 얼음 속에 갇혀 모두 죽게 되겠죠. 이걸 막는 방법은 부지런히 자신이 사는 집 근처를 청소해주어야 합니다. 계속 움직이세요. 움직이지 않으면 결국 수족관은 얼어서 깨지고 말 겁니다."

현명한 물고기 한 마리가 대처방안을 제시했다. 그러나 일부 물고기들은 말도 안 되는 얘기라고 무시해버렸다.

"이렇게 큰 수족관이 얼어서 깨진다고 별 소릴 다 듣겠군."

대부분의 물고기들은 에너지 소모를 줄이기 위해 차라리 잠을 자는 게 낫다고 생각하여 움직이지 않았다. 물고기들의 움직임이 거의 없자 수족관은 완전히 얼어버렸다.

우리 모두는 사회라는 거대한 수족관 속에 살고 있다. 얼어서 깨지기 쉬운 수족관을 보호하지 않으면 공멸할 수밖에 없다. 그러므로 사회적 의무의 이행은 지극히 당연한 일이다.

　　사람은 사회에 소속되어있고 집단 안에서 역할을 수행함으로써 존재한다. 역할을 수행한다는 말은 특정한 일과 관련된 정보를 처리한다는 의미로 해석할 수 있다. 아직 나이가 어려 학교에 다닌다면, 공부와 관련된 수많은 정보를 처리하고 있을 것이다. 또, 어른이 되어 직장 생활을 하고 있다면, 각종 업무 자체가 정보를 다루는 일이다. 만약 결혼하여 가정을 가졌다면 부모, 또는 자녀로서 정보를 교환하고 처리한다. 이렇듯 인간이 하는 일을 정보처리로 돌려서 표현하면 알기 쉬워진다. 그렇지만 정보는 에너지와 쌍을 이루고 있으므로 정보-에너지의 처리로 표현하는 것이 더 합당하다.

　　예컨대, 어느 30대의 일상을 들여다보자. 이제 막 결혼하여 직장을 다니고 있는 그는 가장으로서의 역할, 말단 직원으로서의 역할, 아직 생존해계신 부모가 있으므로 자식으로서의 역할 등이 있다. 말하자면 처리해야 할 정보-에너지가 중첩되어 있는 것이다.

　　작업통제관리기는 수시로 들어오는 정보-에너지를 처리하기 바쁘다. 만약 부서진 식탁의 다리를 수리해야 할 일(가장으로서의 역할)이 생겼다면, 그의 감각세계는 식탁의 상태에 관한 정보-에너지를 읽어내고 의식세계에 보내게 된다. 의식세계에 있는 작업통제관리기는 들어온 정보-에너지를 담당 기관인 정보처리기와 에너지처리기로 보낸다. 정보처리기에서는 다리의 나사가 풀려서 상판을 지탱하지 못하는 식탁의 상태에 관한 정보를 분석한다. 이와 동시에 에너지처리기 역시 제 기능을 못하는 식탁으로부터 발생하는 부정적 에너지(짜증 같은 감정)를 읽어서 인식한다. 두 기관의 보고를 받은 작업통제관리기는 나사와 드라이버로 식탁을 고치도록 행동영역(손발)에 명령한다. 행동한 결과는 다시 정보–에너지 형태로 재입력되고 식탁의 수리 상태에 따라 처리해야 할 정보(정보처리기)와 만족, 또는 불만족(에너지처리기)을 경험하게 된다. 이러한 일련의 과정에서 발생한 정보–에너지의 일부는 단기기억저장고에 저장되었다가 망각되어 소실되고, 그 나머지는 무의식세계(개인 무의식 장기저장고)에 저장된다.

이와 같은 역할 수행에 관한 단편적인 예는 책임의 심리적 기제를 보여준다. 왜냐하면, 책임은 곧 역할 수행을 다 하는 것이기 때문이다. 우리가 일상적으로 사용하고 있는 '맡은 일에 최선을 다한다', '직분을 다한다', '역할 수행을 다 한다' 같은 말들은 책임의 구체적인 표현들이다.

의식세계의 작업통제관리기는 책임과 관련된 정보–에너지를 포착하여 정보처리기와 에너지처리기로 넘기고, 두 기관은 정보와 에너지를 분석한 결과를 다시 작업통제관리기에 보낸다. 작업통제관리기는 처리 결과를 해석, 통합하여 데이터 형태로 포장한 다음 무의식세계(개인 무의식 장기저장고)에 저장하기도 하고 행동세계에 반응을 요구하기도 한다.

결국, 책임의 심리적 이행 과정에서 중요한 역할을 하는 것은 작업통제관리기로 그 발달 수준이 높을수록 역할 수행 관련 정보–에너지를 효과적으로 처리할 수 있게 된다.

제4부

촉진군 가치

제12장
희 망

Hope

1. 희망의 개념

    우리는 흔히 일상생활에서 '나는 ～을 바란다', '나는 ～을 꿈꾼다', '나는 ～을 기대한다'는 말들을 사용한다. 이러한 말들은 모두 '희망'을 반영하는 것들이다. 이 우주 만물에 희망 없이 살 수 있는 것이 어디 있으랴. 밤이 되면 아침에 해가 뜨리라는 기대를 안고 잠을 잔다. 북극곰도 따뜻한 봄이 오리란 기대를 품고 동면에 들어가지 않던가. 지금보다 나은 내일을 기대하며 살아가는 것은 본능이다. 이 본능은 변화와 성장의 원리에서 비롯되었다. 우주정신은 변화와 성장을 통하여 지금보다 진보하도록 설계하였다. 지금보다 진보하리란 기대가 희망이다. 동물도 희망이 없을 때 자살한다는 사실(우울증을 보이던 돌고래가 스스로 숨쉬기를 거부한 사례 같은)이 이를 방증한다. 희망의 정보-에너지를 찾아내는 일은 그만큼 중요하다.

    랭지(Lange)는 희망을 '어떤 요구나 문제에 대한 해결책이 있다는 신념에 기반을 두고 있는 감정과 사고의 집합체'로 정의하면서 일상에서 유사하게 사용하고 있는 소망(wish), 기대(expectation), 낙천주의(optimism)와 구분하였다. 소망은 충족되지 못한 욕구를 반영하는 것으로 인간의 실존에 절대적으로 중요하지는 않으며, 실현 가능성이 적다는 점에서 희망과 차이가 있다.[16]

우리는 희망이 실현될 때 만족을 느끼지만, 성취되지 않아도 당황하거나 놀라지 않는다. 그러나 소망은 성취되지 않으면 좌절과 실망감을 느낀다. 또한, 기대는 긍정적, 부정적 결과이건 간에 어떤 일이 일어날 가능성이 보다 높다는 점에서 희망과 다르다. 희망은 기대 가운데 긍정적 기대와 밀접하며, 기대에 비해 보다 정서적이다. 그리고 낙천주의는 희망에 비하여 비교적 피상적이라는 점에서 다르다고 하였다.

한편, 스톳랜드(Stotland)는 동기화 이론을 적용하여, 희망을 드러나는 행동 및 드러나지 않는 행동 모두에 필수적인 조건이라 전제하고 '목표도달, 목표의 중요성, 그리고 인지, 정서적 행동과 관련된 목표에 대한 기대'로 정의하였다.[34]

희망연구를 체계화시킨 스나이더(Snyder) 역시 희망을 목표와 연관지어 '상호작용으로 유발된 작용(목표지향 에너지)과 경로(목표에 이르도록 하는 계획)의 성공감에 기초한 긍정적 동기의 상태'라고 정의하면서 희망을 다음과 같이 무지개에 비유하였다.[21]

"희망은 개개인의 마음속에 있는 무지개이다. 희망은 인간의 강점 스펙트럼이며, 그래서 무지개를 생각나게 한다. 무지개는 여러 방향으로 여러 가지 색깔의 빛을 뿌려주는 프리즘처럼 우리 영혼을 고양시키고, 우리의 문제가 해결 가능한 것이라는 점을 생각하게 해준다. 그래서 문제에는 항상 희망이 있다."

결국, 이들의 견해를 종합해보면 희망은 목표에 대한 긍정적 기대,

바람, 의지 등과 결부된 동기로, 어떤 문제 상황에 대하여 긍정적인 해결 가능성을 예견하는 신념이라고 정의할 수 있겠다.

2. 희망의 구성요소

1) 긍 정

▶ 미래에 대해 긍정적 기대 갖기

어떤 사람이 금을 채굴하다 다량의 금덩어리를 발견했다.

그는 기존의 금광을 불과 10m밖에 파들어 가지 않았는데 횡재를 하여 뛸 듯이 기뻤다.

이 소식을 듣고 땅을 치고 통곡한 사람은 누구일까?

그 사람은 금광을 팔아넘긴 전 소유주였다. 그는 금덩어리를 찾아 300m가 넘게 굴을 파들어 갔지만 이내 포기하고 손을 털었던 것이다.

그는 굴 밖에 쌓여만 가는 잡석을 보고 자신을 탓했다.

"금덩어리는커녕 금 조각도 안 보이는군. 괜히 시간만 허비했어. 역시 나는 안 되는 놈인가 봐."

우리가 찬란하게 빛나는 금덩어리를 손에 넣지 못하는 이유는 미래를 보지 못하기 때문이다. 그 누구도 10m 앞에 파묻혀 있는 금덩어리를 볼 수 없지 않은가. 볼 수 없으니 불안하다. 불안하기 때문에 이런저런 부정적 생각들을 하다 곡괭이질을 그만두고 만다.

"나는 안 돼. 지금까지 별 볼 일 없는 놈이 내일이라고 별수 있겠어."

"쨍하고 해가 뜬다고. 그건 잘 난 놈들의 얘기지. 내 앞길은 캄캄하기만 해."

그런데 우리는 지금 현재 이곳에 있다. 불안감은 지금 현재의 일이다. 아직 오지 않는 미래 때문에 불안감을 느끼는 건 지금 현재의 자신이다. 아무도 알 수 없는 미래가 지금 현재의 자신에 영향을 미치고 있다는 사실은 무엇을 말해주는가?

어차피 미래는 누구도 모른다. 그것은 지금 현재를 살아가는 나의 마음속에 존재한다. 우리는 마음속에 들어있는 망원경으로 미래를 볼 수 있을 뿐이다. 망원렌즈의 초점을 어디에 맞추느냐에 따라 울기도 하고 웃기도 한다. 오늘을 웃으며 살고 싶다면, 렌즈의 초점을 긍정적인 부분에 맞추면 된다.

선택은 자유다. 오늘이 비록 넝마를 두른 초라한 모습일지라도 미래의 매력은 바로 여기에 있다. 내가 기대한 내일은 미래에 있지 않고 오늘의 나를 창조한다. 긍정적인 오늘의 나를 만들고 싶은가? 그렇다면 내일의 긍정적인 자신의 모습을 그려보자.

▶ 현실상황을 변화시키는 계기 찾기

'하늘이 무너져도 솟아날 구멍은 있다'고 한다. 더 이상 앞이 보이지 않는 절망적인 상황일지라도 빛이 들어오는 구멍은 있기 마련이다. 그 구멍을 찾아 변화의 계기로 삼자. 다음의 얘기는 하나의 교훈이 될 것이다.

100m 거리를 두고 신발을 파는 가게가 두 곳 있다. 두 가게의 판매대에 진열되어 있는 상품은 대부분 값비싼 고급 구두다. 고급 구두는 마진이 높아서 그럭저럭 가게를 운영할 수 있었다. 그런데 두 가게의 주인은 요즘 고민이다. 매출이 예전 같지 않기 때문이다. 갈수록 손님이 줄어드니 생계를 걱정하지 않을 수 없다.

그러던 어느 날 한 손님이 찾아와 샌들을 찾는다. 이 손님은 두 곳의 매장을 둘러본 뒤 샌들이 없다고 투덜거리며 나간다. 그 모양을 본 두 가게 주인들 역시 투덜댄다. 한 사람은 별 손님 다 본다며, 또 다른 한 사람은 손님이 찾는 샌들이 없다고.

몇 달 후 이들 가게에는 어떤 변화가 찾아왔겠는가?

우리는 이들 신발 가게 주인과도 같다. 우리들이 운영하는 삶의 가게에는 수시로 변화의 손님이 찾아온다. 그 손님을 어떻게 받아들일지는 순전히 우리 자신의 몫이다.

2) 신 념

▶ 문제 해결 가능성 예견하기

'해결하지 못할 문제는 없다'는 말이 있다. 정말 그렇다. 콜럼버스가 달걀의 끝을 조금 깨서 불가능한 일처럼 보이던 '달걀 세우기'에 성공했듯이 문제가 있으면 해결책도 있기 마련이다. 문제 속에는 반드시 해결의 열쇠가 숨겨져 있다는 믿음을 잃지 않는 한 그것은 더 이상 문제가 아니다. 난공불락의 요새도 어디엔가 빈틈이 있듯이 아무리 어려운 문제도 해결의 실마리는 있다. 문제를 해결할 수 있다는 신념이 문제 해결 단서를 찾게 만든다. 그러니 문제는 해결되기 위해 존재한다는 신념을 잃지 말자.

여기 문제의 본질에 대한 명쾌한 명언이 있다.

"어떤 것이 문제라면, 거기에는 반드시 해결책이 있기 마련이다. 하지만 중동에는 해결책이 없다. 따라서 그것은 문제라고 할 수 없다."[20]

1967년 중동에서 발생한 6일 전쟁 당시 영국 수상 맥밀란이 한 말이다.

사실, 문제 해결의 최대 적은 불안한 마음이다. 문제는 잔잔한 마음에 돌을 던지기 때문에 평상심을 유지하던 사람도 문제를 만나면 당황하기 일쑤다. 마음은 점점 불안해지고, 불안은 문제를 눈덩이처럼 부풀린다. 문제와 불안은 상승 작용하는 성질이 있다. 문제는 불안을 일으키고 불안은 문제를 키우고.

이런 식의 진행을 막는 방법은 문제는 해결된다는 신념을 갖는 것이다. 문제 해결 가능성에 대한 신념은 문제와 불안 사이의 연결고리를 끊어놓는 효과적인 방법이다.

시내에 있는 상담소에 내담자 한 명이 찾아와 자신의 문제를 털어놓았다.

"선생님 저는 남 앞에서 말을 제대로 못 해요. 평상시는 괜찮은데 많은 사람들이 모인 곳에 가면 너무 떨려서 말이 제대로 안 나와요."

"다른 사람처럼 남 앞에서 당당히 말하고 싶은데 그게 잘 안돼서 걱정이군요. 그 문제가 영원히 해결되지 못할까 봐 두려운가요?"

"아니요. 그렇지는 않아요. 언젠가는 해결되겠죠."

"그렇다면, 그건 문제라고 할 수 없어요. 언젠가는 해결될 테니까. 그러므로 남 앞에서 말을 제대로 못 할까 봐 걱정할 이유도 없는 거죠."

▶ 소신으로 결정하기

흔히 '나는 나를 결정한다'고 생각한다. 정말 그럴까? 문제 맞추기 실험은 이에 대한 답을 제시해준다. 5명이 미리 짜고 거짓 답을 말하게 되면 나머지 1명도 거짓 답을 말한다.

누구나 맞힐 수 있는 아주 간단한 문제의 답을 알고도 틀리는 이유는 분명하다. 사회적 동물인 인간은 집단을 떠나서 존재할 수 없다. 사회생활은 다른 사람과 관계 맺기를 통해서 가능하다. 관계 맺기는 다른 말로 상황의 연속이다. 우리는 사회생활을 하면서 상황을 만나고 집단의 의지에 편승한다. 상황 속에서 발생하는 집단 의지는 강력하기 때문에 상황에 순종하는 것이 안전하다. 이러한 상황의 힘은 무서울 정도다. 과거 마녀사냥이 가능했던 이유도 상황의 힘 때문이다.

오늘날도 집단 따돌림 현상은 여전히 존재한다. 이러한 상황의 힘이 우리를 지배하기 때문에 소신껏 살아가기 힘들다. 자신의 의지대로 말하고 행동할 수 있는 일련의 결정 과정이 순조롭지 못할 때 우리는 좌절이나 굴욕감을 느끼게 된다.

우리는 자신의 삶을 스스로 통제하고 싶어한다. 우리가 자기 자신을 통제할 수 있을 때 우리는 보다 생산적이며 능동적인 삶을 살 수 있다. 비록 상황에 흔들리는 들꽃 같은 존재일지라도 우리 자신의 소신을 발휘할 기회를 찾아야 하는 이유다.

한 농부가 밭에서 혼자 무를 뽑고 있었다. 주변 밭에는 대부분 배추가 심어져 있었고, 간혹 수확한 배추를 차로 실어 나르기도 했다.

배추를 심은 사람들은 무를 심은 농부에게 보란 듯이 얘기했다.

"거봐. 우리 말이 맞지? 올해는 배추를 심어야 한다고 했잖아."

사람들은 올해 무의 값이 폭락하자 무를 심었던 농부에게 쓴소리를 해댔다. 농부는 인건비를 절약하기 위해 혼자 수확하면서 생각했다.

'사람들 얘기가 맞아. 그렇지만 내가 소신껏 결정한 일에 후회하면

뭐하리. 올해는 내 생각이 빗나갔지만, 작년엔 내 생각이 들어맞았잖아?'

3. 동 기(의지)

▶ 자신감과 의욕 갖기

소금에 절인 오이를 보았는가? 후줄근한 모양이 영 맥이 없다. 어떤 사람이 마치 절인 오이 같다면 어떻게 해야 할까? 전기 실험을 당하는 개 얘기를 먼저 해보자.

바닥에 전기충격장치가 되어 있는 방에 개를 가둬놓고 전기를 통하면 개는 다른 방으로 도망간다. 그런데 다른 방으로 통하는 문을 잠근 뒤 계속 전기 충격을 가하면 어찌 될까? 처음엔 발버둥 치던 개도 시간이 지나자 얌전하게 전기 충격을 받아들인다. 무기력은 이처럼 학습된다. 누적된 실패감이 의욕을 갉아 먹는다. 학습된 무기력으로 인해서 절인 오이 신세가 되고 만다.

우리 주변에는 학습된 무기력으로 의욕상실증에 걸려있는 사람이 너무나 많다. 그중에는 보통 사람뿐만 아니라 천재도 끼어있다.

17년 동안 바보로 살았던 멘사 협회(IQ 상위 2% 그룹) 회장 빅터를 아는가? IQ 73으로 원숭이 취급을 받았던 그의 실제 지능지수는 173이었다. 발명왕 에디슨 같은 엉뚱한 말과 행동이 그를 저능아로 만들었다. 사람들이 바보라고 부르니 자신도 바보인 줄 알았다. 중학교(메를린 학교)를 자퇴하고 아버지를 도와 정비소 일을 거들며 17년 동안 그는 정말 바보처럼 살았다. 그러던 어느 날 우연히 자신의 진짜 지능지수를 알고 나서야 비로소 바보의 굴레를 벗어날 수 있었던 빅터.

천재가 바보로 살았던 이 어처구니없는 일이 벌어진 이유는 무엇인가? 우리는 자신에 대한 믿음보다 주변 사람이 자신을 어떻게 보느냐에 목을 맨다. 사람들이 천재라고 하면 천재가 되고, 바보라고 하면 바보가 된다. 무기력의 학습은 이와 같은 방식으로 진행된다. 의욕과 자신감을 깎아내리는 수많은 말과 행동들. 우리는 점점 무기력의 터널에 갇히고 만다.

어떻게 하면 무기력의 터널에서 벗어날 수 있을까? 해답은 간단하다. 사소한 성공경험을 많이 가져서 자신감을 회복하는 것이다. 거창할 필요는 없다. 자신의 행위에 의미를 부여할 수 있는 소소한 일이라도 좋다. 방을 청소했더니 잘했다고 칭찬을 받는다든지, 심부름을 잘해서 용돈을 두 배로 받는다든지, 운전면허를 취득한다든지…. 일상의 작은 일에서부터 자신감은 싹튼다. 자신감이 자랄수록 의욕도 커진다. 이들의 관계는 사촌지간이다.

의욕적으로 살고 싶은가? 그렇다면 자신감부터 쌓도록 하자.

소금 절임 오이 32

빅터(Victor Serebriakoff) 85

▶ 자신의 강점을 믿고 나아가기

살다 보면 더 이상 길이 안 보일 때가 있다. 벼랑 밑에 떨어져 올려다본 하늘은 까마득하다. 날아서 갈 수도, 기어서 오를 수도 없을 것만 같다.

그런데 거미를 떠올려보자. 거미줄을 칠 수 있는 재주 하나로 먹고 산다. 원숭이도 나무를 잘 타는 재주를 발휘해 살아간다. 우리도 각자 자신만의 강점이 있다. 이 강점이란 자신만의 특별함이다.

개그 프로그램에는 특별한 사람들이 등장해 재미를 북돋운다. 비만한 몸을 역 이용해 코믹 쇼를 펼치는 사람, 유명인사의 성대모사로 주가를 올리는 사람, 못생긴 얼굴을 치장해 더욱 형편없는 얼굴로 이목을 끄는 사람. 이들에게 약점이란 개념은 없다. 이들의 약점은 자신만의 고유한 강점이 되고, 이것은 곧 그들만의 특별함이다.

그러니 약점에 기죽을 필요가 없다. 그보다는 강점을 키우는데 에너지를 쏟자. 아무리 보잘것없는 재주라도 강점으로 키울 수 있다.

들쥐가 길을 가다가 두더지를 만났다. 들쥐는 못생긴 두더지를 보고 가문의 수치라고 놀려댔다. 그도 그럴 것이 심 봉사 같은 눈에 입만 삐죽 튀어나와 볼품없는 꼴이 무엇을 할 수 있을까 싶다.

들쥐는 자신의 준수한 용모를 자랑하며 콧노래를 불렀다. 그런데 들쥐의 노랫소리를 듣고 난데없이 고양이가 달려들었다. 두더지는 재빨리 땅속으로 파고들어 가 위기를 모면했지만, 들쥐는 그만 고양이 밥이 되고 말았다.

강점은 우리가 넘어지거나 위기에 빠졌을 때 유용한 도구가 된다. 실제로 강점의 삽을 이용해 한 우물을 파다 보면 언젠가는 원하는 것을 얻을 수 있다. 그러니 자신의 강점을 믿고 앞으로 나아가야 한다.

3. 희망과 심리기제

좌절, 절망, 낙담 같은 부정적 정보-에너지는 어디서 오는가? 우주 정신은 밝음뿐만 아니라 어둠을 동시에 품고 있다. 이것은 절대적으로 존재하지만 우리는 그것을 주관적(상대적)으로 인지한다.

사업에 실패했다고 하자. 어떤 사람은 재기(再起)를 꿈꾸며 다시 시작하는가 하면, 어떤 사람은 절망에 빠져 죽음을 선택하기도 한다. 동일한 상황인데 왜 이런 차이가 나는 걸까? 그 이유는 우리의 심리기제에서 찾아야 한다. 물론 엄밀히 말해서 동일한 상황도 존재하지 않는다. 사업의 종류와 그에 얽힌 여러 가지 여건이 같을 수 없기 때문이다. 그렇지만 부정적 상황, 또는 사건 현상이라는 점에서 공통적이다. 정도의 차이는 있지만, 실패 속에는 좌절, 절망, 낙담 같은 부정적 감정을 유발하는 정보-에너지가 들어있다. 우선 사업 실패와 관련된 정보-에너지는 감각세계를 거쳐 의식세계에 들어온다.

의식세계에서 중요한 역할을 하는 작업통제관리기는 감지된 정보와 에너지를 두 개의 기관(정보처리기와 에너지처리기)이 각각 처리하도록 제어와 통제권을 행사한다. 이때 정보처리기는 실패와 관련된 정보(은행의 압류통지서 내용 같은)를 읽고 분석하게 되는데, 이와 동시에 에너지처리기도 작동되어 감정을 생산해낸다. 당연하지만 부정적 정보이기 때문에 부정적 감정을 발생시키기 마련이다. 작업통제관리기는 이를 종합하여 슬픔을 표현하는 반응을 하도록 행동세계에 명령을 내린다. 이것이 일반적인 현상이다.

그런데 작업통제관리기가 성숙되어 있다면, 두 기제(정보·에너지처리기)가 처리한 정보(지식)와 에너지(감정)를 적절히 통제하여 감정을 정화시키고, 냉정하게 대처하도록 조치를 취할 것이다. 이런 사람은 실패를 경험하고 있으나 좌절이나 절망으로 빠지지 않을 가능성이 높다. 부정적 감정을 경험하지만, 긍정적 기대나 희망으로 전환 작업을 해서 개인 무의식 장기저장고나 단기기억저장고에 저장한다.

작업통제관리기는 전환 작업 과정 중 필요할 경우 무의식세계에 저장된 정보와 에너지(과거의 경험)를 끌어와서 참조하기도 한다. 참조과정에서 긍정적인 정보와 에너지는 부정적인 감정을 감소, 또는 상쇄하는 데 도움을 준다. 즉, 지금까지 생활하면서 저장되어 있는 긍정적 정보-에너지는 작업통제관리기가 상황을 긍정적으로 해석, 통찰할 수 있게 하는 소중한 자원이 된다. 이것은 내부에서 일어나는 긍정적 환류로 자정작용과도 같은 것이다. 긍정적 환류가 일어나는 동안은 외부로부터 들어오는 부정적 자극(정보-에너지)은 차단되거나 감퇴되며, 결과적으로 부정적 감정(좌절, 절망, 낙담)을 경험할 확률이 적어지게 된다.

이와 같은 과정은 희망의 심리기제를 설명해주고 있다. 희망은 좌절, 절망, 낙담 같은 부정적 감정 대신 긍정적 감정을 느끼고 경험하는 일련의 과정이다. 우리는 심리적으로 부정적 감정을 줄이고 희망, 기대, 바람 같은 긍정적 감정에 대한 경험을 선호하게 되어 있다. 이것은 우주정신이 변화와 성장을 통하여 자아실현을 하도록 설계하였기 때문이다. 희망은 자아실현 과정에서 증폭된다.

제13장
용 기

Courage

　　용기는 두려움 앞에 당당히 맞서는 것이다. 힘에 부치거나 무섭더라도 옳다고 믿는 일을 위해 나가는 것. 그것이 용기이다. 용기를 사전적 의미로 풀이하면 씩씩하고 굳센 기운, 또는 사물을 겁내지 아니하는 기개를 뜻한다.

　　우주정신은 용기를 어떻게 징표로 남겼을까? 돌고래가 좌초할 위험을 무릅쓰고 해변으로 달려들어 물고기를 사냥하는 모습이나, 천적인 물개가 도사리고 있는 바닷속으로 뛰어드는 펭귄의 모습에서 용기를 읽을 수 있다. 인간 세상에도 동토(凍土)의 에베레스트 산이나, 절벽에 도전하는 사람이 있다. 용기는 도전정신을 필요로 하는 진취적인 기상이다.

입수하는 아델리 펭귄 86   **암벽 등반** 87

　이렇듯 용기의 정보－에너지는 굉장히 강렬하다. 마치 용광로의 불덩이 같다. 지금도 타오르는 활화산의 마그마 속에서 용기의 정보－에너지를 발견할 수 있다. 강렬한 힘이 용기의 바탕인 것이다.

　그래서 아리스토텔레스는 군인계급이 가져야 할 최고의 덕목으로 용기를 들었다. 군인은 가족이나 국가를 지키기 위해 강인한 정신력과 체력, 그리고 무예를 지녀야 한다. 어떤 일을 도모하고자 하는 사람은 군인과 같은 강인함이 필요하다. 불굴의 의지와 투지가 군인정신이다. 군인정신이야말로 용기의 다른 표현이다.

　그러나 용기도 크게 도덕적 용기와 육체적 용기로 나눌 수 있다. 도덕적 용기는 불의와 타협하지 않고, 옳지 않은 유혹을 과감히 물리치는 정신적 지조를 의미한다. 육체적 용기란 신체적으로 위험에 직면했을 때, 위축되거나 굴하지 않고 당당히 맞서는 실천적 의지이다.

　이 두 가지 용기를 모두 갖추었을 때 진정한 용기이다. 진정한 용기는 순간순간 아름다운 인생의 찬스를 만들어준다. 이것은 순식간에 성공적인 인생으로 바꿔놓는 신비의 마술이다. 또한, 이것은 슬픔을 잘라내는 치유의 칼이다. 두려움과 슬픔, 고통으로부터 벗어나게 해주는 촉매제 역할을 한다. 그래서 진정한 용기는 영원히 죽지 않는 불사조이고, 영원불멸의 생명이다. 그것은 영광의 또 다른 이름이기 때문에 이를 통해서 생애 최고의 영예를 얻을 수 있다. 상황이 어려운 것은 문제가 되지 않는다. 용기가 '있는가? 없는가?' 이것이 문제이다.

이러한 용기는 포기하지 않는 정신이다. 어려움에 봉착했을 때 포기하지 않고 적극적으로 대처해나가는 과정에 필요한 것이 용기다. 그러나 자신을 믿지 못하는 사람에겐 용기가 생기지 않는다. 자신의 능력과 투지, 신념을 믿고 결단을 내릴 수 있을 때 용기 있는 사람이 된다.

결국, 용기는 힘에 부치거나 무섭더라도 옳다고 믿는 일을 위해 당당히 맞서는 자세로 두려움을 극복하고 원하는 바를 얻도록 하는 가치이다.

2. 용기의 구성요소

1) 명 예

▶ 부끄러운 행동 피하기

사람은 잘 태어나는 것도 중요하지만, 잘 죽는 것도 중요하다. 사람에 대한 최종적인 평가는 사후에 이루어지기 때문이다.

이라크의 후세인 대통령이 바그다드를 공습하는 미국 폭격기에 맞서 국민들과 함께 총을 쏘며 항전을 하다 포탄에 맞아 죽는다. 국민들은 그의 비장한 최후를 보고 감동하여 너도나도 총을 들고 거리로 나선다. 너무나 많은 민간인들이 가세하는 바람에 미군도 함부로 포탄을 퍼부을 수 없다. 세계 각국의 언론들이 전쟁 중지를 역설한다. 결국, 미국은 국제적인 여론에 밀려 이라크에서 철수하고 후세인은 국가를 구한 영웅이 된다.

이상은 이라크 전쟁의 가상 시나리오다. 그러나 실제 결과는 어땠는가? 후세인은 두더지처럼 숨어있다 발각되어, 결국 재판을 받고 사형되었다. 한 나라의 리더로서 명예로운 길이 있었지만, 그는 부끄러운 모습으로 최후를 맞았다.

우리는 생존이라는 덫에 걸려 비굴한 모습을 보일 때가 있다. 어느 누구도 이 덫을 피해 갈 수 없다. 살아남기 위해서 다른 사람을 모함하고 질시하며 권력을 탐한다. 대부분의 사람들이 생존의 덫에 걸려드는 것은 어찌 보면 당연하다. 생존은 그만큼 지상 최대의 과제이다.

우리는 이 과제를 완수하기 위해 명예로운 죽음보다는 다른 사람을 희생시켜서라도 살아남기를 원한다. '개똥밭에 굴러도 이승이 낫다'는 말은 인간의 속성을 잘 표현하고 있다. 그래서 부끄러운 행동은 죽을 때까지 계속된다. 우리는 죽어서야 부끄러운 행동을 멈출 수 있다.

죽는다는 것은 육체적인 죽음만을 의미하지 않는다. 만약 정신적으로 이미 죽어있다면, 반성과 회개를 통하여 다시 태어나자.

▶ 모범을 보이기

중국 전국시대의 위나라 오기 장군은 명장으로 유명하다. 76전 64 승 12무의 전적이 그의 성적이다. 승률이 84.2%가 넘고 한 번도 진적 이 없다. 도대체 그에겐 어떤 비결이 있었던 것일까?

그는 병사들과 함께 걸어서 행군했으며, 병사들처럼 얇은 옷을 입 고 사병 식당에서 함께 밥을 먹곤 했다. 심지어 부상당한 병사의 환 부에 있는 고름을 입으로 빨아 치료해주었다니 놀랄 일이다. 그의 이 러한 행위는 다분히 계산적인 것으로 병사들도 모를 리 없다.

그런데도 오기 장군의 리더십이 통하는 이유는 무엇일까? 어차피 상명하달의 군대 조직에서 진정성이나 인간적인 사랑은 기대하기 어 렵다. 딱딱한 병영문화에서 오기 장군의 인간적 행동은 신선한 충격 을 주었음에 틀림없다. 의도적이든 아니든 병사들은 상관이 자신들의 사정을 들어주고 함께한다는데 인간적인 매력을 느꼈으리라.

오기 장군 또한 병사들과 함께하기 위해서 대단한 용기가 필요했을 것이다. 장군의 용기 있는 행동이 병사들의 사기를 높이는 기폭제가 되었음은 두말할 나위 없다. 그래서 예나 지금이나 모범 보이기식 리 더십은 대단한 효과를 발휘한다. 최상의 리더십은 사람의 마음을 얻 는 데 있기 때문이다.

최고의 리더십을 발휘하고 싶은가? 그렇다면 명령과 지시의 유혹을 뿌리치고 모범 보이기식 리더십을 익히자.

한 중학교 교실에서 담임교사 혼자 청소를 하고 있었다.

마침 복도를 지나가던 동료 교사가 이를 보고 혀를 차며 물었다.

"김 선생님, 혼자 청소하시는 거예요? 애들은 다 어디가고."

담임교사는 멋쩍게 웃으며 대답했다.

"예, 저는 지금 청소하는 방법을 시범 보이는 중이에요. 조금 전까지 애들이 많았는데 다들 집으로 실습하러 갔어요."

2) 도 전

▶ 두려움에 당당하기

대한국인 안중근은 청년 시절 오늘날의 복권과 같은 채표(彩票)를 발매하는 회사를 운영하다 봉변을 당할 뻔했다. 추첨기계가 고장 나한 등수에 하나만 나와야 할 표인(票印)이 5, 6개씩 나오는 바람에 협잡한 것으로 오해를 받은 게 발단이다. 성난 군중들의 공격을 받은 안중근의 태도는 어떠했는가?

보통 사람은 생명의 위협을 받으면 대개는 도망치기 바쁘다. 그런데 그는 흥분한 군중을 상대로 설득을 시도하다 먹히지 않자 권총을 뽑아들고 대중을 제압한 뒤 단순한 사고임을 설명한다. 결연한 의지로 사태를 수습하는 대범함이 돋보이는 대목이다.

대범함은 두려움에 당당히 맞서는 최선책이다. 자꾸 피하려 하면 두려움은 살을 붙여 더욱 거세지기 마련이다. 두려움은 도망자의 마음에 자석처럼 붙어있다가 이내 온몸을 장악해 버린다. 이것은 마치 바이러스처럼 나약한 마음을 공격하는 습성이 있다. 그러므로 두려움의 습성을 잘 알고 대처해야 한다.

자신을 괴롭히는 두려운 대상이 있는가? 그렇다면 담대한 마음으로 두려움을 정면 돌파하자.

▶ 새로운 일에 도전하기

심리학자 매슬로우는 먹고 자고 입는 생리적 욕구 다음으로 안전의 욕구가 중요하다고 했다. 낯선 곳보다는 익숙한 곳에 머무르려 하고, 모르는 사람보다 아는 사람을 가까이하려는 이유가 안전의 욕구 때문이다. 익숙한 환경에서 친숙한 사람들과 습성화된 방식으로 살아가는 삶의 형태는 매우 자연스럽다. 대부분의 사람들은 이런 삶을 즐긴다. 익숙한 길만 다니면서 아는 사람만 만난다. 이것은 보편적인 삶의 모습이다. 문제는 평탄한 길을 가다가 갑자기 돌발적인 사태가 발생했을 때다. 홍수나 지진 같은 천재지변으로 길이 절단되고, 한복판에 커다란 바위가 놓여있고….

이런 경우에 우리는 어떤 기분을 느끼는가? 새로운 상황에 가슴이 뛰는가, 아니면 걱정하기 바쁜가? 모든 것이 만족스러워 나른해진 오후, 따분한 하루하루를 보내본 사람은 알리라. 천국은 이런 곳이 아니라고. 그래서 매슬로우는 자아실현이라는 한 차원 높은 또 다른 욕구를 제시한다.

가치
통섭

『갈매기의 꿈』의 주인공 조나단은 이색적인 행동으로 다른 갈매기의 핀잔을 듣기 일쑤다. 그는 매우 위험한 수직활강이나 추락 위험이 큰 저공비행을 주저하지 않는다. 그의 관심은 고강도 기술로 멋지게 비행하는 것이다. 다른 갈매기들이 먹이 잡이에 연연할 때, 그는 색다른 비행연습으로 부상을 당하기도 한다. 도대체 왜 그는 이런 무모한 짓을 하는 걸까? 다른 갈매기들은 관심도 두지 않는 고차원적 '날아보기', 이것이 그의 진정한 욕구이며 모험을 감행하는 이유다.

우리는 식상한 일상에서 벗어나 새로운 인생의 맛을 느끼기를 원한다. 느끼한 고기는 더 이상 먹기 싫다. 신선한 과일과 채소가 필요하다. 권태로운 삶을 벗어나게 해줄 새로운 것을 찾고 싶다. 그런데 지금의 안락함을 벗어던질 용기가 나지 않는다. 나비가 번데기에서 탈출하기 위한 가장 유용한 덕목은 용기이다.

새롭게 비상하고 싶은가? 도전으로 원하는 삶을 살고 싶은가? 그렇다면 안락한 둥지를 박차고 조나단 갈매기처럼 날개를 펴야 한다.

매슬로우 욕구 5단계

▶ 고난을 극복하여 보상받기

　　고난은 심술꾸러기 같다. 실컷 약 올리고 힘들게 해놓고는 마지막에 '당근'을 준다. 수고한 대가로 보상을 주니 결코 밉지가 않다. 나폴레옹이 '내 사전엔 불가능이란 없다'는 신념으로 험준한 알프스 산을 넘었던 것도 승전이라는 보상을 기대했기 때문이다.

　　고난은 높은 산꼭대기에서 바위를 굴려 사람들을 시험한다. 올라오지 못하도록 훼방을 놓고 괴롭힌다. 산꼭대기에 맛있는 '당근'을 숨겨 놓고 아무나 가져가지 못하게 한다. 시험을 통과한 소수의 사람만이 그 '당근'을 얻을 수 있을 뿐이다.

　　에드먼드 힐러리 역시 소수의 사람 속에 들기 위해서 시험을 통과해야만 했다. 그는 에베레스트 1차 원정에 실패하는 시련을 겪었다. 산은 순순히 정상을 내어주지 않았다. 그러나 그는 '에베레스트는 성장을 멈췄지만 나는 성장한다'는 도전 정신으로 기필코 시험을 통과했다. 그리고 에베레스트 최초의 등반자라는 '당근'을 손에 쥐게 되었다.

　　분명 고난은 벅찬 상대이지만 그 대가는 크다. 그러니 고난을 멀리할 게 무언가? 차라리 친구삼아 같이 놀고 달콤한 보상을 받도록 하자.

가치
통섭

나폴레옹과 에드먼드 힐러리 89

3) 결 단

▶ 선택의 순간에 망설이지 않기

로마의 시저는 원로원의 군대 해산명령을 어기고 루비콘 강을 건넜다. 그는 "이미 주사위는 던져졌다."고 말하며 로마로 진군하여 폼페이우스 일파를 몰아냈다. 천하에 무서울 게 없는 그도 무장해제 선인 루비콘 강 앞에서 왜 고민하지 않았겠는가? 그러나 그는 칼을 버리는 대신 뽑아드는 쪽을 선택했다.

보통 사람인 우리도 살다 보면 목숨을 건 용단을 내려야 할 때가 있다. 아니다 싶으면 과감하게 가지치기를 해야 한다. 과일나무도 불필요한 가지를 잘라줘야 튼실한 열매를 맺는다. 선택의 순간에 결연히 칼을 들 수 있는 사람은 용기 있는 사람이다. 햄릿처럼 우유부단하게 아버지의 복수를 미루다 결국 모두가 죽게 된다면, 결코 바람직한 일이 아니다.

어떤 것을 선택한다는 말은 다른 것을 버린다는 의미이다. 무엇인가를 버릴 수 있는 용기는 선택의 순간에 매우 중요하다. 양자 선택의 순간에 어찌할 바를 몰라 갈팡질팡한 다음 나중에 후회한 일이 얼마나 많은가.

영국의 유명한 극작가로 노벨 문학상을 받은 버나드 쇼의 묘비에 적힌 글은 짧지만 강렬하다.

"내 인생, 우물쭈물하다가 이렇게 될 줄 알았다."

용기 있는 결단은 버려지는 대상에 죄를 짓는 행위가 아니다. 그것은 합당한 자신의 권리를 최종적으로 확인하는 의사결정의 과정이다. 초를 다투는 급박한 상황에서 신속한 의사결정은 명운을 좌우할 수 있다. 그러니 호박이라도 찔러보려면 칼을 빼는 일을 망설이지 말자.

어떤 사람이 장날에 소를 팔고 돌아오는 길에 강도를 만났다. 강도들은 돈을 내놓지 않으면 죽이겠다고 위협했다. 생명의 위협을 느낀 그는 순간적으로 고민했다. 소 판 돈을 강도들에게 내놓더라도 목숨을 구할 수 있을지 불투명했기 때문이다.

그는 품속에서 돈다발을 꺼낸 다음 "여기 있소." 하며 공중으로 던졌다. 강도들은 낙엽처럼 흩날리는 돈을 보고 달려가 줍기 시작했다.

강도들이 정신없이 돈을 줍는 혼란한 틈을 타 그는 재빨리 도망쳤다.

▶ 환골탈태 정신으로 무장하기

독수리는 우리 인간의 수명에 버금가는 약 70살 정도 산다. 새들 가운데 이만큼 장수하는 새도 드물다. 독수리의 장수비결은 무엇일 까? 독수리에게 40살 전후는 죽느냐 사느냐의 분수령이다. 부리는 목 을 파고들 정도로 너무 자라고, 날카로운 발톱은 발바닥 안쪽으로 휘 어져 쓸모가 없게 된다. 어디 그뿐인가? 무거워진 깃털은 하늘을 날 수 없게 만든다. 그야말로 가만히 있으면 죽을 수밖에 없는 상황이다. 그냥 이대로 죽을 것인가, 아니면 환골탈태(換骨奪胎)할 것인가?

죽음을 앞에 두고 독수리는 최후의 결정을 내려야 한다. 그리고 5 개월 동안, 처절한 변신의 과정을 밟는다. 높은 산꼭대기 벼랑에 둥지 를 틀고 제 기능을 다 한 부리를 바위에 내리쳐 깨뜨린 뒤 새로 돋아 난 부리로 발톱과 깃털을 뽑아낸다. 아무것도 먹지 않고 그야말로 사 투를 벌인다.

엄청난 고통을 감내하며 자신의 몸을 일신시키는 독수리의 환골탈 태 정신은 우리에게 귀감이다. 변화와 혁신은 대단한 각오와 용기없이 이루어지지 않는다는 점을 독수리는 말해준다.

지금보다 더 나은 삶을 꿈꾸는가? 그렇다면 독수리의 환골탈태 정 신으로 무장하라. 변화와 혁신이 필요할 때 용감하게 시도하라.

60이 넘은 나이에 대학원 박사과정에 입학한 사람이 있었다. 그 보다 나이가 한참 어린 입학생들은 그의 진학 동기가 궁금했다.

대학원 첫 모임이 있던 날, 궁금해하는 동기생들에게 그가 말했다.

"회사 생활할 때는 혁신하지 않으면 생존할 수 없었지. 그런데 회사를 은퇴하고 나니 혁신할 게 없더군. 그래서 고민하다가 입학한 거지. 집사람이 너무 늦은 나이라고 말렸지만, 내 나이가 어때서 공부하기 딱 좋은 나이잖아. 허허허."

4) 봉 사

▶ 행동으로 봉사하는 자세 갖기

'백 마디 말보다 한 번의 행동이 낫다'는 말은 상식적이지만 매우 유용하다. 자신을 입증하는 최선의 방법은 말이 아니라 행동이기 때문이다. 용기 있는 사람은 입을 적게 놀리고 손과 발을 많이 움직인다.

가을 낙엽이 쌓인 거리를 입으로 청소하는 사람과 손발로 청소하는 사람이 있다. 입으로 청소하는 사람은 권위를 어깨에 두르길 좋아한다. 어깨에서 권위가 흘러내리지 않도록 뒷짐을 쥐고 이래라저래라 지시한다. 일이 완료되면 자신이 지휘·감독을 잘해서 그렇다고 생각한다. 이 사람은 자화자찬에 능할 뿐만 아니라 공치사도 잘한다. 입으로는 다른 사람에게 공을 돌리지만 정작 실속은 자신이 차지한다.

봉사는 껍데기에 불과하고 이익 챙기기에 바쁘다. 요란한 현수막을 내걸고 사진을 마구 찍어댄다. 신문이나 잡지에 사진이 나오면 자랑스럽게 생각한다. 대부분은 의도적이다. 의도적으로 홍보전략을 구사하고 있다. 그러니 이건 봉사가 아니다. 포장된 봉사는 그 껍질이 벗겨지면 의미를 상실하고 사람들로부터 외면당하고 만다.

작은 것이라도 좋다. 손발로 직접 봉사를 실천해보자.

천국이 만원(滿員)이 되어 더 이상 사람을 받을 공간이 없을 지경에 이르렀다. 천사의 보고를 받은 하느님이 고심 끝에 특단의 조치를 내렸다.

"봉사활동시간이 많은 사람을 우선적으로 받아들이도록 하시오."

천사는 천국 문밖에 서 있는 사람들에게 하느님의 결정 사항을 전달했다. 천사의 말대로 사람들은 이승에서의 봉사활동 내역을 작성하여 제출했다. 얼마의 시간이 흐른 뒤 천사가 나타나 커다란 종이를 천국 문 옆에 붙였다. 기다렸다는 듯이 사람들이 우르르 몰려들어 천국입국자 명단을 확인했다.

명단을 확인하던 수많은 사람 중에 한 사람이 천사에게 달려와 뭔가 잘못되었다고 항의했다. 자신이 친구보다 봉사를 많이 했는데 자신의 이름이 왜 없느냐는 것이다.

천사가 서류를 확인한 뒤 말했다.

"이번 봉사활동시간 집계에서는 입으로 하는 활동은 제외시켰습니다. 천국은 손발을 움직여 사는 곳이니까요."

▶ 자존심을 내려놓고 봉사하기

한 행인이 어두운 밤길을 가고 있었다. 매우 캄캄하여 한줄기 불빛이 아쉬운 판이었다. 마침, 맞은편에서 누군가 등불을 들고 오는 게 보였다.

그 사람은 놀랍게도 장님이었다. 앞을 못 보는 장님의 특이한 행동에 행인이 물었다.

"앞이 보이세요? 등불은 왜 들고 다닙니까?"

그러자 장님이 대답했다.

"내가 불을 들고 다니면, 다른 사람이 나를 알아보고 피할 수 있을 테니까요."

장님의 말을 듣고 행인이 말했다.

"그러지 말고 그 등불을 내게 주시오. 당신에겐 오히려 지팡이가 필요할 것 같소."

장님은 행인이 자신을 비웃고 있음을 느꼈다. 그래서 이렇게 말했다.

"아니오. 이 불은 내게도 필요할 뿐만 아니라 밤눈이 어두운 다른 사람에게도 필요합니다."

장님의 말을 듣고 행인은 바보 같은 사람이라고 투덜거리며 가던 길을 갔다.

『탈무드』의 「장님과 등불」을 응용한 이야기다. 장님은 비웃음을 감내하면서 좋은 일을 하려 하고 있다. 장님이라고 자존심이 어디 없겠는가? 그럼에도 그는 용기를 내서 등불을 들고 가기를 고집한다.

길에 떨어진 휴지를 주워서 버리는 일조차 망설이는 요즘. 날로 치솟는 물가에 비례하여 우리들의 자존심도 높아만 간다. 봉사는 어찌 보면 자존심을 내려놓는 일이다. 몸을 낮추고 다른 사람의 입장에서 주변을 살펴야 한다. 몸을 꼿꼿이 세우면 봉사할 대상은 눈에 띄지 않는다.

참다운 봉사는 자존심을 버리는 일이며, 그것은 용기를 필요로 한다. 진정한 봉사를 원하는가? 그렇다면 자존심을 버리고 남을 위해 등불을 들자. 자신에게 필요 없는 등불을 들고 과감히 어두운 밤길을 나서자. 등불이 사그라질 때쯤 예전과 다른 자신을 발견할 수 있으리라.

3. 용기와 심리기제

어떤 두려운 대상(자극)이 코앞에 있으면 도망치고 싶어진다. 만약 회피하지 못할 상황이라면 비굴해지기까지 한다. 왜 그럴까? 우리의 마음은 어떤 위협을 느낄 때 방어기제를 작동시킨다. 스스로를 보호하기 위한 심리 전술이다. 위협적인 자극(정보-에너지)이나 대상에 민감하지 않으면 생존에 지장을 주기 때문에 순간적으로 포착하여 대처해야 한다.

이것은 진화론적 입장에서 타당하다. 원시 생명체인 인류가 고등사고를 하는 생명체로 발전하기까지 안전에 대한 위협은 최대 걸림돌이었을 것이다. 그렇기 때문에 대부분의 사람들은 두려움에 대한 안전(회피)을 최우선 과제로 생각한다.

감각세계에 들어온 위협적인 자극(정보-에너지)을 포착한 작업통제관리기(의식세계)는 정보처리기와 에너지처리기에서 나오는 지식(두려움을 주는 실체에 대한 분석처리 결과)과 감정(공포나 두려움 같은)을 재빨리 통합하여 회피나 저항, 또는 순응하도록 행동세계에 명령을 내린다.

이러한 심리적 과정은 생명체를 보호하기 위한 최적의 방법이라고 판단되었을 때 이행된다. 만약 작업통제관리기가 더 효과적인 방법을 찾아낼 수 있다면, 그것을 사용할 것이다. 예컨대, 회피의 방법이 아닌 정면 도전을 선택할 수도 있다.

도전은 생존 전술 가운데 하나이지만 쉽게 사용하기 어렵다. 왜냐하면, 위험을 감수해야 하기 때문이다. 위협하는 대상(자극)에 맞서는 일은 사인이 없는 보증수표와 같다. 생존을 담보로 확률이 낮은 게임에 배팅하는 행위를 작업통제관리기가 좋아할 리 만무하다. 도박을 앞두고 안전을 선택하도록 지시를 내리기 십상이다. 우리가 두려움이나 어려운 일을 당했을 때 안주하기 쉬운 까닭이다.

안전의 욕구는 작업통제관리기의 발달수준으로 보았을 때 가장 낮은 단계에 놓여있다. 낮은 단계에 놓여 있는 욕구일수록 생존에 중요한 요소이다. 달리 표현하면 낮은 단계의 욕구는 작업통제관리기의 발달수준이 높지 않아도 무방하다. 만약 작업통제관리기의 발달수준이 높다면 위험을 무릅쓰고 도전을 시도할 것이다.

실제로 용기 있는 사람은 위험요인을 알고서 행동한다. 목숨을 건 암벽 등반이나 절벽 다이빙을 하는 사람이라고 두려움을 모르는 것이 아니다. 그들은 자아실현이나 초월 같은 차원 높은 목표를 달성하기 위해 용기를 낼 뿐이다.

그러므로 용기는 작업통제관리기의 발달수준과 관련 있다. 발달수준이 높을수록 정보처리기(지식)와 에너지처리기(감정)의 처리 결과를 긍정적으로 구성하고 통찰한다. 용기는 이러한 작업통제관리기의 작업결과에 따른 것이다.

발달된 작업통제관리기는 정보처리기와 에너지처리기의 처리 결과가 부정적(두려움. 공포 같은 감정과 관련된 지식)이더라도, 이를 숙고한 다음 재해석하여 용기 있는 행동을 하도록 명령을 내린다.

제14장
성 공

1. 성공의 개념

　　　　　성공이란 무엇인가? 사람은 누구나 성공적인 삶을 꿈꾸지만, 성공적인 삶에 대한 지각은 각자 다르다. 사회적으로 중시하는 부와 명예를 가졌음에도 불구하고 자신을 성공한 사람으로 보지 않는 이들이 의외로 많다. 이것은 결국 기준의 문제이다. 자신이 정한 기준에 만족할 만한 성취를 얻었을 때 성공이란 말을 사용할 수 있다.

　이는 곧 성공이 주관적인 자기만족과 관련되어있음을 시사한다. 크고 작은 목표를 정하고 그 목표를 달성하는 과정에서 기쁨을 느끼고, 그 결과에 만족하는 순간이 성공이다. 아무리 세상의 이목을 집중할 만한 거대한 일을 했을지라도 그 결과에 만족하지 못하면, 진정한 의미의 성공이라 할 수 없다.

　물론 사회적으로 인정하는 객관적인 성공도 성공의 한 부류일 것이다. 돈을 많이 버는 직업, 사회적으로 높은 지위, 존경받는 직책, 호화로운 집과 자동차 등은 사람들이 부러워하는 사회적 성공 모델이다.

그런데 이런 것들도 주관적으로 설정된 기준이다. 어떤 사람은 이러한 사회적 성공 모델을 성공으로 보지 않고, 마음 편하게 농사짓고 사는 모습을 성공 모델로 삼는다. 단지 사회적 성공 모델을 기준으로 설정한 사람의 빈도가 많다는 것이지, 그것이 절대적인 의미를 갖지 않는다.

따라서 개인적 의미부여와 가치를 바라보는 관점(가치관)이 성공의 기준 설정에 중요한 영향을 미친다. 우리가 어떤 일에 매진하기 위해서는 그 일이 의미 있어야 하고, 자신의 관점에 맞아야 한다. 그렇지 않으면 그 일을 달성하고도 성공했다는 느낌을 갖지 못한다. 말하자면 성공은 일에 대한 개인적 의미부여의 결과이다.

우주여행산업에서 두각을 나타내고 있는 버진그룹의 리처드 브랜슨 회장은 다음과 같이 말한 바 있다.[98]

"평생 얼마를 벌었느냐로 기억되는 사람은 없다. 은행계좌에 10억 달러를 넣어둔 채 죽든, 베개 밑에 20달러를 남기고 죽든, 그런 것은 별로 중요하지 않다. 인생에서 성취는 그런 게 아니다. 중요한 것은 무언가 특별한 것을 창조했는지, 다른 사람의 인생에 진정한 변화를 일으켰는지 여부다."

브랜슨 회장처럼 일에 대해 개인적인 의미부여를 한 사람은 자발적으로 그 일을 분석하고 창조하며 실천한다. 자발성은 동기를 의미하며 성공의 가장 기초가 된다. 어떤 일도 동기부여가 되지 않으면 높은 성취는 기대하기 어렵다. 그만큼 동기는 중요하다. 스스로 하고자 하는 의욕이 있을 때 성공의 요소인 분석력, 창조력, 실천력이 제대로 발휘될 수 있다.

분석력은 어떤 일의 성격을 파악하고 문제점을 찾아낸 다음 해결하는 과정에서 요구된다. 마치 칼로 오이를 잘게 썰듯이 조목조목 따져보면 해결의 실마리가 보이기 시작한다. 우리는 분석력을 발휘하여 어떤 문제의 원인을 파악하고 대처할 방법을 찾는다. 그렇기 때문에 분석력은 성공의 출발점이다.

분석력이 오이를 잘게 써는 과정에 비유된다면 썰어진 오이를 가공하는 과정에서 필요한 요소가 창조력이다. 우리는 칼로 손질한 오이를 가지고, 어떻게 하면 보기 좋고 맛있게 반찬을 만들까 고심한다. 오이 반찬을 만드는 작은 일에도 창조력이 동원된다는 의미이다.

창조력은 새롭고 참신한 아이디어를 생산하는 힘이다. 자신이 하고자 하는 일이 무엇이든 새롭고 참신한 방식을 찾고 응용할 줄 알아야 한다. 창조는 거창한 일을 할 때만 필요한 것이 아니다. 아무리 소소한 일일지라도 다른 각도에서 뒤집어서 생각해보는 습관이 중요하다. 역발상은 창조의 바탕이다.

그러나 창조된 아이디어는 행동으로 옮겨졌을 때 비로소 숨을 쉰다. 아무리 참신한 생각이나 전략도 실천하지 않으면 소용없다. 즉, 실천력은 결정적인 성공요소이다.

우주정신은 스스로 창조하고 변화, 성장하는 속성을 지니고 있다. 성공이야말로 우주정신의 직접적인 표출이다. 스스로 설정한 기준에 이르기 위해서 창조하고 성취하여 변화와 성장을 가져오는 것, 이것이 바로 성공의 참의미이다. 그래서 우주정신은 성공의 정보-에너지를 온우주에 뿌려놓고 모든 만물들이 성공적인 삶을 살도록 조장한다. 특히, 우주정신의 분신인 인간은 스스로 성공적인 삶을 설계할 능력을 갖추고 있다. 자기 자신만의 특성을 깨닫고 기준점을 설정하여 노력하다 보면, 스스로 만족스러운 자신을 언젠가는 발견하게 될 것이다.

그러므로 성공은 스스로에게 알맞은 범위를 정하고, 그 범위 안에서 목표점에 도달하는 것으로 지금 현재보다 성장, 발전한 자신을 깨닫게 하는 가치라 할 수 있다.

2. 성공의 구성요소

1) 창 의

▶ 새로운 시각으로 보기

"마치 물 위에 떠 있는 기름처럼 생각하시오."

그리스의 선박 왕 오나시스가 그의 성공비결을 묻는 사람들에게 한 말이다.[2] 알다시피 물과 기름은 상극이다. 물이 기름이 될 수 없고 기름이 물이 될 수 없다. 그리고 물은 지구의 70%를 차지한다.

사람도 마찬가지다. 물과 같은 사람이 대부분이다. 극소수의 사람만이 기름처럼 생각하고 행동한다. 아주 일부 사람만이 독특한 눈을 가지고 사물을 본다. 그들은 새로운 시각으로 상상력을 발휘한다.

피카소의 설치작품 '황소 머리'를 아는가? 버려진 자전거의 핸들과 안장으로 만든 단순한 작품이 우리에게 주는 메시지는 강렬하다. 모든 것은 보는 대로 보인다. 쓸모없는 자전거로 보면 그렇게 보이고 유용한 예술작품의 재료로 보면 또 그렇게 보인다. 보는 눈의 차이가 결과의 차이를 만든다.

피카소는 성공의 비밀을 알고 있었다. 새로운 물질, 새로운 소재가 중요한 것이 아니라, 새로운 시각이 중요하다는 사실을. 자신의 삶을 성공적으로 만들고 싶은가? 그렇다면 물 위에 떠 있는 기름처럼 생각하고 행동하라.

한 여인이 아무도 거들떠보지 않는 돌산을 사겠다고 중개인을 찾아왔다. 중개인은 많고 많은 땅 중에서 아무 쓸모도 없는 돌산을 사느냐며 말렸다. 크고 작은 돌과 바위로 뒤덮인 그 산은 누가 보아도 값어치가 없어 보였기 때문이다.

그러나 이 여인은 그 돌산을 꼭 사고 싶다며 알선을 부탁했다. 중개인은 지주에게 연락하여 매수 의사를 밝혔다. 쓸모없는 돌산을 사려는 사람이 있다는 중개인의 말을 듣고 주인은 얼씨구나 싶었다. 이렇게 하여 아주 저렴한 가격에 돌산은 매매되었다.

몇 년 뒤 그 돌산은 어찌 되었을까?

돌들은 선별하여 건축자재로 팔려나가고 돌들이 사라진 자리에는 학교 건물이 들어섰다. 여인은 속된 말로 꿩 먹고 알 먹은 것이다.

가치
통섭

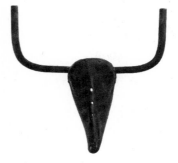

그리스의 선박왕 오나시스 90   피카소의 『황소 머리』 24

▶ 문제 해결의 열쇠인 물음표 던지기

'문제는 해결되기 위해서 존재한다'고 한다. 오늘날 우리가 사용하고 있는 편리한 생활용품은 불편을 유발하는 문제들을 해결한 결과다. 생활용품의 문제점을 해결한 사람들의 주특기는 무엇일까? 이들은 물음표를 달고 산다. 해결해야 할 문제가 있으면 물음표를 들고 고심한다. 왜 그럴까? 왜 안 될까? 어떻게 하면 그 점을 고칠 수 있을까? 마치 물을 거슬러 올라가는 힘찬 연어처럼, 자꾸 물음표를 던지며 문제의 근원에 접근한다.

이들 해결사들은 의문을 제기하며 느낌표를 얻어내기 위해 노력한다. 원하는 답을 얻어내기까지 물음표를 놓지 않는다. 그들은 물음표를 버무려 통찰하고 드디어 무릎을 친다. 이것은 해결사의 특권이다.

우리 모두는 자신의 문제를 풀어내는 해결사다. 해결사는 세상의 통념을 뒤엎는 물음표를 던지길 좋아한다. 자신만의 독특한 철학과 기술로 만든 물음표는 참신할 뿐만 아니라 매우 유용하다.

그러니 무엇이든 물음표를 던지고 느낌표를 얻어내라. 물음표는 문제 해결의 열쇠임을 잊지 말자.

끈적거리고 들러붙는 낫토에 물음표를 던진 회사가 있었다. 이 회사는 어떻게 하면 들러붙지 않고 튀지 않는 실용적인 낫토를 만들까 고심했다. 그들은 물음표를 잡고 늘어지더니 드디어 느낌표를 얻어냈다. 내용물을 따로따로 분리하여 담는 용기와 튀지 않는 젤리형 간장의 개발, 제품의 이름은 아라벤리 낫토. 결과는 어땠을까? 한마디로 대박이다. 물음표를 해결한 일본의 미시칸 회사의 낫토가 2009년 시장 점유율 1위를 차지했다.

▶ 자신만의 아이디어로 컨셉 잡기

프랑스의 평범한 집배원(페르디낭 슈발, Ferdinand Cheval)이 자신의 집 정원에 미니궁전(길이 26m, 폭 14m, 높이 10m)을 지어 화제가 되었다. 이 집배원은 33년 동안 우편배달 일을 하면서 틈틈이 성(빨레 이데알, Palais Ideal)을 쌓아왔다. 그는 시멘트와 모래, 돌, 유리조각, 굴 껍데기 같은 재료를 이용하여 혼자의 힘으로 건축물을 완성했다. 프랑스 리옹 근처 오뜨 리브에 위치한 이 궁전은 규모는 작지만 정교함과 예술적인 아름다움으로 지금은 관광명소가 되었다.

건축에 관해 전혀 배우지 못한 집배원이 상상을 초월한 일을 해낸 까닭은 무엇일까? 그는 자신이 만든 궁전에서 어린 딸이 공주처럼 뛰어놀며 행복하게 자라길 바랐다. 그의 '성 쌓기'는 '딸에 대한 사랑'을 자신만의 아이디어로 구체화시킨 경우다.

또, 리처드 소와(Richart Sowa)라는 사람은 25만개의 패트병으로 인공 섬을 만들어 사람들을 놀라게 하였다. 이 사람은 대나무를 엮어 만든 틀 밑에 패트병이 들어 있는 그물망을 묶고 깔판을 깐 다음 흙과 모래로 지면을 만들었다. 다소 어설퍼 보이지만 2층짜리 집을 지을 정도로 인공 섬은 튼튼했다. 그는 자신만의 생활터전에서 때론 왕처럼 멋있게 낮잠을 즐기고, 때론 어부처럼 치열하게 고기를 잡는다. 그렇다고 그가 현실적으로 낙원에 산다고 볼 수는 없다. 단지 우리가 주목할 점은 자신만의 세계를 만들어내는 컨셉과 아이디어다.

컨셉은 아이디어를 체계적으로 엮어서 조직화한 창의적 발상이라 할 수 있다. 컨셉은 아이디어들의 체계적인 조직이므로 먼저 다양한 아이디어를 꺼내는 것이 중요하다. 아이디어를 되도록 많이 창출하기 위해 확산적 사고를 활용하여 보자.

브레인스토밍(brain storming)에 해당하는 확산적 사고에 따라 떠오르는 아이디어를 무조건 적는다. 아무렇게나 떠오르는 생각들을 마구 적어놓은 다음 불필요한 아이디어들을 걸러낸다. 마치 체로 돌을 걸러내듯이 옥석을 가리는 작업은 그다음 순서다. 아이디어의 선별 작업에는 수렴적 사고가 동원된다.

수렴적 사고는 무작위로 창출된 아이디어들 가운데 기준에 적합하고 상관이 높은 것들을 골라내는 일을 한다. 만약 집을 짓기로 작정했다면 집의 모양이 독특할 뿐만 아니라 살기 편한 디자인과 건축자재를 고를 것이다. 독창성과 실용성은 아이디어 선별의 주요 기준이 된다.

우리가 흔히 보는 자동차나 건축 분야는 아이디어와 컨셉의 각축장이다. 관련 회사들은 디자인 단계부터 어떤 제품을 만들 것인지 아이디어를 짜내고 컨셉을 잡는다. 마찬가지로 우리는 우리의 삶을 디자인한다. 자신이 어떤 삶을 살아갈지 아이디어를 내고 컨셉을 잡지 않으면 안 된다.

그러므로 무엇이든 시작하기 전에 컨셉부터 잡는 습관을 들이자. 그물을 짜듯이 아이디어를 정렬시켜 삶의 밑그림을 그려보자.

집배원 슈발의 미니 궁전 91

페트병으로 만든 리처드 소와의 인공 섬 91

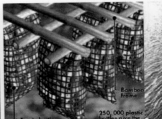

▶ 고유 브랜드 창출하기

백화점에 납품하던 옷이라며 파는 길거리 매장에는 사람들이 제법 있다. 똑같은 제품을 백화점에 진열해놓으니 더 잘 팔리더란 말도 있다. 왜 그럴까? 이것은 인지도의 문제이다. 대개 백화점엔 품질을 인정받는 인지도 높은 제품이 진열되어 있다. 사실 여부를 떠나서 사람들의 인식이 그렇다는 얘기다.

여기, 한 가지 실험 사례를 만나보자.[31]

서울의 한 터미널에서 연주회가 열렸다. 연주자들은 국내 콩쿠르에서 우승한 경력이 있는 남녀 두 명이다. 연주회가 열리는 광장에는 아무런 홍보물도 내걸지 않았고 연주자들의 복장도 평범한 옷차림이다.

연주회는 30분 동안 진행되었지만, 특별히 관심을 가지고 듣는 이는 없다.

그런데 이번엔 생각을 바꿔 '해외에서 유학한 천재 바이올 리스트조 듀오'라는 문구가 적힌 홍보물을 내걸고 연주자들의 복장도 연주회 차림으로 바꿨다.

결과는 어땠을까? 지나가던 사람들이 하나둘 걸음을 멈추고 연주회에 관심을 보이기 시작했다. 사람들은 연주자의 연주가 끝나자 박수를 치고 연주가 아주 훌륭하다고 호평까지 한다. 아무런 포장도 하지 않고 연주하던 1시간 전과는 너무나 다른 풍경이다.

인지도는 브랜드의 힘에서 비롯된다. 똑같은 제품인데 브랜드가 어떠냐에 따라 가격이 달라진다. 인지도가 높은 브랜드는 대부분 그만한 이유가 있다. 그것들은 블루오션에서 날개를 달고 나온다. 쉽게 말해서 평범하지가 않다. 그것들은 기존의 레드오션을 거부한 결과이다. 이미 세상에 보편화된 진부한 것들로는 시선을 끌 수 없다는 점을 그들은 알고 있다. 그래서 그곳엔 사람들의 가슴을 뛰게 하는 테마와 콘텐츠가 있다.

테마는 주제에 해당되며, 콘텐츠는 주제를 실현하기 위한 소재(주로 물질적인 재료의 개념)나 제재(비물질적인 재료까지 확산된 개념) 같은 내용물이다. 한 편의 소설이나 시가 완성되는 과정을 생각해보자. 작가는 먼저 주제를 설정하고 그에 맞는 적절한 소재나 제재를 수집하여 조직한다. 브랜드를 창출하는 과정도 이와 같다. 먼저 테마를 찾고 그에 따른 구체적인 콘텐츠를 구축해나가야 한다.

테마는 기존의 것들과 차별화된 신선한 주제일수록 좋다. 자신의 강점을 살릴 수 있는 분야에서 전망이 밝은 주제를 고른다. 물론 이미 보편화된 분야를 분석하여 새로운 주제를 정해도 된다. 어떤 주제든지 참신한 맛을 풍길 수 있으면 제격이다.

자, 이쯤에서 도시의 거리로 나가보자. 거리의 건물에 붙어있는 간판은 테마 잡기의 실상을 잘 보여준다. 통닭집, 빵집 같은 음식종류(테마)로부터 병원, 헬스 같은 건강 관련 업종(테마), 그리고 학원, 문구점 같은 교육 관련 종류(테마) 등 수도 없이 많다. 이 가운데 통닭집으로 들어가 보자. 평범한 후라이드 치킨집, 뼈 없는 통닭집, 옥돌 구이집 등 다양하다. 그들은 통닭이라는 소재(아이템)를 다양하게 가공하고 있다. 이렇게 소재나 제재를 가공하여 채운 내용물이 콘텐츠다.

콘텐츠는 소프트웨어와 하드웨어로 구성된다. 통닭집을 개업하려면 운영공간과 각종 조리기구 및 장비, 식탁, 그리고 식재료 등의 물리적인 요소를 갖춰야 한다. 그런데 아무리 물리적인 요소들을 구비했다고 하더라도, 통닭을 만드는 방법을 비롯한 가게 운영비법 등의 비물리적인 요소가 부족하다면 제대로 운영될 수 없다. 우리는 여기서 비물리적인 요소인 소프트웨어와 물리적인 요소인 하드웨어의 결합이 중요함을 알 수 있다.

테마를 실현할 콘텐츠를 채우고 싶은가? 그렇다면 소프트웨어와 하드웨어를 구축해야 한다. 먼저 소프트웨어를 충분히 갖춘 다음 하드웨어를 구비하는 것이 순서다. 아무리 부품과 사양이 좋은 컴퓨터일지라도 운영체제와 구동 프로그램이 없다면 고철덩어리에 불과하다는 사실을 기억하자.

테마의 성격에 따라 극히 미미한 하드웨어가 필요하거나 전혀 불필요한 경우도 있다. 이는 소프트웨어의 중요성을 말해준다. 그러니 소프트웨어는 콘텐츠의 전부라 해도 과언이 아니다. 많은 사람들이 소프트웨어 개발에 심혈을 기울이는 이유이다. 특히, 오늘날의 정보화 사회에서 소프트웨어의 중요성은 갈수록 커지고 있다. 소프트웨어는 브랜드 힘의 근간이다.

2) 열 정

▶ 간절한 기대 갖기

"두드려라. 그러면 열릴 것이요. 구하라. 그러면 얻을 것이다."
그리스의 피그말리온이라는 조각가는 이 말을 진심으로 믿은 사람이었다. 그는 자신이 조각한 여인상이 너무나 마음에 들어 사람이 되게 해달라고 기도했다. 그랬더니 어느 날 조각품이 살아서 숨을 쉬게 된다. 우리가 익히 알고 있는 '피그말리온 효과'의 유래다.

피그말리온처럼 이루고자 하는 간절한 목표가 있는가? 그렇다면 그것을 얻을 때까지 간절히 원하라. 이미 목표를 달성한 장면을 상상하고 또 상상하라. 가슴이 터질 것 같은 벅찬 감동으로 전율할 때까지 글로 쓰고 말을 하고 외쳐라. 정말 간절히 원하면 이루어진다.

간절히 원하니 특정한 캐릭터가 툴파(생각이 형체를 갖게 된 것)로 나타났다는 믿지 못할 사례도 있다.[18]

메리언은 죽은 사람들과 접촉하기 위해 밤마다 친구들을 불러모았다. 이들은 무식하거나 천박한 사람들이 아니었다. 그들의 직업은 언론인, 과학자, 의사, 사업가 등이었다. 그들은 죽은 사람들과 연락을 취하려는 노력을 수없이 거듭했지만, 아직 한 번도 성공하지 못했다. 영매까지 동원하여 접촉을 시도해보았으나 허사였다.

하루는 메리언이 기발한 생각을 해냈다. 그들 스스로 유령을 만들어내자는 것이었다. 그래서 밤마다 그들은 유령을 만들어내기 위해 세부 항목을 꼼꼼히 결정했다. 그들은 유령에게 생일과 출생지(리버풀), 그리고 이름(에드워드 하워드)을 주었다. 키와 몸무게, 머리카락 색깔과 콧수염도 구체적으로 정했다. 그들은 에드워드에게 아내와 두 아이를 주었고, 은행가라는 직업도 주었다. 에드워드는 중산모를 쓰고 트위드 양복을 입고 파이프 담배를 피우며, 지팡이를 갖고 다니는 것으로 디자인되었다. 그들은 에드워드를 위해 그의 어린 시절을 만들어내고 그에게 추억을 선물했다.

이 일에 참여한 여섯 명 가운데 하나는 "우리는 서로에 대해 아는 것보다 에드워드에 대해 더 많은 것을 알고 있다."라고 말했다.

거의 1년 반에 걸쳐 에드워드의 인생을 처음부터 끝까지 완벽하게 조립하자, 어느 날 밤 그들이 앉아 있던 탁자가 심하게 움직이기 시작했다. 그들은 깜짝 놀라 탁자에서 펄쩍 뛰어 물러났다. 에드워드가 찬란한 후광 속에 나타났다. 그들은 믿기 어려운 정신 집중으로 툴파를 만들어낸 것이다.

도대체 얼마나 간절히 기도했으면 불가사의한 일이 발생하는 걸까? 전설과도 같은 얘기는 신비주의적 망상이 아니다.

사실 우리는 자신이 가진 능력의 극히 일부만을 의식적으로 사용하고 있을 뿐이다. 나머지 잠재능력은 무의식 세계의 깊은 늪에서 썩어가고 있다. 만약 우리가 무의식 세계의 무한한 능력을 끌어올려 사용할 수 있다면, 실현 불가능한 일은 없을지 모른다.

그러므로 자신의 능력을 의심하지 말고 간절한 기대를 갖자. 비록 현실과 아주 멀게 느껴지더라도 언젠가는 달성될 수 있다고 믿어보는 거다. 대충 믿는 게 아니고 절실하게 그리고 뜨겁게 확신을 가지고 믿어야 한다. 우리의 두뇌는 자기 최면으로 각인된 이미지를 진실로 믿고 손과 발에게 명령한다는 사실에 주목하자. 현실과 이상을 구분하지 못하는 두뇌의 맹점을 최대한 활용하면, 불가능이 가능으로 바뀌는 기적이 일어난다.

▶ 적극적인 태도 갖기

이런 말이 있다.

"승자는 넘어져 일어날 때 앞을 보고, 패자는 뒤를 본다."

우리는 지금 앞을 보고 있는가, 아니면 뒤를 보고 있는가? 그런데 우리의 마음속에는 과거로 회귀하려는 본능이 있다. '옛날이 참 좋았다'고 읊조리며 과거로 역주행하고 싶어 한다. 과거로의 역주행은 마음의 위로를 주지만 일시적이다. 이미 지나간 시간 속에 오래 머물도록 현실이 허락지 않는다. 퇴행의 달콤함에 오래 젖어있고 싶은가? 그렇다면 아프리카 초원의 짐승들을 떠올려보라.

가젤은 가젤대로, 사자는 사자대로 뛰어야 살아남을 수 있다. 잡혀 먹히지 않기 위해서, 또는 잡아먹기 위해서 뛰어야 한다.[8] 우리도 과거에 안주하지 말고 앞을 보고 뛰어야 한다. 적극적으로 현실을 개혁해야 한다.

삼성을 초일류 기업으로 성장시킨 이건희 회장은 안주를 모르는 사람이었다. 그는 취임식 때 다음과 같은 말을 했다.

"앞으로 수년 안에 그룹의 이익은 1조 원, 임직원의 급여는 2, 3배로 올리겠다."[2]

그룹의 전체 이익이 2천억 원 정도인 당시에 말도 안 되는 소리를 한 것이다. 그런데 지금은 어떤가? 그가 공약했던 것보다 몇 배의 성장을 일궈냈지 않은가? 적극적인 기업경영 방침이 빛을 본 것이다.

이건희 회장은 알고 있었다. 항상 과거는 아름다운 법. 오늘이 아름다운 과거가 되기 위해서는 가젤이나 사자처럼 뛰어야 한다는 사실을.

▶ 내적 동기로 스스로를 자극하기

앞바퀴의 회전력으로 발전기를 돌려 전등을 밝혀주는 자전거, 손으로 돌려주면 발전하여 빛을 내는 손전등. 이들의 공통점은 무엇인가? 우리는 자력으로 무엇을 할 수 없다면 누군가에 의존해야 한다. 스스로 빛을 낼 수 없으니 외부로부터 전원을 끌어올 수밖에 없다.

누군가의 영향을 받아서 동기가 유발되는가? 그렇다면 스스로 빛을 내는 손전등을 생각해보라. 내적 동기는 그만큼 유용하다. 내부에 발전기를 가지고 있어서 필요할 때마다 에너지를 끌어올 수 있다. 자가발전기가 망가지지 않는 한, 평생 동안 에너지를 걱정할 필요가 없다. 그만큼 자가발전기는 중요하다. 이 자가발전기의 연료는 칭찬과 격려다. 티끌만 한 성과라도 스스로 칭찬과 격려를 하게 되면 자가 발전기는 돌아가게 된다.

자가발전기가 튼튼한 사람은 남과 자신을 비교하지 않는다. 남이 내가 될 수 없다는 사실을 잘 알고 자신에게 충실할 뿐이다. 이런 사람은 자가발전 상태가 시원치 않다고 느끼면 자극제를 찾아 여행을 떠난다. 박람회에 가기도 하고 어수선한 시장에도 가본다. 그것도 아니다 싶으면 영화나 다큐멘터리 같은 영상을 보기도 한다. 어떤 영감을 얻을 때까지 방황을 자처한다. 낯선 곳에서 낯선 사람을 만나는 일은 다반사다. 그리하여 종국에는 자가발전기를 다시 돌려서 에너지를 생

376

산한다. 그는 이제 철인처럼 전진한다. 열정과 투지로 무장된 에너지 버스가 되어 진보의 세계로 나아간다.

반딧불이 세 마리가 야간 비행 중이다. 그들은 들판을 지나 이제 산을 넘게 되었다.

"조금 전에도 말했지만 3호 반디, 힘을 내. 우리처럼 힘차게 발전기를 돌리라고."

유난히 밝은 빛을 비추며 앞장서 날던 1호 반딧불이가 힘주어 말했다.

"그래, 넌 할 수 있어. 지금까지 잘 해왔는데 왜 그래?"

2호 반딧불이도 3호 반딧불이를 격려해주었다. 그런데 3호 반딧불이 불빛은 점점 약해져만 갔다. 이대로 가다간 야간 비행이 힘들어질 지경이다.

그들은 간신히 산을 넘어 호숫가에 도착했다. 1호는 산을 넘어오느라 지쳤으므로 잠시 쉬어가자고 했다. 그들은 호숫가의 갈댓잎에 내려앉았다. 바람에 갈대가 흔들거렸다. 영롱한 불빛 두 개와 한 개의 희미한 불빛이 수면 위에 비쳤다.

3호는 그 모습을 보고 이래선 안 되겠다 싶었다. 그는 생각했다.

'힘들었지만 그래도 그 험한 산을 넘어오지 않았는가? 조금만 더 힘을 내자. 그래, 힘을 내서 가는 거야.'

3호는 초라한 불빛의 주인공이 자신이라는 생각을 하니 오기가 생겼다. 그는 쉬는 동안 에너지를 다시 끌어올리기 시작했다.

1호는 3호의 발광기가 점점 밝아지고 있음을 알아챘다. 그는 아무 말 없이 그 모습을 지켜보았다. 그리고 얼마 후 소리쳤다.

"자, 이제 진짜 멋진 삼각 비행을 해볼 차례야. 친구들, 출발 준비 됐지?"

▶ 선택과 집중(몰입) 발휘하기

일명 고릴라 실험을 아는가? 검정색과 흰색 옷을 입은 두 그룹이 농구공으로 패스를 주고받는다. 이때 사람들 사이로 고릴라가 지나간 다면 우리는 고릴라를 볼 수 있을까? 물론 대부분은 고릴라를 보게 된다. 그런데 흰 옷을 입은 그룹의 패스 숫자를 알아맞히면 상을 준 다고 단서를 붙이면 어찌 될까?

우리의 감각은 관심에 초점을 맞춘다. 수많은 정보들 가운데 우리가 관심을 갖는 것은 극히 일부다. 우리는 보고 싶은 것만 보고 듣고 싶 은 것만 듣는다. 아마 바둑이나 장기를 처음 배워본 사람은 알리라. 한참 배움에 열중할 때 누워서 천장을 보면 도배지의 문양들이 바둑 판이나 장기판으로 보인다는 사실을. 어디 그뿐인가? 가끔은 꿈에서 도 바둑이나 장기를 둔다. 몰입의 경지는 이와 같다. 무엇인가에 몰입 하게 되면 오로지 그것만이 보인다. 몰입은 선택과 집중의 다른 표현 이다.

지금 당장 자신의 주변을 한 번 살펴보라. 전화번호부(또는 핸드폰 같 은)에 기록된 이름과 각종 명함들. 그리고 소품이나 장식품, 책이나 인 쇄물…. 자신이 어떤 것을 선택했고 무엇에 집중했는지 보여주는 증거 물이다.

증거물이 어느 한쪽으로 편중되어 있다고 걱정할 필요는 없다. 최소한 분산되지 않는 집중을 발휘하여 살아온 셈이니까. 더군다나 그것들을 보면서 미소 지을 수 있다면 성공적인 삶의 요소 한 가지를 실천하고 있는 것이다.

"1989년, 한·소 합작회사의 직원으로 일할 때, 그동안 관심을 가지고 있던 악기 모으기를 본격적으로 시작했어요. 저를 찾아오는 사람들이 이런저런 선물을 가지고 오면 '선물로 악기를 구해달라'고 요구했죠. 그렇게 하나둘 악기가 모이기 시작하면서 '세계 곳곳의 악기를 수집해야겠다'는 결심이 섰어요. 그게 오늘의 세계민속박물관을 있게 한 것입니다."

파주와 영월, 부산 3곳에 세계민속악기박물관을 만든 이영진 관장의 말이다. 대부분의 여행객들이 아무런 초점 없이 편하게 돈을 쓰고 오는 것과는 달리, 그는 악기 모으기에 바쁘다. 직접 수집하기도 하고 요즘은 인터넷으로 주문하기도 한다.

이렇게 선택과 집중을 한 결과, 박물관은 낯선 이국적 민속 악기들로 가득하다. 선택과 집중은 상승효과를 가져오는 법. 『악기박물관으로의 여행』이란 책이 나왔고, 악기체험 프로그램과 강연도 이뤄진다.

그는 "수집은 패가망신의 길이다."라고 하면서도 "점심은 굶어도 원하는 악기는 반드시 손에 넣는다."라고 덧붙였다.[104]

3) 성취

▶ 자신에 대해 알기

어떤 사람이 고등학교 동창모임에서 자신의 경험담을 떠들어댔다.

"내가 말이야. 식물을 좋아하잖아? 혹시 니들 홍콩야자 알아? 그놈 대단해. 글쎄, 키가 너무 자라 베란다 천장까지 닿기에 마구 잘라 버렸거든. 그랬더니 이놈이 줄기에서 가지를 치고 심지어 뿌리 근처에서도 싹을 틔우고 날리더라고."

그의 말이 끝나자 옆에 있는 친구가 거들었다.

"아마 위로 자라지 못하니까, 열 받아 옆으로 자라는 모양이지. 사람이나 식물이나 성장의 본능은 똑같지 않겠어?"

우리는 성장하려는 본능을 지닌 홍콩야자다. 위로 자라지 못하면 옆으로라도 자라야 직성이 풀린다. 그런데 막상 성장할 방법을 몰라 방황한다.

많은 사람들이 '내가 누구인지 모르겠다', '뭘 해야 좋을지 막막하다', '잘할 수 있는 게 없다'고 답답해한다. 남에 대해서는 조목조목 지적도 잘하고 멘토 역할을 하면서도, 정작 자신에 대해서는 별로 아는 게 없다. 그만큼 자아 탐색이 적었다는 뜻이다. 오죽하면 소크라테스가 '너 자신을 알라'고 했겠는가?

'나'에 대한 탐구정신은 성장의 기초다. '나' 안에 들어있는 흥미, 적성, 성격, 가치관 등은 미래의 '나'를 창조하는 씨앗이다. 우리는 이 씨앗들을 잘 키워서 열매를 맺도록 해야 한다. 내가 시간 가는 줄 모르고 재미있어 하는 것(흥미), 내가 잘할 수 있는 것(적성), 그리고 나의 기질에 맞는 것(성격)과 내가 추구하고자 하는 것(가치관)들은 우리의 마음속에서 발아를 기다리고 있다.

우리는 그것들을 꺼내서 삶의 마당에 심고 거름과 물을 주어야 한다. 만약 새싹이 잘 나오지 않거나 시들하면 더 분발해서 소중한 씨앗이 썩지 않도록 해야 한다. 그 씨앗이 거대한 나무로 성장할 수 있도록 도전과 시련을 기꺼이 수용해야 한다. 나무가 자라서 열매를 맺는 순간, 우리는 기분 좋은 '나'를 만난다. 그러니 오늘 당장 거울 앞에 서서 자신에게 질문해보자.

"나의 성장의 씨앗은 무엇인가?"

▶ **자신과 경쟁하기**

'1만 시간의 법칙'을 들어보았는가? 자신의 세계에서 성공한 사람들은 대략 1만 시간을 집중적으로 투자했다는 설이다. 1만 시간은 하루 세 시간씩 10년의 세월로 요약된다. 10년이면 강산도 변한다는데, 이 정도의 노력이면 강철도 녹일 만하다. 물론, '1만 시간의 법칙'이 보편적인 현상은 아닐 것이다. 사람마다 각자 다른 개성과 능력을 지니고 있기 때문에 일반화시키는 것 자체가 무리이다. 오히려 이 법칙의 유용성은 오랜 세월 분투노력 하는 사람에게 있다.

우리는 성공을 꿈꾸며 오늘도 일상을 시작한다. 그런데 만약 성공의 시기를 가늠할 수 없다면 정말 맥 빠진다. 이때 "10년만 너 자신과

씨름해봐. 그러면 너의 꿈은 현실화될 거야."라는 말을 듣게 된다면, 시들어가는 불꽃을 다시 살릴 수 있다. 구체적인 시간의 제시가 가져다주는 힘이라고 할까? 대게 막연한 시간은 우리를 안갯속으로 몰아넣기 쉽지만, 구체화된 시간은 우리를 햇빛으로 이끈다. 우리는 태양이 떠오르는 동산이 있기에 가속페달에서 발을 떼지 않는다.

이 세상에서 제일 힘든 일이 자신과의 싸움이다. 그런데 그 기간이 10년 정도라면 해볼 만하지 않은가? 그 뒤는 알 수 없지만, 10년이란 세월이 위안을 준다. 이것이 '1만 시간의 법칙'이 지닌 매력이다.

지금 많이 지쳐있는가? 그렇다면 조금만 더 달려보는 거다. 풍차를 향해 돌진하는 돈키호테처럼 1만 시간을 향하여.

동굴에서 100일을 못 넘기고 뛰쳐나온 호랑이가 환웅에게 가서 따졌다.

"환웅님, 마늘과 쑥만으로 100일 동안 버티라는 것은 불공평합니다. 곰은 겨울잠을 자니까, 고기를 안 먹어도 버틸 수 있지만, 겨울잠이 없는 저는 고기를 안 먹으면 살 수가 없습니다."

호랑이의 불평에 환웅이 말했다.

"그래? 그렇다면 너에게 기회를 한 번 더 주겠다. 너가 원하는 데로 충분한 양의 사슴고기를 주겠다. 그 대신 10년 동안 동굴생활을 해야 인간이 될 수 있다. 만약 그 기간 동안 동굴 밖으로 한 발짝이라도 나오게 되면 너는 영원히 호랑이로 살아갈 수밖에 없다. 어떠냐?. 그렇게 하겠느냐?"

호랑이는 10년이 너무 길다고 생각했으나 또 한 번의 기회를 놓치고 싶지 않았다.

"예, 알겠습니다. 이번에는 기필코 인간이 되겠습니다."

이렇게 해서 호랑이는 혼자서 동굴생활을 하게 되었다.

1년이 가고 5년이 지나 9년째가 되었다. 이제 1년만 동굴생활을 하면 호랑이도 곰처럼 인간이 될 수 있다. 호랑이는 동굴생활이 힘들 때마다 인간이 된 곰을 떠올리며 참고 참았다. 자신이 멋진 남자로 변신해 여자가 된 곰을 만날 생각을 하니 가슴이 뛰었다.

그러던 어느 날, 난데없이 멧돼지 한 마리가 동굴로 들어왔다. 호랑이는 멧돼지를 보고 갑자기 식욕이 돋았다. 9년 동안 사슴고기만 먹다 보니 신물이 났다.

그는 이게 웬 떡이냐 싶어 멧돼지를 잡기 위해 달려갔다. 호랑이를 보고 깜짝 놀란 멧돼지는 동굴 바깥쪽으로 달아나기 시작했다. 호랑이는 그 모습을 보고 더욱 군침이 돌았다.

'싱싱한 생고기가 저기 있구나.'

호랑이는 달아나는 멧돼지를 맹추격했다.

멧돼지를 한 참 뒤쫓던 호랑이는 햇빛 때문에 눈이 부셔 제대로 앞을 볼 수 없었다. 순간 아차 싶었으나 이미 때는 늦어버렸다. 사실 멧돼지는 환웅이 호랑이를 시험하기 위해 보낸 미끼였다.

▶ 비전 갖기

우리는 오늘보다 나은 내일을 기대하며 음식을 먹는다. 만약 내일이 없다면 굳이 맛있는 음식을 찾을 필요도 없다. 자신이 하루살이 신세처럼 느껴지는가? 그렇다면 식단을 점검해보라. 아마도 중요한 메뉴 하나가 빠져있을 것이다. 그것은 꿈이라는 보이지 않는 메뉴다.

꿈은 음식에 맛을 더해주는 양념과도 같다. 오늘보다 진일보한 자신의 이미지를 생각하며 먹는 음식은 반찬이 부실해도 맛있는 법이다. 꿈으로 만든 음식, 꿈으로 빚은 옷과 신발, 이런 것들은 우리를 살아 있게 만든다.

우리는 꿈을 꿈으로써 살아야 할 이유를 찾게 된다. 그것이 너무 원대해서 무지개 같더라도 매일 먹는 밥상에 올려놓고 맛을 보아야 한다. 생각만 해도 가슴이 뛰고 터질 것 같아 마구 달려가고 싶은 꿈. 우리는 밥 먹듯이 꿈을 꾸어야 한다. 실로 꿈은 죽어가는 사람도 살리는 특효약이다. 우리는 음식을 못 먹어서 죽는 게 아니라 꿈을 잃어버렸기 때문에 죽는 것이다.

한 여자가 유명하기로 소문난 한의원을 찾아와 하소연했다.

"선생님, 제 딸이 약해 빠졌어요. 밥을 제대로 안 먹어서 그런지, 책상에 한 시간도 앉아있지 못하고 무얼 시키면 느릿느릿 굼벵이처럼 굴어서 속 터져 죽겠어요. 그래서 보약이라도 먹이면 괜찮을까 해서 왔어요."

여자의 말을 듣고 한의사가 물었다.

"이 전에 보약을 지어 먹인 적 있습니까?"

"물론이지요. 그런데 영 신통치 않네요. 그래서 이곳에 와 본 거예요."

"좋습니다. 보약을 조제해드리지요. 그런데 우리 한의원에서 지은 보약은 아주 특별합니다. 먹는 사람이 보약을 먹기 전에 자신의 꿈을 열 번 외치고 나서 먹어야 효과가 있습니다. 만약 그렇게 하지 않으면 아무런 효과가 없으니 유념하세요."

꿈은 보약이다. 자신을 보약처럼 먹는 사람에게 생기를 주고 기쁨을 선사한다. 이것이 꿈의 최대 매력이다. 자, 이제 어깨를 펴고 꿈을 불러보자. 꿈과 함께 식사를 하고 잠을 자고 일터로 향하자. 지금보다 만족스러운 내일이 우리를 기다리고 있다. 그러니 바다 같이 넓은 꿈의 세계로 뛰어들자. 첨벙!

▶ 목표 설정하기

꿈은 강력한 에너지원이다. 그 에너지는 꿈을 꾸는 사람에게 신열을 내린다. 신열을 앓는 사람은 꿈의 명령에 따라 구체적인 목표점을 찾는다. 꿈은 보이지 않는 실체로 목표점들을 통과해야 자신을 만날수 있다고 계시한다. 그래서 꿈은 빈손을 싫어한다. 구체적으로 실현가능한 목표를 통하여 얻어낸 성과물을 가져오기를 바란다. 꿈은 달성된 목표들을 확인하고 나서야 자신의 모습을 보여주는 얄미운 녀석이다. 그러니 꿈을 만나려면 꿈으로 가는 길목마다 설정된 목표를 달성하는 일이 중요하다. 사실상 꿈은 목표들의 집합체다.

어떤 사람이 제법 큰 하천에 놓인 징검다리를 건너갔다가 되돌아오기를 반복하고 있었다.

마침 근처에서 산책을 하던 사람이 이 모습을 보고 궁금하여 도대체 왜 그렇게 하는지 이유를 물어보았다.

방금 징검다리를 무사히 건너왔던 그 사람이 버럭 화를 내며 말했다.

"나 참. 이번엔 확실히 셌는데, 아저씨가 말 시키는 바람에 또 까먹었잖아. 난 지금 내가 밟고 온 징검돌의 수가 몇 개인지 세고 있단 말이오."

지금의 우리들은 지난 세월 동안 알게 모르게 꿈으로 가는 징검돌을 하나둘 건너왔는지 모른다. 만약 무사히 그 징검다리를 건너왔다면 머지않아 꿈의 실체를 보게 되리라. 혹시 확신이 서지 않는가? 그렇다면 생각만 해도 가슴이 뛰는 삶을 다시 꿈꾸어야 한다.

우리 자신이 꿈의 열병에 빠져있을 때 손발이 목표물을 향해 달려간다는 사실을 잊지 말자. 그렇다고 손발이 무작정 달리게 할 수는 없다. "머리가 나쁘면 손발이 고생이다."라는 말은 빈말이 아니다.

'SMART 원리'는 머리가 좋아할 만한 목표 설정방법이다. 즉, 목표는 구체적(Specific)이며, 측정 가능(Measurable)하고, 달성 가능한(Achievable) 수준이어야 한다. 결과 중심적(Result Oriented)으로 기술되는 목표는 시간의 제한(Time Limited)을 받는다. 이와 같은 'SMART 원리'에 따라 목표들을 설정하고 하나씩 달성해가다 보면 꿈은 현실이 될 것이다.

단 어	내 용
Specific	목표는 구체적이어야 한다.
Measurable	목표는 측정 가능해야 한다.
Achievable	목표는 달성 가능해야 한다.
Result-Oriented	목표는 결과 중심적으로 기술되어야 한다.
Time-Limited	목표는 시간제한이 있어야 한다.

▶ 목표의 달성 방법 익히기

목표들을 성취하기 위해서는 목표를 향해 전진하는 마음, 즉 열정을 마음속 깊이 심어주는 일이 가장 중요하다. 무의식적으로 목표를 향해 달려갈 수 있도록 끊임없는 동기화 작업이 필요하다. 장비를 챙기는 일보다 항해를 하고 싶은 마음이 먼저다. 간절히 바다를 원하면 손발이 자동적으로 장비를 챙기게 된다는 사실을 잊지 말자. 원하고 또 원하면 방법은 보이기 시작한다. 목표 달성 방법의 핵심은 '어떻게 열정을 불러일으킬 것인가?'이다.

첫째, 목표와 관련된 매체(사진, 동영상, 사람 등)를 이용하여 이미 목표가 달성된 것처럼 생각하고 느껴라. 사진(또는 동영상)을 보면서 기필코 목표를 달성하고 말겠다고 다짐하라. 필요하다면 그 분야의 전문가(멘토)를 만나 생생한 교훈을 들어라. 그러면 언젠가는 목표는 성취된다.

한 여사원이 40대 후반의 팀장 책상 위에 놓인 아주 젊고 예쁜 여자의 사진을 발견했다. 여사원은 호기심이 발동하여 팀장에게 물었다.

"팀장님, 이 사진 누구예요? 따님인가요? 참 예쁘네요."

"하하, 아니야. 그 사진의 주인공이 누군지 나도 몰라. 인터넷에서 우연히 본 건데 딱 마음에 들어서…."

팀장의 어이없는 말에 여사원이 이맛살을 찌푸렸다. 그러자 그는 재빨리 말을 이어갔다.

"아, 오해는 말아. 장래 며느릿감으로 이런 여자를 얻게 해달라고 기도하기 위해 인쇄한 거야."

둘째, 목표와 관련된 장소에 찾아가서 자신의 목표가 달성된 모습을 상상하라. 수시로 그 장소에 방문하여 목표를 이룬 모습을 상상하게 되면, 무의식 속에서 강력한 에너지가 방출된다. 그 에너지는 목표를 향해 달려가도록 자극을 준다.

번번이 운전면허 실기에 떨어지는 아들이 있었다. 아버지는 그때마다 학원비를 달라는 아들에게 한소리하곤 했다.

"아들, 돈을 절약하는 최선의 방법은 최대한 빨리 합격하는 거다. 내가 그 비법을 알려줬지? 시험 보는 장소에 수시로 가서 어떻게 운전하는지 관찰하고 면허증을 손에 든 장면을 상상하라고. 나는 그렇게 해서 단번에 합격했다."

다소 격양된 아버지의 말에 아들이 히죽 웃으며 알 듯 모를 듯 되받아쳤다.

"아빠, 나도 해봤는데 면허증 대신 자꾸 학원비 고지서가 떠오르던데요."

셋째, 목표가 실제로 이루어진 것처럼 상세하게 말로 표현하라. 매일 10분 이상 성취해야 할 목표를 생생하게 상상하고 그것을 말로 표현하도록 한다. 말은 최상의 최면 효과로 행동을 가속화시킬 것이다. 자신이 내뱉은 말에 책임을 지려는 사람의 속성을 적극 활용하는 방법이다.

어떤 사람이 성공학 전문가를 찾아가 불평했다.

"저는 선생님 말씀대로 매일 10분씩 달성할 목표를 생생하게 상상하며 말로 표현했습니다. 그런데 동료보다 실적이 나아지기는커녕 오히려 떨어지니, 어찌된 영문인지 모르겠네요."

그 사람의 말을 듣고 전문가가 말했다.

"그건 아마 당신의 동료가 당신보다 매일 10분 이상, 더욱더 생생하게 성취해야 할 목표를 상상하면서 말로 표현했기 때문일 겁니다."

넷째, 목표를 노트(비망록)에 기록하고 수시로 보면서 목표가 달성된 모습을 상상하라. 목표와 관련된 정보나 떠오르는 생각들을 노트에 적고 목표가 성취되었을 때의 기분을 느껴본다. 달콤한 기분이 나태해지려는 자신의 몸에 채찍을 가할 것이다.

이 적자생존(적는 자만이 살아남는다)의 법칙은 실증적으로 입증되었다.

미국의 한 경영대학원 졸업생 가운데 자신의 목표와 계획을 분명히 적었던 3%의 사람은 아무런 목표와 계획 없이 졸업한 84%의 사람에 비해 수입이 무려 10배 차이가 났다는 종단 연구결과(졸업 당시와 10년 후 비교)가 있다.

이 연구결과의 흥미로운 점은 목표는 있으나 글로 표현하지 않은 13%의 학생은 목표와 계획이 없는 84%의 학생보다 2배 정도의 수입을 올리는 데 그쳤다는 사실이다.

우리는 이러한 사례로부터 기록의 힘이 얼마나 대단한지 깨닫게 된다.

이들 네 가지 방법은 인간의 무한한 잠재력인 상상의 힘을 이용한 것이다. 우리의 두뇌는 실제 경험과 상상을 구분하지 못하기 때문에 목표에 대한 강렬한 이미지를 현실로 착각하고 이미지에 맞춰 행동하도록 손발에게 명령한다.

즉, 생생하게(Vivid) 상상하면(Imagination) 목표는 달성(Achievement)된다. 이것을 공식화해보면 다음과 같다.

$$A = f(V \cdot I)$$

이 과정은 상당한 인내력이 필요하지만, 그 결과는 놀라울 정도다. 성공한 사람들은 대부분 의식의 맹점을 이용한 '심상법'을 사용하였다. 그러니 의심치 말고 실행하여 목표를 성취하자.

네 가지 방법 가운데 한 가지를 중점적으로 사용하거나, 복합적으로 사용할 수도 있다. 어느 것을 선택하든지 자신에게 맞는 최적화된 방법을 활용해보자. 처음에는 아주 작은 단기 목표로부터 시작하여 중기·장기 목표로 단계를 밟아 나가면 된다. 세상에서 가장 위대한 능력은 '꿈꾸는 능력'이란 점을 잊지 말자.

▶ 목표의식이 흐려지면 되돌아보기

'작심삼일(作心三日)'이라고 했다. 아무리 의지를 다져도 차츰 흐려지기 마련이다. 마치 맑은 물에 흙탕물이 번지듯이 우리의 의식도 마찬가지다. 우리는 생래적(生來的)으로 편함과 안일함에 빠져들도록 설계되어 있다. 게으름은 그만큼 무서운 적이다.

잠시 비육지탄(髀肉之嘆)을 음미해보자. 유비가 유표라는 종친 집에서 무위도식하다가 살이 오른 허벅지를 만져보고 한탄했다는 고사다. 말을 타고 전장을 누비느라 허벅지에 살이 찔 시간이 없었던 시절을 회상하며 자책하는 유비의 심정을 이해할 만하다. 세가 불리하여 어쩔 수 없이 유표에게 몸을 맡기고 허송세월 보내야 하는 유비의 마음이 어땠을까? 그러나 그는 자신의 허벅지 살을 만지며 목표의식을 다지고 또 다졌다.

우리에게도 유비 같은 자세가 필요하다. 상황이 여의치 않아 목표물로 달려갈 수 없을지라도 목표의식은 놓지 말아야 한다. 목표에 대한 뚜렷한 의식을 간직하고 있다면 언젠가는 기회를 맞게 된다. 인생에는 세 번의 기회가 주어진다고 하지 않던가? 그러니 목표물이 점점 멀어져 간다고 느끼거든 목표에 대한 의식을 점검해보자.

내가 왜 그 일을 해야 하는지, 그 일을 통해 어떤 삶을 살고 싶은지, 그 목표를 어떻게 이룰 것인지 깊이 성찰하게 되면 서서히 내부의 발전기가 돌아가기 시작한다.

자가발전기가 신통치 않아 사는 게 무미건조하고 힘이 드는가? 그렇다면 왜 사는지부터 질문하라. 삶의 의미를 발견할 수 있는 분명한 목표를 찾아라. 자신의 모든 것을 걸 만한 목표를 찾았다면 내부의 발전기는 다시 돌아갈 것이다.

남한산성을 자주 찾는 사람이 있었다. 대부분의 사람들은 가벼운 등산이나 휴식을 위해 이곳에 오지만 그는 달랐다.

그 사람은 다음과 같이 말한다.

"나는 남한산성에 가면 병자호란의 역사적 인물이 되곤 합니다. 맨 먼저 인조가 되어 청나라 황제에게 머리를 조아리는 치욕적인 장면을 연상하죠. 그러면 다시 힘이 납니다. 일상에 파묻혀 아무 생각 없이 보낸 시간들을 떠올리고 후회하게 됩니다. 인조처럼 되지 않기 위해 내가 해야 할 일들을 다시 생각해보는 겁니다.

그리고 수어장대에 올라가 그날의 장수처럼 제 자신에게 명령하죠. '목표를 향해 돌진하라.' 이렇게 말입니다."

3. 성공과 심리기제

모든 사람은 성공을 원한다. 성공을 통해서 성장할 수 있기 때문이다. 변화와 성장은 우주정신의 기본 속성으로 모든 만물은 발전적 삶을 지향한다. 그렇기 때문에 성공을 가져올 수 있는 자극(정보-에너지)을 선호하게 되어 있다. 성공을 가져오는 자극은 대부분 긍정적인 정보-에너지를 지니고 있어서 발전적 삶을 지향하는 생명체의 관심과

주의를 집중시킨다.

　작업통제관리기는 감각세계(단기감각저장고)에서 지각한 긍정적 정보–에너지를 두 기관(정보처리기와 에너지처리기)에 배분하고, 무의식세계의 데이터를 참조하여 두 기관의 처리결과(지식, 감정)를 종합한다. 종합된 데이터는 단기기억저장고에 저장되었다가 시연과 부호화(몰입)를 거쳐 다시 무의식세계(개인 무의식 장기저장고)에 저장된다. 물론 시연과 부호화를 거치지 않은 단기기억저장고의 데이터는 망각되어 사라지고 만다. 우리는 여기에서 두 가지 점에 주목할 필요가 있다.

　첫째, 작업통제관리기의 역할이다. 만약 작업통제관리기가 발달되어 있다면, 데이터를 종합하는 과정에서 능률적으로 기능할 것이다. 발달된 작업통제관리기일수록 성공의 요소(창의, 열정, 성취)들을 효과적으로 조직하고 관리한다. 실패 속에 담긴 부정적 정보–에너지도 긍정적으로 전환하는 능력을 발휘한다. 예컨대, 실패 속에서 교훈(실패의 원인을 성찰한 결과)을 얻어서 발전적 대안이나 해결 방안을 모색하는 등 다양한 역동을 보인다. 역동적이며 유연한 작업통제관리기는 그만큼 성공적인 삶의 형태에 중요한 영향을 미친다.

　둘째, 작업통제관리기의 참조체계인 무의식세계의 장기저장고에 저장되어 있는 데이터들(지식, 혼, 영, 자아, 자기, 욕구 등)의 속성이다. 데이터들이 긍정적일수록 성공의 확률을 높인다. 이들 데이터들은 작업통제관리기의 종합, 판단, 통찰 등의 사고 과정에 영향을 미치기 때문이다. 말하자면 작업통제관리기와 장기저장고의 관계는 겉옷과 속옷처럼 매우 밀접한 관계이다.

　선천적으로 타고난 집합 무의식 장기저장고의 경우는 어쩔 수 없다고 해도, 개인 무의식 장기저장고에 저장되는 데이터들은 노력 여하에 따라 달라질 수 있다. 데이터들이 긍정적인 속성을 지니도록 의식적인 노력을 기울일 필요가 있다. 수많은 실수나 실패를 경험했어도 다시 일어서는 힘은 작업통제관리기의 성찰능력, 즉 의식의 깨어있음에서 나오게 되는 것이다. 깨어있는 의식은 부정적 정보−에너지를 정화하여 긍정적으로 변환시키며, 부정적 데이터의 오류를 잡아내어 수정, 보완한 다음 개인 무의식 장기저장고에 저장한다. 그러므로 성공의 열쇠는 작업통제관리기의 발달 수준에 달려있다.

제15장
정 의

justice

1. 정의의 개념

　　　　　정의는 자신 및 타인, 그리고 사회나 인류 모두에게 유익하게 통용될 수 있는 합의점이다. 너와 내가 인정하고 다른 사람이 수긍할 수 있는 공통분모를 찾는 과정에서 정의는 싹튼다. 그러나 모든 대상을 충족시킬 수 있는 공통분모를 찾는 일은 사실상 불가능에 가깝다. 이런 까닭에 예로부터 정의란 무엇인가에 대한 논란이 있어 왔다.

　울피아누스는 '각자에게 그의 몫을 돌려주고자 하는 항구적인 의지'로 표현했으며, 존 롤스는 '정당화될 수 없는 불평등이 존재하지 않는 상태를 추구하는 것'이라고 주장하였다. 공자 역시 '재화의 많고 적음이 아니라 공정한 분배'를 걱정했다.

　정의론의 원조라 할 수 있는 아리스토텔레스는 정의의 본질이 평등이라고 주장하면서 정의를 '평균적 정의'와 '배분적 정의'로 구분했다. 그가 말하는 평균적 정의는 모든 사람이 동등한 대우를 받아야 한다는 뜻으로, 현대에서는 정치·사법 분야에서 강하게 적용된다. 사람은 누구나 법적으로 차별을 받지 않고 공정한 대우를 받을 권리가 있는 것이다. 이것은 기회균등의 원칙하에 개인의 합당한 노력을 이끌어내기 위한 사전 장치이다. 능력이나 노력 여부와 관계없이 공정한 기회를 제공하는 것은 정의 실현의 기본 전제라 할 수 있다.

배분적 정의는 개인의 능력이나 사회에 공헌, 기여한 정도에 따라 다른 대우를 받아야 한다는 뜻으로, 사회·경제적인 측면을 말한다. 이것은 차별의 원칙이라 할 수 있다. '동등한 대우'는 능력을 무시한 일률적인 평등을 말하는 것이 아니다. 자신이 노력한 만큼, 그리고 능력에 따라 합당한 대우를 받는 일은 지극히 당연하다. 예컨대, 100개의 자동차 부품을 생산한 사람과 10개의 자동차 부품을 생산한 사람에게 각기 다른 급료를 지급하는 것은 정당하다.

그런데 노력이나 능력의 출발점으로 돌아갈 필요가 있다. 태생적으로 경제적, 사회적 차이가 발생하기 때문이다. 개인의 의지와 무관하게 인간은 이미 태어날 때부터 차별적인 환경에 놓여있다. 이것은 운명적인 불평등이다. 운명적인 불평등으로 인하여 불가피하게 차이가 발생한다. 능력이나 노력 자체도 운명적인 불평등의 영향을 받는다. 모든 사람이 똑같은 지능이나 품성을 지니고 있지 않다는 점이 이를 말해준다. 따라서 운명적인 불평등을 어떻게 받아들이고 해석해야 하는지가 관건이다.

정의로운 사회는 출발점의 차이에서 나타나는 불평등을 어떤 식으로든지 최소화하려 노력한다. 그것이 비록 운명적인 불평등일지라도 정의의 목적은 인간의 존엄성 실현에 있기 때문이다. 모든 사람은 운명적인 불평등에 관계없이 존엄하며 인간적인 대우를 받아야 마땅하다.

그래서 인간적인 삶이 불가능한 출발점에 놓인 사람들에게는 그의 처지에 합당한 혜택과 기회가 주어져야 한다. 이것은 역차별이 아니다.

본질적으로 정의는 평등을 지향하며 운명적인 불평등도 불평등이다. 그래서 운명적인 불평등은 어쩔 수 없다고 해도 그 사람의 존엄성을 보장할 수 있는 장치를 마련해주어야 한다. 예컨대, 장애인에겐 정상인과 다른 시설을 제공하고 합당한 취업이나 학업의 기회도 제공되어야 한다.

우주정신은 온우주를 창조하면서 모든 만물이 제 위치에서 고유의 기능을 발휘하며 스스로 존재하도록 하였다. 태양은 빛과 열을 내면서 태양계 중심에 자리 잡도록 하였으며, 나무는 땅 위에서 광합성을 하며 그 자리에 서 있게 하였다. 태양과 나무가 태생적으로 하는 일이 다르다고 해서 차별하지 않는다. 태양은 태양대로 나무는 나무대로 있는 그대로 제 역할을 하도록 정보–에너지를 심어놓았다. 사자 같은 육식동물이나 미물인 지렁이도 마찬가지다. 그들은 모두 생태계의 유지에 일조하고 있다는 점에서 동일한 존엄성을 갖는다. 이 동일한 존엄성이 제대로 발휘되어 온우주가 질서정연하게 운행되도록 하는 것이 우주정신의 뜻이다. 정의는 이러한 온우주의 질서정연한 운행에 방해요소가 사라진 상태다.

인간계의 정의도 이와 같다. 개인이 있는 그대로 자신의 능력을 발휘하여 존엄한 존재로 살아갈 수 있도록 공정한 환경이 조성되는 것. 그리하여 집단전체에 불공정이 사라지고 불만요소가 최소화된 이상적인 상태가 정의이다.

말하자면 정의는 기회균등의 원칙하에 노력한 만큼 정당한 대우를 받는 것으로 인간의 존엄성을 실현하여 진실된 삶을 영위하게 하는 사회적 가치이다.

2. 정의의 구성요소

1) 공 정

▶ 권리를 인정하고 보호받기

'대접받으려면 남을 먼저 대접하라'는 말처럼 나의 권리는 상대적이다. 내가 먹고 싶으면 상대방도 먹고 싶고, 내가 가지고 싶으면 상대방도 역시 그럴 것이다. 상호호혜(相互互惠)의 원칙은 매우 타당하다. 사실 권리 자체가 쌍방 합의점에서 출발한다. 남이 인정해주었을 때 권리의 효력이 발생하기 때문이다.

내 땅에 집을 지어 살 권리를 주장할 수 있으려면, 다른 사람이 자신의 땅에 집을 짓고 살 권리를 인정해주어야 한다. 당연히 상대방도 자신의 권리를 주장하기 위해서 내 땅에 집을 짓고 사는 것을 인정하지 않을 수 없게 된다.

"저 나무들은 오랜 세월 이곳에서 함께 자라왔다오. 하지만 둘 사이에 불화가 생긴 적은 단 한 번도 없소. 큰 나무가 작은 나무를 우습게 보지도 않고 작은 나무가 큰 나무 앞에서 위축되지도 않기 때문인데, 나는 대체 그 비결이 무엇인지 알고 싶소."[100]

정원에 서 있는 크고 작은 두 그루의 나무를 가리키며 한 스님이 방문객에게 화두 같은 말을 던졌다. 만약 우리가 방문객이라면 어떤 대답을 할 수 있을까?

나무들도 각자 성장할 권리가 있다. 큰 나무는 큰 나무대로 작은 나무는 작은 나무대로 자신이 뿌리내린 곳에서 양분을 섭취하고 광합성을 한다. 그게 나무들의 권리다. 나무들은 안다. 서로의 권리를 인정함으로써 울창한 숲을 이룰 수 있다는 사실을.

▶ 최대다수의 최대이익으로 문제 해결하기

우리는 각자의 목소리를 내는 독립된 개체들이다. 소수가 모이면 어느 정도 목소리를 통일할 수 있지만, 다수가 되면 일치점을 찾기 어려울 때가 많다. 많은 사람이 모인 집단에서는 동등한 권리를 가지고 똑같은 이익을 얻어 불만이 없는 상태를 얻기 쉽지 않다. 아마 이것은 영원한 유토피아의 세계일 것이다.

토마스 모어도 『유토피아』에서 지나친 인구밀집으로 인한 불평등을 우려했다. 이 '유토피아'에서는 한 가정당 최대 16명으로 성인 인원을 제한하고 과밀화된 도시 인구를 다른 도시로 분산 조치하도록 되어 있다.

노자도 소국과민(小國寡民, 작은 나라 적은 백성)을 주장했지 않은가?

거창하게 국가나 사회를 논할 필요도 없다. 가족끼리 통닭을 나눠 먹을 때도 더 먹고 덜 먹는 사람이 있기 마련이다. 가족이니까 이해하고 넘어가지만, 사회에서야 어디 그런가? 그렇기 때문에 집단 속에는 불만의 찌꺼기가 남을 수밖에 없다. 구성원들의 불만을 최소화하기 위한 통일된 합의점이 필요하다는 뜻이다.

우리가 익히 알고 있는 '최대다수의 최대이익'은 통일된 합의점으로 널리 통용되고 있다. 어차피 모든 사람의 이익을 보장할 수 없다면 공리주의적 관점이 타당하리라. '최대한 많은 사람들이 최고의 이익을 얻도록 한다'는 기준은 문제 해결 과정에서 매우 유용해 보인다.

배가 난파된 바람에 무인도로 피신한 사람들이 있었다. 대부분은 남자이고 여자는 한 명만 겨우 목숨을 구한 상태다. 남자들은 거처할 집을 짓고 식량을 조달했다. 물론 식사 준비는 여자의 몫이었다.

그럭저럭 팀을 이루어 몇 달을 보냈다. 그런데 언제부터인지 남자들이 하나둘 시체로 발견되기 시작했다. 그러자 조용한 무인도에 갑자기 공포 분위기가 돌았다. 사건의 전말을 알 수 없었기 때문이다.

그러나 여자는 직감했다. 그녀는 여느 때보다 정성을 다해 아침 식사를 준비해놓고 단신으로 섬을 탈출했다.

그녀는 무슨 생각을 한 것일까?

'남자들이 죽어가는 이유는 내가 있기 때문이야. 내가 없어진다면 그런 일은 생기지 않겠지. 이것이 최선이라고. 모든 사람에게 이익이 되는 방법임에 틀림없어.'

▶ 사회적 약자 배려하기

오늘날은 다수결의 원칙을 따르는 민주주의 체제가 대부분이다. 그런데 그 다수가 무지몽매한 사람들이라면 어떻게 되는가? 소수의 사회적 약자를 배려하지 않는 이익집단으로 정치체제가 변질된다면 정의는 사라지고 만다. 그래서 플라톤은 민주주의를 중우정치(衆愚政治, 어리석은 대중에 의한 정치)라고 비판하면서 철인정치를 주장하였다. 현명한 철인이 정치를 해야 정의가 실현된다는 것이다.

플라톤의 주장은 오늘날 민주주의 시대에 경각심을 불러일으킬 만하다. 자유 경쟁을 통해 다수의 권익을 추구하다 보면 소수자가 희생당하는 위기를 맞을 수 있다. 다음의 경우를 생각해보자.

지방의 한 시골 마을에 무선통신 기지국을 설치하기로 했다. 산간마을이라 무선통신이 제대로 되지 않아 민원을 제기한 결과다. 기지국을 설치하는 조건으로 매월 약간의 돈까지 받을 수 있으니 대환영이다. 그런데 40가구 중 유독 4가구가 반대하고 나섰다. 이유는 간단하다. 기지국 송전탑이 집 앞에 들어서면 전망을 가린다는 것이다. 대다수 주민들의 입장에선 얼토당토않은 이유다. 다수의 주민들은 말한다.

"전망 때문에 마을 전체에 이익이 되는 일을 반대하다니 정말 이해할 수 없다."

과연 이들은 다수결로 기지국 송전탑을 4가구 집 앞에 설치하기로 결정했을까? 정의로운 집단은 다수의 이익뿐만 아니라 소수의 이익이 희생당하지 않도록 배려한다.

결국, 기지국 송전탑은 마을 뒷산에 설치되었다. 소수의 피해에 초점을 맞춘 현명한 선택이다.

우리는 여기서 사회적 약자를 떠올린다. 자유 경쟁의 출발점이 너무 다른 사람들(장애인, 극빈층 등). 그들에게 소수자의 피해를 감당하라 밀어붙이는 것은 다수의 횡포다. 그들이 다수의 사람들과 똑같은 방식으로 경쟁하도록 내버려 둬서는 안 된다. 불공평한 경쟁이 되지 않도록 그들에겐 적절한 보전수단이 마련되어야 마땅하다. 장애자를 위한 복지시설이나 극빈층을 위한 최소한의 생계지원책 등은 하나의 예가 될 것이다.

2) 정 직

▶ 의도한 대로 진솔하게 표현하기

양들이 성탄절을 맞이하여 축제를 열었다. 모두 단정하게 털을 빗고 리본과 목걸이를 하고서 연회장에 모였다. 오늘은 특별히 웃음치료사를 초청하여 분위기를 고조시킬 참이다. 간단한 의식이 끝나고 곧이어 웃음잔치가 벌어졌다. 다들 웃느라 정신이 없다.

그런데 이게 웬일인가? 갑자기 경찰이 출동해 누군가를 잡아간다. 알고 보니 양의 탈을 쓴 늑대였다. 늑대는 다른 양들처럼 너무 크게 웃는 바람에 날카로운 이빨을 드러내고 만 것이다.

양의 탈을 쓴 늑대의 웃음은 오래가지 못한다. 웃다가 결국엔 모든 걸 들키고 만다. 사람도 마찬가지다. 진정성이 결여된 거짓된 행동은 오래가지 못한다. 다소 어설퍼도 진솔한 말과 행동이 사람을 움직이기 마련이다.

교류분석의 창시자 에릭 번은 진실하지 못한 사람들 간의 관계는 대개 이면적 교류형태를 띤다고 하였다. 그가 말하는 이면적 교류란 어떤 것일까?

만약 가끔씩 지각하는 동료가 있다고 가정해보자. 우리는 대개 무슨 일이 있는지 걱정된다고 말은 하지만, 속으로는 비난하고 싶어진다. 물론 사회생활을 하다 보면 속내를 그대로 드러내기 어려울 때가 많다. 우리는 얼굴에 가면을 쓰고 남의 눈치를 보며 적당히 타협점을 찾아 말하고 행동한다. 주변을 한 번 돌아보라. 많은 사람들이 나와 똑같이 가면을 쓰고 남의 눈치를 본다. 그런 곳엔 따뜻함이 없다. 진솔함이 사라진 그곳엔 차가운 얼음덩어리만 구른다.

이제 좋으면 좋은 대로 싫으면 싫은 대로 진솔하게 표현해보자. 단, 표현은 부드럽게 비폭력적인 방식으로.

▶ **거짓, 부정한 일 배격하기**

미국의 베트남 전쟁을 종식시킨 '팬타곤 페이퍼'의 위력을 아는가? 미국의 군함이 베트콩의 어뢰로 공격을 받았다는 이른바 '통킹만 사건'이 조작되었다고, 폭로한 사람은 엘스 버그라는 사람에 의해서였다.

그는 국방부의 비밀문서를 작성하는 요원이었음에도 불구하고 이념 전쟁으로 발생하는 수많은 사람들의 희생을 참을 수 없었다. 그래서 그는 작업 도중 알게 된 '통킹만 사건'의 진실이 담긴 자료를 빼돌려 언론에 제공했다.

비밀문서를 작성하는 30명 중 오직 한 사람 엘스 버그만이, '통킹만 사건'이 공산주의의 확산을 우려한 미국 정부와 무기판매업자들의 정치적 농간이었음을 밝힐 수 있었다. 엘스 버그의 진실된 행동은 미국뿐만 아니라 전 세계적으로 반전 평화 운동이 확산되는 계기가 되었다.

엘스 버그라고 해서 생명의 위협과 안위를 걱정하지 않았겠는가? 그럼에도 그는 자신을 버리고 대의를 따랐다. 거짓과 부정한 일을 배격하기 위해서는 대의를 따르는 정의감이 필요하다.

그러나 소아를 버리고 대의를 추구하는 일이 어디 쉬운가? 자신과의 싸움에서 우리는 모래성처럼 무너지기 십상이다. 이 세상에 거짓과 부정한 일이 많은 까닭이다. 그나마 엘스 버그 같은 어린 양들이 있어 세상은 조금씩 정의로운 사회로 발전하는지 모른다.

잊지 말자. 정의로운 사회는 어린 양들의 피와 눈물의 대가라는 사실을.

통킹만 사건의 진원 매덕스호 92와 엘스 버그 93

▶ 양심의 명령에 충실하기

'죽는 날까지 하늘을 우러러 한 점 부끄럼이 없기를
잎새에 이는 바람에도 나는 괴로워했다.'

유명한 윤동주 시인의 서시 부분이다. 하늘을 우러러 부끄러워하고
바람에 괴로워하는 사람은 양심이 살아있는 사람이다. 당연하지만 양
심적인 사람이 많을수록 사회는 건강하다.

그 옛날 한 선비가 뇌물을 바치며 하는 말이 "아무도 보지 않는데
어떻습니까?" 하니, 벼슬아치가 정중히 사양하며 응대한 말이 일품
이다.
"아무도 보지 않다니 하늘이 굽어보고, 땅이 올려다보고 있지 않
소."

남이 보거나 보지 않거나 내면의 선한 목소리에 귀를 기울이는 모습은 언제나 아름답다. 양심은 선한 행동의 뿌리이며 순수의 원천이다. 그러므로 양심을 따르는 사람들은 정직한 사회를 만드는 밑거름이다. 양심이 자꾸만 때가 타서 검게 변해 가는가?

그렇다면 다음 얘기에 귀 기울여보자.

질소비료를 만든 공로로 노벨 화학상을 탄 독일의 프리츠 하버. 그는 공기 중의 질소를 이용하여 인공 질소비료를 만들어 작물 생산량을 대폭 늘리는데 기여했다. 화학자였던 그의 아내는 그를 매우 존경하여 학자의 길을 포기하고 내조에 열심이었다.

그런데 두 사람 사이에 1차 세계대전이라는 폭탄이 떨어졌다. 하버에게 전세가 불리해진 조국을 위해서 독가스를 만들어달라는 요청이 들어온다. 아내는 극구 반대했지만, 그는 조국을 위한 일이라며 소금에서 염소를 분리해 치명적인 염소 독가스를 만든다. 아내는 남편을 총으로 위협도 해보고 설득도 해보았지만, 소용이 없었다.

하버가 만든 독가스는 벨기에 이프르 전투에서 프랑스군 5천 명을 살상하는 위력을 발휘한다. 그 덕에 그는 영웅대우를 받으며 장교로 임명되지만, 소중한 아내를 잃어야 했다. 아내 클라라는 양심의 가책으로 스스로 자살하고 만다.

과연 진정한 양심은 하버인가, 클라라인가?

너무 거창한가. 그렇다면 어느 연구소에서 제작 중인 양심 설문지를 발췌한 내용을 읽고 생각해보라.

문항	내 용	응답
	문항을 읽고 자신과 일치한다고 생각되는 점수를 응답란에 기입하시오. 1 = 전혀 그렇지 않다, 2 = 별로 그렇지 않다, 3 = 보통이다, 4 = 조금 그렇다, 5 = 매우 그렇다	
1	나는 대중목욕탕에서 반드시 화장실을 이용하여 소변을 본다.	
5	나는 부풀려서 대금을 청구하거나 용돈을 요구하지 않는다.	
8	나는 휴게소에서 밥을 먹고 난 다음 주변을 정리한다.	
12	나는 집에서 양말이나 옷가지를 아무 곳에나 벗어놓지 않는다.	
17	나는 쓰레기를 지정된 곳에 버린다.	
21	나는 껌이나 침을 아무 데나 뱉지 않는다.	
26	나는 빌려온 돈이나 물건은 반드시 되돌려 준다.	
30	나는 다른 사람의 차를 탈 때 오물이 묻거나 쓰레기가 남아있지 않도록 조심한다.	

프리츠 하버와 부인 클라라 94

3) 진 리

▶ 사실과 허구를 구별하기

우리는 가끔 사실(진실)과 허구(거짓)를 구별하지 못하는 경우가 있다. 분명 사실(또는 허구)인데 마치 사실(또는 허구)이 아닌 것처럼 받아들인다. 왜 그럴까? 우리는 자신이 믿고 싶은 것에 강한 애착을 지니기 때문이다.

돈을 빌려 준 친구가 도망갔는데 그럴 리 없다고 부정하며 마음을 안정시킨다. 그 친구에 대한 우정과 믿음 때문에 사실을 받아들이기가 쉽지 않다. 그래서 그건 사실이 아닌 허구로 돌려버린다. 자신의 믿음이 깨지는 것이 두렵기 때문에 사실을 허구로 인식하려 든다.

"친구에게 무슨 사정이 생겨서 그럴 거야. 절대 내 돈을 떼먹을 사람이 아니라고…"

친구에 대한 믿음과 사실 사이에서 발생하는 갈등을 합리화시키는 방법이다. 돈을 떼였다는 엄연한 사실 앞에 자신의 생각을 왜곡시킨다.

레온 페스팅거의 유명한 인지부조화(認知不調和, cognitive dissonance) 이론은 사람들이 왜 그토록 사실과 허구를 구별하지 못하는지 설명해준다. 우리의 마음은 두 가지(사실, 허구)의 서로 다른 신념이나 믿음, 생각이 공존하면 갈등을 겪게 되고 이때에 발생하는 불안을 해소하기 위해 허구를 사실로 받아들이는 경향이 있다. 사실로 믿었던 일이 허구임이 밝혀졌는데도 그 믿음을 버리지 못하고 허구를 사실로 인식하는 오류가 인지부조화다.

인지부조화가 일어나는 이유는 거짓을 진짜로 믿는 만큼 고통의 양이 줄어들기 때문이다.

여우 나라에서 큰 소동이 벌어졌다. 한 해 동안 가장 용감한 여우로 뽑힌 영웅의 이력이 날조된 것으로 밝혀졌기 때문이다. 여우 나라 법원에서는 이 여우를 소환하여 재판을 열었다.

"당신은 호랑이 나라에서 50일을 놀다 왔다는데, 사실입니까?"

"예."

"당신은 불곰 나라에 가서 무려 100일 동안 살다 왔다는데, 사실인가요?"

"예, 틀림없습니다."

여우는 자신의 이력서에 기재된 모든 내용이 진짜라고 주장했다. 너무나 당당해서 정말 호랑이, 불곰과 함께 살다 온 것처럼 보였다.

검사와 변호사의 공방이 벌어지고 드디어 판사가 판결을 내릴 차례가 되었다.

"이 여우는 가장 용감한 자가 자신이라고 믿고 있고, 또 실제로 호랑이, 불곰과 함께 살다 왔으므로 이곳에 사는 것보다 호랑이 나라와 불곰 나라에 사는 것이 합당하다고 판단된다. 따라서 호랑이 나라에서 3년, 불곰 나라에서 5년을 살다 올 것을 선고한다."

딱 딱 딱, 판결이 끝나자 여우는 만세를 불렀다.

"만세, 나는 호랑이다."

▶ 변하지 않는 사물의 법칙성 인정하기

"산은 산이고 물은 물이다." 성철 스님이 한 말로 유명해진 단순한 명제다. 산이 물이 될 수 없고, 물이 산이 될 수 없다. 아무리 세월이 흘러도 변하지 않는 절대적인 원리나 원칙이 있다. 그것을 뒤흔들어 아노미(혼돈)의 세계로 만들면 세상은 소란으로 가득하다.

중국 고승 가운데 혜원이라는 사람이 있다. 그는 30여 년 동안 자신이 거처하는 절 앞을 흐르는 호계(虎溪)를 절대 넘지 않은 것으로 유명하다. '호계를 넘지 않는다'는 원칙은 그에게 있어서 절대적이다. 이유야 어찌 되었든 호계는 자신과 세속을 구분 짓는 기준이다. 그는 임종 시에도 제자들이 가져온 탕약이 술로 만들어졌다는 이유로 끝까지 마시지 않았다. 아무리 제자들이 강권을 해도 계율을 어길 수 없다는 이유 때문이다. 승려로서 원칙을 철저히 지키고자 한 그의 노력은 감동 그 자체다.

혜원의 이와 같은 삶의 모습은 도연명에게 깊은 인상을 주었다. 당시 도연명은 팽택이라는 곳의 현장(縣長)으로 있었는데 혜원을 만나고 난 뒤 곧바로 감투를 벗어던지고 말았다.[30] 다섯 말의 녹봉 때문에 비굴하게 머리를 조아려야 하는 자신의 처지를 깊이 반성하고 고향으로 돌아간 것이다. 이것이 유명한 '귀거래사(歸去來辭)'의 탄생 배경이다. 한 사람의 원칙주의가 다른 사람의 인생에까지 큰 영향을 주었다는 사실이 놀랍지 않은가?

우리는 정의를 외쳤던 사람들이 정작 정의롭지 못한 행위로 사회의 지탄을 받았던 경우를 익히 알고 있다. 내 자신이 깨끗하지 않고 다른 사람이 흰옷을 입기를 바란다면 어불성설(語不成說)이다.

우리는 '뿌린 대로 거둔다'는 사물의 법칙에 충실할 필요가 있다. 내 자신이 원리원칙대로 정직하게 생활하는 만큼 정의로운 사회는 실현될 것이다. 그 누구로부터 오는 것이 아니다. 바로 나 자신으로부터 정의는 싹트고 꽃 피게 된다.

▶ 옳고 그름을 자의적으로 해석하지 않기

위장술의 대가인 카멜레온을 아는가? 숲에서 그를 쉽게 발견할 수 없는 이유는 타고난 위장술 덕분이다. 주변 환경에 자신을 적응시키는 놀라운 능력에 입이 벌어질 지경이다.

우리 인간세계에도 카멜레온 같은 사람이 있다. 상황에 따라 자신의 행동을 바꿔서 그럴듯하게 포장한다. 이러한 행동은 융통성이란 이름으로 불리우며 사회적으로 권장되기도 한다. 사실 유연한 사고와 행동은 사회적 관계 맺기에서 매우 중요하며 효과적이다.

그런데 융통성이나 유연성이 아무 곳에나 적용되어서는 곤란하다. 특히, '옳고 그름'이 분명한 사안이나 상황을 아노미 상태로 만드는 행위는 지양되어야 마땅하다. 이것은 부정부패가 많은 사회와 그렇지 않은 사회를 갈라놓는 구분점이기도 하다.

처칠이 국회연설 시간에 맞춰 가려다 어쩔 수 없이 교통신호를 위반하여 생긴 유명한 일화를 떠올려보자.[95]

교통신호를 위반한 사람이 처칠 수상이란 말을 들었을 때 단속한 경찰이 취한 태도는 어떠했는가? 보통은 수상을 몰라본 자신을 탓하며 융통성을 발휘했을 것이다. 그러나 이 경찰은 단호하다.

"처칠 수상 같은 분이 교통신호를 위반할 리 없다. 설혹 수상 각하라 할지라도 법규는 지켜야 한다."

더 재미있는 건 그 뒷얘기다. 어쩔 수 없이 딱지를 떼이고 난 처칠이 취한 행동은 어떠했는가? 대부분의 권력자들은 아마 그 경찰에게 '괘씸죄'를 뒤집어씌웠을 것이다.

그러나 처칠은 런던 경시청장에게 그 경찰관의 특진을 부탁할 정도다. 처칠의 특별한 지시에 대해 경시청장 또한 명쾌한 답변을 한다.

"런던 경시청 내규에 교통법규를 위반하여 딱지를 발급한 경찰관을 일 계급 특진시키는 조항은 없습니다."

동물의 왕국을 조장하는 인간 카멜레온이 늘어나는 사회일수록 처칠의 일화는 힘을 발휘한다. 한때 유행한 "내가 하면 로맨스고 남이 하면 불륜이다."라는 말에 아무런 거부감을 느끼지 않는 사회라면 더욱 그렇다. 이런 사회에서는 옳은 일을 하고도 비난받는 이상한 현상이 발생할 수 있다.

예컨대, 금연구역에서 담배를 피운 사람과 이를 신고한 사람이 있다면 비난받아야 할 사람은 누구인가? 담배를 피운 사람인가, 아니면 신고한 사람인가?

그런데 우리의 정서 속에는 신고한 사람을 이상하게 바라보는 경향이 있다. 분명 '금연구역에서 담배를 피운 행위'는 법으로 금지되어있고 벌금까지 물릴 수 있게 되어 있는데도 말이다. 확대 해석하면 '금연구역에서 흡연'은 범법행위에 해당된다.

그런데도 이를 신고한 행위를 비난할 수 있는가? 우리는 여기서 사회적으로 합의된 '옳고 나쁨'은 개인이 주관적으로 해석하여 변경할 수 있는 대상이 아니라는 사실에 주목할 필요가 있다. 아무리 애연가라 할지라도 "금연구역에서 흡연하는 사람을 신고하는 행위는 옳다."라고 말할 수 있는 사회가 건강한 사회 아닐까?

4) 평 등

▶ 차별하지 않고 노력한 만큼 보상하기

학교 다닐 때 가장 싫어한 선생님은 누굴까? 짐작하겠지만 차별 대우한 분이라고 대답한 사람이 많다.

"친구와 복도를 지나가다 선생님을 만나 인사했는데, 친구 인사는 받고 내 인사는 안 받더라. 그 친구는 나보다 공부를 엄청 잘했거든."

이런 식의 말을 들으면 어떤 생각이 드는가? 우리 중에는 공부를 못한다는 이유로, 또는 키가 작거나 외모 때문에 차별 대우를 받아본 적이 있을 것이다. 심지어 술을 못한 탓에 왕따를 당한 경험도 있을지 모른다.

참 이상하게도 사람들은 자신의 기준에 안 맞는다는 이유로 차별을 서슴없이 한다. 물론 모든 사람이 공감할 만한 합당한 기준이나 이유가 있다면 수긍할 만하다. 그러나 의외로 납득할 수 없는 주관적인 기준(이유)으로 사람을 재단하고 차별하는 경우가 흔하다. 차별로 부당한 대우를 받게 되면 그 사람을 불신하게 되고 서로의 관계는 단절된다.

우리가 사회에 거는 기대는 간단하다. 노력한 만큼 정당한 대우를 받을 수 있도록 해달라는 것이다. 투입한 시간과 에너지에 비례한 어떤 보상을 바라는 마음은 자연스럽다.

무술을 배우는 두 제자가 있었다. 제자들은 스승의 가르침을 열심히 연마했다. 스승은 제자들을 독려하기 위해서 그들의 노력 여하에 따라 매달 성과급을 주기로 했다.

월말이 되자 스승은 제자들을 모아놓고 봉투를 하나씩 주었다. 제자들은 봉투 속에 들어있는 돈의 액수를 확인하고 서로 귓속말을 주고받았다. 그러더니 그중 한 사람이 불만을 토했다.

"스승님, 뭔가 잘못된 것 같은데요. 제 성과급이 왕소팔 보다 적네요. 이런 말 하기 뭐하지만, 왕소팔은 제가 무술 연습할 때 빈둥거리며 놀기 일쑤였고, 집 안 청소도 제가 도맡아 했잖아요."

제자의 반발에 부딪힌 스승은 버럭 화를 내며 말했다.

"이놈아, 너는 내가 눈 뜨고 있는 동안 일했지만, 왕소팔은 내가 눈 감고 있는 동안 더 열심히 일했다. 알겠나?"

정의로운 사회는 노력한 만큼 원하는 것을 얻을 수 있도록 보장하는 사회다. 아무리 노력해도 그에 합당한 보상을 얻을 수 없다면 누가 사회를 믿고 열심히 일을 하겠는가? 더군다나 합당한 보상을 주기는 커녕 차별대우를 한다면 정말 김빠지는 일이다. 차별대우를 받는 사람들이 의욕적으로 자신의 일을 해내리라 기대하는 것 자체가 무리다. 사람은 공정한 대우를 받는다고 생각했을 때 힘이 나기 마련이다.

▶ 기회를 균등하게 주기

고려 시대의 만적이나 조선 시대의 임꺽정이 오늘날 태어났다면 어찌 되었을까? 왕후장상(王侯將相)의 씨가 따로 없는 이 시대라고 하지만 '보이지 않는 신분'은 존재한다. 우리는 태어날 때부터 '보이지 않는 신분'을 부여받지 않던가? 속된 말로 부모 덕을 보는 사람과 그렇지 않은 사람으로 대별된다. 부모로부터 물려받은 '보이지 않는 신분'은 일생을 좌우할 만큼 영향력이 크다. 만약 전적으로 개인의 일생이 '보이지 않는 신분'에 좌우된다면, 고려나 조선 시대와 다를 바 없다.

다행스럽게도 오늘날은 이 신분의 틀을 깨는 사람들이 많이 등장한다. '개천에서 용이 났다'는 표현이 대표적이다. 개천에서 용이 날 수 없다면 신분제 사회와 무엇이 다를까? 아마 만적과 임꺽정이 오늘날 태어났다면 필시 용이 되었을 것이다.

그만큼 오늘날은 기회의 물이 많다. 개천에서 태어났어도 강이나 바다로 나갈 수 있다. 물론 자신이 태어난 곳이 강과 바다가 아니라면 조금 더 힘들 수 있다. 그러나 개천에도 비는 온다. 개천이나 강, 바다에 관계없이 비는 똑같이 내려야 한다. 기회의 씨앗은 태어난 곳에 관계없이 고르게 뿌려져야 한다.

용왕이 사는 심해의 용궁에서 미스 바다 선발대회가 열렸다. 치열한 예선전을 거쳐 본선에 진출한 물고기들이 용왕의 입장을 기다리고 있었다.

이번 대회는 용왕이 소장한 진귀한 보물이 특별 하사품으로 내려지기 때문에 많은 물고기들이 참가했다. 드디어 중앙 단상으로 나 있는 문이 열리고 용왕이 등장했다. 대회장을 가득 매운 물고기들이 기립하여 박수를 보냈다.

그때였다. 갑자기 대회장 입구에서 소란이 일었다. 물고기들은 박수를 치다 말고 소란이 이는 쪽을 쳐다봤다. 한 무리의 연어들이 대회 진행요원들과 실랑이를 벌이는 모습이 보였다. 용왕은 연어 대표를 불러오게 하여 난동을 부린 사연을 말하도록 했다.

연어 대표는 흥분하여 따졌다.

"아니, 용왕님, 이게 말이 됩니까? 단지, 바다에서 태어나지 않았다는 이유로 대회 참가 자격은커녕 대회장에 입장할 기회마저 안 주니, 이런 불공평한 처사가 어디 있습니까? 아시다시피 우리 연어들은 비록 강물 출신이지만, 일생 동안 바다에서 생활하지 않습니까?"

용왕은 연어의 항변을 듣고 곰곰이 생각하더니 입을 열었다.

"그대의 말이 맞도다. 앞으로 연어뿐만 아니라 강물에서 태어나 바다 생활을 하는 모든 물고기들에게 대회 참가권을 주도록 허락한다. 그러나 바다에서 일생을 마치지 않는 모든 물고기들은 대회장에 입장할 기회를 주지 않는다. 왜냐하면, 그들은 온전한 바다 식구로 인정할 수 없기 때문이다."

▶ 인종·성·종교·문화로 차별하지 않기

로마 황제 하드리아누스는 자신을 보고 인사를 하거나, 또는 반대로 인사를 하지 않는 유대인을 무조건 사형시켰다. 도대체 왜 그랬을까?

신하들이 그 이유를 물었다.

"폐하, 저번에는 인사를 한다고 죽이시더니, 이번에는 인사를 안한다고 죽이시니 그 까닭이 무엇인지요?"

"양쪽 다 옳은 것이다. 유대인을 다룰 때는 나처럼 해야 한다."[32]

단지 유대인이라는 이유로 '나처럼 해야 한다'고 강변을 늘어놓다니 서글픈 일이다. 그런데 현대사에도 하드리아누스처럼 '나처럼 해야 한다'며 학살을 자행한 인물이 얼마나 많은가? 그 대표적인 인물이 악명 높은 히틀러다.

등산을 해본 적 있는가? 어떤 사람이 난생처음 제법 높은 산을 등산하고 나서 그 산을 평가하길 "산에 바위가 많아 악산이야."라고 말한다. 그런데 그 산을 등산한 또 다른 사람은 "꽃이 많아 멋진 산이야."라고 평가한다. 알다시피 산에 오르는 등산 코스는 여러 개다. 코스마다 동일한 모습일 수 없다.

우리가 사는 세상도 그렇다. 서로 다른 인종, 성, 종교, 문화가 공존한다. 서로 다르기 때문에 세상은 아름답다. 그러니 인종이나 남녀를 구별하여 차이를 두는 것은 옳지 않다. 또, 종교나 문화적인 믿음에 따라 차별하는 것도 마찬가지다. 우리는 인종, 성, 종교, 문화적 차별을 당연시했던 과거사(노예제도, 여성 학대, 종교전쟁, 제국주의)에서 비롯된 인류의 비극을 잘 알고 있다. 이들의 교훈은 세계화된 오늘날 더욱더 소중해지고 있다.

3. 정의와 심리기제

인간은 기본적으로 이기적 유전자 덩어리다. 이기적 유전자는 생물의 종을 유지하고 경쟁을 통한 변화와 성장을 촉진하려는 우주정신의 뜻에 따라 심어졌다.

작업통제관리기는 생명유지에 필요한 것을 우선적으로 고려하여 자극(정보-에너지)을 처리하도록 지시한다. 무의식 장기 저장고의 데이터(주로 욕구)를 참조하여 정보-에너지를 처리하는 과정을 밟는다. 개인의 욕구를 충족시키고 사적 이익의 창출에 기여하는 자극(정보-에너지)은 최대의 주의집중 대상이다.

그러나 이기적 유전자(개인적 욕구와 이익추구)에 따라 행동할 경우 경쟁은 불가피하다. 욕구를 충족시킬 수 있는 자극제가 한정되어있기 때문이다. 경쟁이 심할수록 작업통제관리기는 생명유지에 필수적인 자극에 민감할 수밖에 없다. 결국, 불가피한 경쟁으로 말미암아 사회적인 장치(규범, 제도, 법 등)가 등장한다.

사회적 장치는 이기적 유전자들의 충돌을 완화시키기 위한 집단의 약속이다. 만약 사회적인 장치가 없다면 인간의 세계도 동물의 왕국

처럼 될 수밖에 없다. 사실 동물의 세계에도 같은 종의 무리(집단)에서
는 일종의 사회적 장치가 있다. 사자들의 경우만 하더라도 사냥하는
과정과 사냥감을 분배하는 방식에 규칙이 있으며 집단생활도 위계에
따른다.

  사회적 장치는 이기적 유전자를 지닌 개인들의 존립을 위해 중요하
다. 집단이 유지되지 않으면 개인 또한 존재할 수 없다는 논리는 이기
적 유전자의 합목적성에 기초한다. 즉, 개인의 이익과 집단(다수)의 이
익이 합일되어야 개인, 또는 집단(다수) 모두를 만족시킬 수 있다. 개
인의 이익이 집단(다수)의 이익에 희생되거나 집단(다수)의 이익이 개인
의 이익에 희생되는 현상, 즉 불의와 부정은 편향된 가치로 부정적 정
보-에너지를 담고 있다.

  성숙한 작업통제관리기는 자신의 이익이 집단(다수)의 이익에 희생
되지 않도록 정보-에너지를 가공하여 통찰하고 필요할 경우 행동세
계에 저항의 메시지를 전달한다. 또한, 작업통제관리기는 집단(다수)
의 이익이 자신 때문에 감소되지 않도록 정보-에너지를 다룰 때 주
의한다.

  그러므로 발달된 작업통제관리기는 사회적 관계를 충분히 고려하
여 자극(정보-에너지)을 처리한다. 만약 사적 이익과 집단(다수)의 이익
사이에 갈등이 발생할 경우 공공선(公共善, 공익)에 맞춰서 정보-에너지
를 처리하는 능력이 성숙되어 있다. 따라서 작업통제관리기의 성숙은
정의를 실현하는 데 중요한 요소이다.

가치
통섭

문을 닫으며

1997년 초여름 경기도 광주의 한적한 저수지.

낚시터를 배회하는 사람이 있었다. 사내는 낚시꾼들이 건네는 소주를 마시기도 하고, 이따금 저수지에 돌팔매질도 하였다.

아무리 마셔도 취하지 않는 술.

알 수 없는 갈증이 목구멍으로 올라왔다. 연신 물 위로 돌을 던지면서 사내는 짐승처럼 울부짖었다.

'도대체 무엇을 해야 하는가?'

'어떻게 하면 삶의 주인이 될 수 있을까?'

불화가 끊이지 않는 가정과 직장은 그의 삶을 난도질하고 있었다. 그는 안개 낀 길을 걸으며 도피처를 찾고 있던 중이었다. 그러다 벼랑을 만났다. 여기서 뛰어내릴 것인가, 아니면 뒤돌아서서 살길을 찾을 것인가? 사내는 주변을 돌아보았다. 그리고 자신처럼 위태로운 길을 가고 있는 수많은 사람들을 목격했다. 어느 누구도 온전한 삶을 사는 사람은 없었다. 어부의 그물망에서 팔딱거리는 피라미 같은 삶의 모습들….

사내는 질문하기 시작했다.

'삶이 힘든 근본적인 이유는 무엇인가?'

'무엇이 우리를 스스로 존재하지 못하게 하는 걸까?'

'어떻게 하면 조화롭고 전인적인 삶을 살 수 있을까?'

그로부터 8년이 흐른 2005년 어느 봄날, 사내는 대전의 한 유스호스텔 세미나장에 앉아있다. 그는 20여 명이 모인 단체에서 '가치상담팀'을 결성하고 있었다. 그동안 해갈을 위해 걸어온 삶의 역사를 말하면서 사내는 조금 들떠있었다.

그러나 세미나가 끝나고 밤새 소주를 마셔도 갈증은 여전했다. 돌멩이 대신 볼펜을 던지며 사내는 또다시 울부짖었다.

'가치란 무엇인가?'

'어떻게 이론을 세우고 실제화할 것인가?'

정말 그랬다. 고기를 잡은 것 같은데 어망을 들여다보니 텅 비어있었다. 콘텐츠가 없는 컨셉은 빈 알갱이었다. 사내는 그로부터 불철주야 골방 수련에 돌입했다.

3년의 수련을 마치고 2008년 처음으로 원격연수원에 '가치상담'을 선보였다. 그러나 덜 익은 사과는 맛이 없는 법. 무엇이든 서두르면 그르친다는 교훈을 되새기고 만다. 스스로 만족할 수 없으니 다시 시작해야 했다. 사내는 먼저 자신의 인생 모토를 점검해보았다.

첫째, 자유스러워라.

둘째, 가치를 테마로 삶의 주인이 되자.

셋째, 나눔의 정신으로 상생하자.

사내는 인생 모토를 곱씹으며 '가치의 밭'을 다시 일구기 시작했다. 너무 많이 사용하여 닳아빠진 쟁기로 밭을 갈게 되면 투입되는 에너지에 비해 그 효과가 미미하기 마련이다. 새로운 밭에는 날이 선 새로운 쟁기를 사용해야 한다. 인생 모토는 무뎌진 날을 서게 하는 연마기가 되었다. 그는 연마기로 날을 세우면서 밭을 갈고 또 갈았다. 그로부터 4년이 지난 2012년 '가치의 밭'에 다시 싹이 트기 시작했다.

이 책은 한 사내가 '조화로운 삶', '전인적인 삶'을 꿈꾸며 '가치의 밭'을 일군 결과물이다.

조화롭고 전인적인 삶은 그냥 주어지지 않는다. 우리 자신이 삶의 주인으로 살아갈 수 있을 때 가능하다. 그리고 삶의 주인이 되어 스스로 존재하기 위해서는 테마(삶의 주제)가 필요하다. 사내에게 있어서 가치는 훌륭한 테마가 되어주었다.

가치는 우주와 인간을 연결시켜주는 유용한 매체다. 그것은 진리의 근원인 정보−에너지 세계에 접근이 가능하도록 도와준다. 우리는 가치를 통해 영적 진화와 생활의 진보라는 두 마리 토끼를 잡을 수 있다. 철학과 심리, 이상과 현실, 그 어느 한쪽을 버리지 않아도 되니 정말 매력적이다. 그런 점에서 사내가 가치를 만날 수 있었던 건 정말 행운이었다.

사내가 그랬듯이 이 책을 읽은 분들이 삶의 주인이 되어 조화롭고 전인적인 삶을 살 수 있기를 기원한다.

음성 송곡리
열두가치원에서
저자 발원

| 참고문헌 및 사이트 |

1. 『가치를 어떻게 가르칠 것인가』, L.E. 래쓰 외(정선심 외 옮김), 철학과현실사, 1994.
2. 『꿈꾸는 다락방』, 이지성, 국일출판사, 2007.
3. 『나의 문화유산 답사기』, 유홍준, 창작과 비평사, 2012.
4. 『한 권으로 읽는 논어』, 공자(김길형 옮김), 아이템북스, 2009.
5. 『다시 카네기에게 배워라』, 데일 카네기(이채윤 엮음), 북메이커, 2004.
6. 『단학수련의 평화교육적 의미 연구』, 이미화, 국제평화대학원대학교 석사학위논문, 2005.
7. 『도대체 컨셉이 뭐야?』, 탁정언, 원앤원북스, 2005.
8. 『마시멜로 이야기』, 호아킴 데 포사다 외(정지영·김경환 역), 한국경제신문사, 2005.
9. 『모든 것의 역사』, 켄 윌버(조효남 옮김), 대원출판, 2005.
10. 『무지개 원리』, 차동엽, 위즈앤비즈, 2009.
11. 『바보 빅터』, 호아킴 데 포사다 외, 한국경제신문사, 2011.
12. 『물은 답을 알고 있다』, 에모토 마사루(홍성민 옮김), 더난출판사, 2008.
13. 『101가지 주제로 알아보는 상담심리』, 노안영, 학지사, 2004.
14. 『사랑밭 새벽편지』, 권태일, 작은 씨앗, 2005.
15. 『상담이론』, 이형득 편저, 교육과학사, 1998.
16. 『상담과정 희망척도의 개발과 적용』, 강이영, 성균관대학교 박사학위논문, 2002.
17. 『세계의 고사·명언』, 독서신문사편, 독서신문사, 1976.
18. 『세계의 미스터리 비밀을 벗다』, 실비아 브라운, 정신세계사, 2005.
19. 『소유냐 존재냐』, 에리히 프롬(차경아 옮김), 까치출판, 2007.
20. 『술 취한 코끼리 길들이기』, 아잔 브라흐마(류시화 옮김), 이레, 2008.
21. 『Snyder의 희망척도 한국번역판의 타당화 연구』, 최유희 외, 한국심리학회지, 22(2), 1-16, 2008.
22. 『아낌없이 주는 나무』, 셸 실버스타인, 소담출판사, 1991.
23. 『연금술사』, 파울로 코엘료(최정수 옮김), 문학동네, 2001.
24. 『오리진이 되라』, 강신장, 쌤앤파커스, 2010.
25. 『우주이야기』, 이지유, 미래아이, 2010.
26. 『월드쇼크 2012』, 그렉 브레이든 외(이창미·최지아 옮김), 쌤앤파커스, 2008.
27. 『월든』, 헨리 데이비드 소로, 현대문학, 2011.
28. 『인간행동과 사회환경』, 권중돈 외, 학지사, 2008.
29. 『조화로운 삶』, 헬렌 니어링, 스코트 니어링(류시화 옮김), 보리, 2000.
30. 『중국철학사』, 장기균 외(송하경 외 옮김), 일지사, 1984.
31. 『착각의 진실』, EBS 다큐프라임, 2007.
32. 『탈무드』, 김지용 편역, 꿈꾸는 아이들, 2008.
33. 『평화적 수단에 의한 평화』, 요한 갈퉁(강종일 외 옮김), 들녘, 2000.

34. 『한국판 희망척도의 개발 및 타당도 연구』, 이동형 외, 학생생활연구, 24, 85~108, 충남대학교 학생생활연구소, 1997.

35. 『혼창통』, 이지훈, 쌤앤파커스, 2010.

36. 안팎뉴스, 2012. 10. 24.

37. YouTube, 2008. 3. 7.

38. http://Academic.naver.com

39. http://ko.wikiquote.org

40. http//cafe.daum.net/namuy/

41. http//www. blog.naver.com-wog/

42. http://cafe.daum.net/jyh678989/

43. http://cafe.daum.net/dodo6600/

44. http://blog.daum.net/bigcrunch/

45. http://blog.naver.com/daramjuo/

46. http://blog.naver.com/lhwnews/

47. http://cafe.naver.com/ggscienceg/

48. http://cafe.daum.net/prunsolschool/

49. http://cafe.naver.com/iandchildren/

50. http://doopedia.co.kr

51. http://cafe.daum.net/astronomical

52. http://blog.naver.com/PostView

53. http://blog.naver.com/a308501

54. http://cafe.naver.com/hhogwart/

55. http://blog.naver.com/taeminson/

56. http://blog.naver.com/chips9803/

57. http://cafe986.daum.net/_c21_/album/

58. http://blog.naver.com/goldkey1012/

59. http://news.naver.com/main/

60. http://blog.naver.com/myjmoto/

61. http://cafe.daum.net/joo5834/

62. http://cafe.daum.net/ranifood/

63. http://cafe.daum.net/bulkot

64. http://mrchang.tistory.com/170

65. http://postfiles1.naver.net/20110923_112/

66. http://blog.naver.com/dudfla5667

67. http://blog.naver.com/storyphoto/

68. http://www.google.co.kr/imgres/

69. http://www.ayurarogyam.in/

70. http://blog.daum.net/blog/BlogTypeView

71. http://postfiles16.naver.net/20120601/

72. http://www.yeongnam.com

73. http://postfiles7.naver.net/data35

74. http://postfiles1.naver.net/20091207_48/

75. http://www.wildinkorea.com/bbs/

76. http://postfiles5.naver.net/20100210_4/

77. http://blogimg.ohmynews.com/attach/

78. http://www.vop.co.kr/view.php

79. http://ojsfile.ohmynews.com

80. http://blog.daum.net/jincajme/

81. http://cfs1.blog.daum.net/upload_control/

82. http://postfiles13.naver.net/20101113_220/

83. http://pds11.egloos.com/pds/200904/

84. http://seoulch.kr/files/attach/

85. http://www.pl.all.biz/img/

86. http://postfiles15.naver.net/20091222_270/

87. http://alladidas.com/attach/

88. http://blog.naver.com/PostView.nhn?blogId/

89. http://upload.wikimedia.org/wikipedia/

90. http://cfile219.uf.daum.net/image/

91. http://www.navinside.com/bbs/

92. http://pds.joinsmsn.com/news/

93. http://image.pressian.com/images/

94. http://article.joinsmsn.com/news/

95. http://www.cyworld.com/

96. http://blog.naver.com/PostView.nhn/

97. 『사람을 움직이는 123 법칙(지식 프라임)』, YouTube, 2011. 11. 25.

98. 『최보식 칼럼』, 조선일보, 2013. 6. 7.

99. http://www.youtube.com/황금시대의 과학.

100. 『느리게 더 느리게』, 장샤오헝(최인애 옮김), 다연, 2014.

101. 『내 인생에 힘이 되어준 한마디』, 정호승, 비채, 2011.

102. 『갈매기의 꿈』, 리처드 바크(신현철 옮김), 현문미디어, 2007.

103. 『유토피아』, 토마스 모어(주경철 옮김), 을유문화사, 2007.

104. http://webl.c2.cyworld.com/

105. 『프린들 주세요』, 앤드루 클레먼츠(햇살과 나무꾼 옮김), 사계절, 2001.

106. http://nownews.seoul.co.kr/아하! 우주

107. http://mbn.mk.co.kr/pages/news/

108. http://bbs.movie.daum.net/gaia/do/movie/

109. 『하늘 호수로 떠난 여행』. 류시화. 열림원. 2011.
110. 『호오포노포노의 지혜』. 이하레아카라 휴렌. 사쿠라바 마사후미(이은정 옮김). 눈과마음. 2009.
111. 『서울신문』. 나우뉴스(과학·연구). 2015. 10. 22.
112. 『나는 천국을 보았다』. 이븐 알렉산더(이은정 옮김). 김영사. 2013.

부 록

열두가치원 구상도

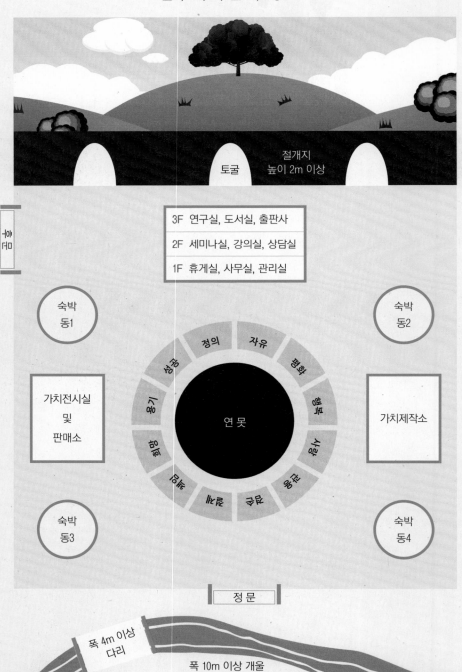

토굴   절개지
높이 2m 이상

3F 연구실, 도서실, 출판사
2F 세미나실, 강의실, 상담실
1F 휴게실, 사무실, 관리실

정문

숙박
동1

숙박
동2

가치전시실
및
판매소

가치제작소

숙박
동3

숙박
동4

정의   자유

겸손   평화

용기   행복

헌신   사랑

겸손   관용

절제   근면

연 못

폭 4m 이상
다리

폭 10m 이상 개울

가치의 현장 적용

　　가치를 적용하는 예로 '열두가치원'을 제시해보았으나, 단순히 연구소나 체험시설(카페, 펜션 등) 형태뿐만 아니라 한 마을을 조성하는 과정에서도 생각해볼 수 있다. 말하자면 가치를 컨셉으로 마을 전체를 디자인해보는 것이다.

　모든 것은 하드웨어와 소프트웨어의 조합이라는 사실을 상기해보자. 이것들을 어떻게 조합하여 현실화시키느냐를 고민하고 이를 체계화시킨 것이 컨셉이다.

　파주의 프로방스, 가평의 남이섬 공화국, 서천의 이색체험마을 등 성공한 마을의 공통점은 분명한 컨셉을 가지고 있다는 점이다. 단순히 생태나 자연환경만을 이용하는 것이 아니라, 그것을 활용하여 새로운 가치를 창출할 수 있는 컨셉이 있어야 한다. 마을 전체를 컨셉에 맞춰서 구조화하고 조직화했을 때, 그 마을만의 독특한 브랜드가 탄생한다.

　가치중심 생체공동체 마을은 그 가운데 하나의 예가 될 것이다. 즉,

생태·자연 중심적 하드웨어를 구축하고 가치 기반 소프트웨어를 접목시키는 방식이다.

가치는 삶의 주제(테마)이기 때문에 그 소재(제재)는 무궁무진하다. 말하자면 어떤 활동(프로그램)이나 소재는 12개 핵심가치(주제)의 하위요소로 분류가 가능하다. 예컨대, 수영이나, 물놀이 같은 활동은 자유나 평화, 행복 같은 정제군의 가치 영역에, 그리고 모험정신을 발휘하는 카약 타기 등은 용기 같은 촉진군의 가치영역으로 분류할 수 있다.

12개 핵심가치는 온우주에 퍼져있는 가치들을 대표하는 폭넓은 개념으로 어떠한 프로그램이나 소재도 그 안에 포용될 수 있다. 이는 곧 가치를 기반으로 사물이나 현상을 조직화할 수 있음을 말해준다. 컨셉을 잡을 때는 반드시 아이디어를 체계적으로 엮는 작업이 요구되기 때문에 가치가 유용하게 활용될 수 있는 것이다.

그렇다면 컨셉이란 무엇인가?

컨셉은 일종의 아이디어로 생각들이 체계적으로 연결고리를 맺는 구조화된 모습을 띤다. 그냥 평범하게 흩어져있는 생각들은 컨셉이 될 수 없다. 이것은 반드시 체계적으로 구조화되어 상호 긴밀히 연관된 형태로 테마와 콘텐츠라는 두 가지 축으로 구성되어 있다. 테마는 주제이며 콘텐츠는 소재나 제재 같은 내용물이다. 주제를 달성하기 위한 내용물로는 하드웨어와 소프트웨어가 결합되어야 함은 물론이다. 마을을 조성할 때 자연적, 인공적 환경은 하드웨어에, 이를 활용한 각종 프로그램은 소프트웨어에 해당된다.

하드웨어와 소프트웨어의 경중을 따질 수는 없지만 비교 우위 면에서 본다면 소프트웨어가 더 중요하다. 왜냐하면, 아무리 훌륭한 하드웨어를 가지고 있어도 이를 활용하는 마인드(소프트웨어)가 부족하면 무용지물이기 때문이다. 소프트웨어는 사람의 머리에서 조직되고 체계화되므로, 결국 마을이 동원할 수 있는 인적자원이 중요하다.

주지의 사실이지만 사람은 제각기 다른 재능과 특성을 지니고 있다. 이들이 지닌 역량을 결집할 수 있을 때 마을의 발전과 개인의 성장도 기대할 수 있다. 이를테면 마을 각각의 가구마다 12개 핵심가치 중 1개를 선택하도록 하여, 이를 테마로 잡아 집을 꾸미고 프로그램을 개발함과 동시에 산출물을 만들어내도록 한다. 프로그램 및 산출물은 문학(시, 에세이 등), 예술(미술, 음악, 체육 등), 생태(땅, 물, 숲, 돌멩이, 나무, 풀, 꽃, 각종 농작물 같은 자연적 요소)를 소재(제재)로 구체화할 수 있다. 이때 마을 주민들이 지닌 각자의 역량을 최대한 발휘할 수 있는 소재를 발굴하고 자유롭게 선택하여 가공한다.

어떤 사람은 자신이 지닌 능력이나 소질을 의심하여 아무 일도 할 수 없다고 말할 것이다. 지금까지 그렇게 믿고 살아왔기 때문에 당연하다. 그러나 역량이 없는 것이 아니라 없다고 생각할 뿐이다. 우리는 모든 사람이 창조적인 능력을 지니고 있음을 상기해야 한다. 굼벵이도 기어가는 재주가 있듯이 우주정신의 창조성은 모든 사물에 투영되어 있다. 특히, 인간은 우주정신의 축소판이지 않은가?

사실 우리는 어떤 형태든지 일을 하고 있다. 그 일의 내막을 파헤쳐보면 그 속에는 반드시 그 일과 관련된 재능(소질)이 있다. 농사를 짓는 것도 재능이며, 하다못해 잘 노는 것도 재능이다. 이것들은 소프트웨어를 구비하는데 매우 유용한 자원이 될 수 있다. 문제는 어떠한 컨셉으로 조직화하고 체계화시켜서 프로그램으로 탄생시킬 수 있느냐

감동마을 조성 부지 전경

이다. 물론 이러한 일을 할 수 있는 사람은 많지 않다. 창조적인 컨셉과 기획능력이 뒷받침되어야 하기 때문이다.

그렇다고 아주 어려운 것도 아니다. 12개 핵심가치에 따라 자원을 분류하고 체계화시키면 된다. 즉, 가치는 컨셉을 잡고 체계화시키는데 매우 유용한 도구가 될 수 있다. 마을이 지닌 소재나 자원을 발굴하여 이를 가치로 체계화시키면 된다.

충북 영동의 감동마을(감 익는 동화마을)의 경우를 예로 들어보겠다.

감동마을은 산수가 수려하고 수량이 풍부한 하천(하드웨어)이 있으므로 이를 활용할 수 있는 컨셉을 잡을 수 있다.

이때 마을 명칭이 중요하다. 마을 명칭은 컨셉을 최대한 반영한 것이어야 한다. 감동마을 역시 풍성한 자연자원을 바탕으로 행복한 마을을 조성하기 위한 다양한 아이디어(컨셉)를 동원할 수 있다. 마을 주변 산림을 이용하여 할 수 있는 일, 맑은 물을 최대한 활용할 수 있는 방안, 그리고 마을을 조성하는 방식 등이 컨셉의 주요 현안이다.

이와 같은 현안들은 컨셉 잡기의 토대가 되며, 일정한 생각의 틀로 자리매김하게 된다. 결국, 자연환경을 개발하여 지속 가능한 전원 마을 형성이라는 컨셉을 이끌어내고 '여유, 행복, 건강'으로 테마를 설정할 수 있다. 이러한 컨셉과 테마에 따라 마을 이름도 '감 익는 동화마을'로 작명되었다.

이제 테마를 실현시키기 위한 콘텐츠(하드웨어와 소프트웨어)를 생각해 볼 차례다. 이를 위해 먼저 소재(제재)를 탐색한다. 마을 명칭에 걸맞은 소재(제재)로 감을 찾았다면, 집집마다 감나무 심기, 감나무 차 만들기, 곶감 및 감 장아찌 같은 식품 만들기, 감나무를 이용한 공예품 제작, 감 수확 체험하기, 감나무 성장사 다큐 제작 등 얼마든지 가능하다. 물론 초강천을 활용한 다양한 프로그램(수영, 물놀이, 물고기나 다슬기 잡기, 카약 타기 등)도 좋다.

한발 더 진보한다면 집짓기 할 때도 감을 연상할 수 있는 구조로 설계하고 정원을 조성할 때도 감과 관련하여 꾸민다. 즉, 감과 직,간접적으로 연관될 수 있도록 환경(하드웨어)을 조성한다.

펜션도 지어 운영하고자 한다면 객실을 꾸밀 때도 감을 연상시키는 액자나 소품으로 꾸미고 침대도 감나무 이미지와 어울리게 만들어볼 수 있다. 또, 금강까지 자전거 코스를 만들 때 코스 곳곳에 감을 연상하는 조성물이나 설치물을 두는 것도 생각해볼 수 있다.

각각의 가구들은 12개 핵심가치 중 원하는 가치를 선택하여 주제로 삼고, 인적 물적 자원(소재)을 활용하여 생산물을 만들어낸다. 모든 생산물은 12개 핵심가치로 분류가 가능하기 때문에 3개 영역(정제군·억제군·촉진군) 또는 12개 영역(자유·평화·행복·사랑·관용·겸손·절제·책임·희망·

용기·성공·정의)으로 구분하여 전시관이나 테마 공원, 마을 거리 등에 전시하여 관람할 수 있도록 한다. 또한, 가치를 생산하는 모든 활동을 프로그램화하여 교육 과정으로 편성한 다음 학교 형태로 운영할 수도 있다.

이러한 과정에서 주민들 간의 정례적인 발표와 교류의 기회는 필수적이다. 상호 교류는 주민들 간의 응집력을 높이고 마을의 성장에 중요한 역할을 한다. 모든 활동의 중심은 바로 사람이기 때문이다. 실제로 마을 성장의 최대 걸림돌은 주민들 간의 불협화음이다. 각각 다른 생각을 지닌 사람들이 모이는 곳에는 반목과 갈등이 나타나기 마련이다. 이를 최소화할 수 있는 방안을 찾아내어 실행했을 때 안정적으로 마을을 조성할 수 있다.

당연한 얘기지만 마을은 개인과 집단의 결합체다. 개인이 모여 집단을 이루고 집단이 곧 마을을 형성한다. 즉, 따로 또 함께의 원칙이 적용되는 곳이다. 개인의 성장(따로)뿐만 아니라 집단의 발전(함께)이 담보되어야 마을의 영속성이 보장된다. 개인과 집단을 동시에 충족시킬 수 있는 마을 공동의 지향점(가치)을 정하고 이를 구체화시킬 수 있는 지침을 마련하는 일이 그래서 중요하다. 다소 시일이 걸리더라도 충분한 논의를 거쳐 마을 공동의 지향점과 지침을 마련해야 한다. 그렇게 했을 때 가치를 생산하고 그 생산물을 공유하는 과정에서 분란을 줄이고, 효율을 극대화할 수 있다. 지침의 기반이 되는 가치로는 대체적으로 배려, 존중, 감사, 화합, 협동, 수용, 신뢰, 예의, 의무, 성실, 공정 등이 해당될 것이다.

감동마을은 하나의 예이기 때문에 가치 중심 생태공동체 마을의 형성은 다양한 형태로 가능하다. 어떤 형태든지 마을이 가지고 있는 자원을 활용하여 체계화시키는 과정이 중요하다. 그러나 어떤 것을 체계화시키는 일이 결코 쉽지만은 않다. 컨셉이 있어야 하며, 그 컨셉을 실현시킬 테마와 콘텐츠가 있어야 하기 때문이다. 이러한 작업이 순조롭게 진행되기 위해서는 어떤 기준점(중심점)이 있어야 한다. 가치는 바로 그 기준점 역할을 할 수 있다는 점에서 매우 유용하게 다양한 분야에서 응용될 수 있을 것이다.

가치 유형별 식물의 종류

가 치	화 초	나 무
자유(자율, 초연, 독립)	극락조화(신비), 참제비고깔, 달맞이꽃, 미나리아재비, 아라비아의 별(순수), 씀바귀(순박), 수련(청순), 수선화(초연), 난(청초), 파초(탈속), 고사리(신비)	포플러, 자작나무, 자두(독립), 갯버들, 떡갈나무(독립)
평화(평온, 화합, 협동, 여유)	향쑥, 보리(협동), 버베나(단결), 플록스(온화), 데이지, 수세미외, 찔레꽃(온화),석죽(평정), 옥잠화(침착, 조용)	수양버들, 무화과나무, 포도나무, 올리브, 꽃아그배나무(온화), 아카시아(단결)
행복(기쁨, 건강, 풍요, 만족, 감사)	복수초, 매쉬 메리골드, 자운영, 노랑붓꽃, 제라늄, 데이지(명랑), 아도니스, 흰나팔꽃(기쁨), 토끼풀(쾌활), 아마(감사), 초롱꽃(감사), 딸기, 센토레아, 루드베키아, 도깨비부채, 은방울꽃, 행운목, 크로커스(기쁨), 스위트피(기쁨), 나팔꽃(기쁨), 안개꽃, 접시꽃(풍요), 아나나스(만족), 에크메아(만족), 크립탄서스(만족), 구즈매니아(만족), 빌베르기아(만족), 네오레겔리아(만족), 다알리아(감사), 팬지(쾌활), 프림로즈(번영), 모란(부귀영화), 칼라디움(환희), 낙상홍(명랑)	소나무(건강), 은행나무, 자귀나무(부부애), 치자나무(기쁨), 무화과(풍요), 은행(장수), 유자나무(기쁨)
사랑(나눔, 배려, 헌신)	장미, 카네이션, 노랑수선화, 히아신스, 제비꽃, 양치, 글라디올러스, 흰앵초, 빨간아네모네, 복사꽃, 과꽃, 라일락, 물망초, 노란튤립, 라일락, 헨리오토로프, 재스민, 시계꽃, 빨간제라늄, 인동, 패랭이꽃, 아르메리아(배려), 접시꽃, 상사화, 맨드라미, 천인국, 스타티스	이팝나무, 사과나무, 은매화, 산사나무, 가막살나무, 감나무(자애), 마취목(희생)
관용 (용서, 수용, 신뢰)	산세비에리아, 상서화, 진저(신뢰), 아게라텀(신뢰), 과꽃(신뢰), 산다화(신뢰), 갈대(신의)	노송나무

겸손(예의, 친절, 존중)	부들(순종), 나팔수선화(존경), 금작화, 베고니아(친절), 해바라기(숭배)	수양매실나무, 물푸레나무
절제(중용, 인내, 양보)	사프란, 갈풀(끈기), 무릇, 진달래, 무궁화(끈기)	전나무, 회양목
책임(근면, 성실, 의무)	바위솔(근면), 마가목(근면), 도라지(성실), 헬리호트로프(성실), 초롱꽃(충실)	녹나무(근면), 산수유(성실)
희망(긍정, 신념, 동기, 의지)	동백(자랑), 스노드롭, 칼미아, 아몬드, 금영화	삼나무, 프리뮬러, 산사나무, 개나리
용기(명예, 도전, 결단, 봉사)	검은 포플라, 백리향, 카모밀레(도전), 월계수(명예), 제라늄(결단), 능소화(명예), 철쭉(명예), 튤립(명예)	사시나무, 떡갈나무, 주목(명예), 뽕나무(봉사)
성공(창의, 열정, 성취)	서향(영광), 매발톱꽃(승리), 귀고리꽃(열정), 꼬리풀(성취), 선인장(열정), 칼라(열정), 부겐벨리아(정열), 물옥잠(승리)	너도밤나무, 호두나무, 월계수, 종려나무, 말오줌나무(열정), 명자나무(열정)
정의(공정, 정직, 진리, 평등)	락스퍼, 백합(순결), 가지(Egg Plant, 진실), 조(평등), 후리지아(순결), 산나리(순결), 채송화(순진), 국화(청결), 천일홍(불변)	밤나무, 매화(결백), 대나무(절개), 감귤(순결)

가치발달 검사

정제군 가치

	자유	하위 요소
1	나는 누가 시키지 않아도 스스로 할 일을 찾아서 한다.	자율
2	나는 생활에 필요한 최소한의 소유와 소비의 기준을 가지고 있다.	
3	나는 스스로 판단하고 결정한다.	
4	나는 누군가가 간섭하기 전에 나 자신을 통제할 수 있다.	
5	나는 내 마음대로 할 수 없는 부분보다 할 수 있는 부분에 관심이 간다.	
6	나는 내 맘대로 종교나 취미활동을 할 수 있다.	
7	나는 내 생각대로 말을 표현하고 자유롭게 모임에 참가할 수 있다.	
8	나는 작은 일에 얽매이지 않고 하고 싶은 일을 한다.	초연
9	나는 나무보다 숲 전체를 보는 경향이 있다.	
10	나는 내가 통제할 수 없는 것을 내 맘대로 하려고 들지 않는다.	
11	나는 내 맘대로 할 수 없는 일을 가지고 속상해하지 않는다.	
12	나는 아는 만큼 자유로워질 수 있다는 믿음을 가지고 있다.	
13	나는 돈이나 물건을 빌려주고 돌려받는 것을 까먹을 때가 종종 있다.	
14	나는 기대하는 일이 적어서 좌절을 경험하는 경우가 드물다.	
15	나는 돈이 없어도 걱정하지 않는다.	
16	나는 중요한 결정을 할 때 다른 사람의 영향을 적게 받는다.	독립
17	나는 어려운 일이 생겨도 남에게 의지하지 않고 스스로 해결하려 한다.	
18	나는 경제적으로 자립하기 위해 어떤 노력을 해야 할지 알고 있다.	
19	나는 나만의 독자적인 삶의 방식을 추구하고 있다.	

		평화	하위요소
1		나는 패자를 만들어내는 경쟁사회를 생각하면 마음이 답답하다.	평온
2		나는 글이나 문자로 감정을 정화하여 표현할 때가 많다.	
3		나는 다툼이 있을 때 온유한 방법을 취한다.	
4		나는 징기스칸 같은 전쟁 영웅을 별로 좋아하지 않는다.	
5		나는 화가 났을 때 상대방을 공격하는 대신 부드러운 말로 요청한다.	
6		나는 명상이나 묵상을 좋아한다.	
7		나는 걱정거리가 있으면 혼자 조용히 생각하며 해결방법을 찾는다.	
8		나는 지구 반대편에 사는 사람도 이웃으로 느껴질 때가 많다.	화합
9		나는 사물이나 자연과 조화롭게 살기 위해 노력한다.	
10		나는 다른 사람의 말을 잘 들어준다.	
11		나는 강요나 비난, 지시를 잘 하지 않는다.	
12		나는 가족처럼 가까운 사이일수록 말조심한다.	
13		나는 다른 사람에게 상처 주는 말을 하지 않는 편이다.	
14		나는 '내 탓이오'란 말을 자주 사용한다.	
15		나는 나보다 전문성을 지닌 사람을 만나면 그의 말을 따른다.	협동
16		나는 다른 사람과 협업하기를 좋아한다.	
17		나는 도움을 주고받는 일이 어색하지 않다.	
18		나는 공동체의 안전과 발전을 위한 일이라면 적극적으로 참여한다.	
19		나는 기대한 만큼 성과를 얻지 못해도 실망하지 않는다.	여유
20		나는 어떤 일을 할 때 서두르지 않고 천천히 한다.	
21		나는 원하는 것을 얻지 못해도 별로 화가 나지 않는다.	

	행 복	하위 요소
1	나는 원하는 것을 얻기 위해 노력하는 과정에서 기쁨을 느낀다.	기쁨
2	나는 지금 하는 일이 즐겁다.	
3	나는 지금 천국에 살고 있다.	
4	나는 나 자신을 창조적인 인간이라 생각한다.	
5	나는 틀에 박힌 일을 새롭게 바꾸면서 기쁨을 얻는다.	
6	나는 자주 웃는다.	
7	나는 유머러스한 사람이다.	
8	나는 돌멩이 같은 하찮은 사물을 보고 감탄한 적이 있다.	
9	나는 사물을 긍정적으로 보고 명랑하다.	건강
10	나는 활동적이다.	
11	나는 외로울 때 함께 할 사람이 있다.	
12	나는 정신적으로나 육체적으로 건강하다.	
13	나는 남과 비교하여 상대적 박탈감을 느끼지 않는다.	풍요
14	나는 돈이 없으면 없는 대로 있으면 있는 대로 산다.	
15	나는 현재의 수입(용돈)으로 충분하다.	
16	나는 결과보다 과정을 즐긴다.	만족
17	나는 소유물이 많으면 그만큼 피곤하게 살 수밖에 없다고 생각한다.	
18	나는 얻지 못하는 것이 있어도 불평하지 않는다.	
19	나는 작은 성취에도 기뻐한다.	
20	나는 바라고 원하는 것이 별로 없다.	
21	나는 대체로 기분 좋은 감정을 자주 경험한다.	
22	나는 나 자신의 능력을 알고 있으며 그것에 감사한다.	감사
23	나는 최악의 상황을 즐겁게 받아들인다.	

		하위 요소
24	나는 고난을 배움의 기회로 삼아 즐긴다.	
25	나는 다른 사람이 주는 선물을 부담스럽게 느끼지 않는다.	
26	오늘의 나를 만들어준 사람들에게 고마움을 느낀다.	

	사 랑	하위 요소
1	나는 대가를 바라지 않고 선행을 베푼다.	나눔
2	나는 내가 가진 것을 남과 나누기 좋아한다.	
3	나는 상대방이 원하는 것이 무엇인지 잘 알고 들어준다.	
4	나는 선물을 받기보다 주는 것을 좋아한다.	
5	나는 내가 가진 재능을 다른 사람을 위해 사용한다.	
6	나는 다른 사람과 함께 할 수 있는 일을 만들곤 한다.	
7	나는 주변 사람이 아프거나 곤란을 당하면 무심히 지나치지 않는다.	배려
8	나는 다른 사람의 말을 주의 깊게 경청한다.	
9	나는 부드러운 사람이란 말을 자주 듣는다.	
10	나는 어떤 일이 있을 때 상대방의 입장에서 생각해보는 습관이 있다.	
11	나는 개미 같은 작은 생명체일지라도 함부로 죽이지 않는다.	
12	나는 내 자신을 희생해서라도 좋은 일을 하기 위해 애쓴다.	헌신
13	나는 아는 사람이 곤경에 빠졌을 때 잘 도와준다.	
14	나는 누군가를 위해 목숨을 바쳐 도와줘야겠다고 생각한 적이 있다.	
15	나는 모두를 위해서라면 나 자신의 권리를 포기할 각오가 되어 있다.	
16	나는 친구를 소중한 재산으로 생각하여 잘 도와준다.	

억제군 가치

	관용	하위 요소
1	나는 누구나 잘못할 수 있다고 생각한다.	용서
2	나는 실수나 잘못을 저지른 사람을 용서해준 적이 있다.	
3	나는 분노의 감정을 일으키는 대상이 별로 없다.	
4	나는 상대방에게 분노를 터트리기 전에 조절하는 편이다.	
5	나는 분노를 화풀이 형태로 해소하지 않는다.	
6	나는 불필요한 죄책감에 시달리지 않는다.	
7	나는 나 자신을 너그럽게 대한다.	
8	나는 잘못한 행동은 비난하지만, 그 사람 자체는 미워하지 않는다.	
9	나는 생각이나 취향이 다른 사람과 함께 해도 크게 불편하지 않다.	수용
10	나는 나의 생각을 강요하지 않는다.	
11	나는 의견을 달리하는 사람과 타협하는 방법을 알고 있다.	
12	나는 나와 다른 길을 가는 사람의 세계를 이해할 수 있다.	
13	나는 내 주관으로 판단하지 않고 있는 그대로 상황을 본다.	
14	나는 내 의도대로 상대방이 따라오지 않더라도 낙담하지 않는다.	
15	나는 사람을 잘 믿는 편이다.	신뢰
16	나는 어떤 사람을 불신하는 말을 듣더라도 쉽게 동조하지 않는다.	
17	나는 잔소리를 많이 하지 않는다.	
18	나는 상대방이 해야 할 몫을 인정하고 그 일을 해낼 때까지 기다려 준다.	
19	나는 의도적으로 사람을 조정하려 들지 않고 진심으로 대한다.	

	겸 손	하위 요소
1	나는 후배나 아랫사람에게 공손한 말씨를 사용한다.	예의
2	나는 잘못했을 경우 정중히 사과한다.	
3	나는 선배나 윗사람에게 먼저 인사한다.	
4	오늘의 나는 이전 세대 사람들 덕분이라 생각한다.	
5	나는 친절하다는 소리를 많이 듣는 편이다.	친절
6	내가 아는 사람들은 모두 친절하다.	
7	나는 평소 말을 아끼고 조심한다.	
8	나는 친절을 베푸는 방법을 잘 알고 있다.	
9	나는 친절한 웃음으로 위기를 넘기곤 한다.	
10	나는 내 것과 남의 것을 분명히 구분할 줄 안다.	존중
11	나는 다른 사람의 생활이나 소유물을 존중해준다.	
12	나는 나보다 뛰어난 사람을 인정하고 존경한다.	
13	나는 내 생각과 다른 의견도 존중하고 인정한다.	
14	나는 나의 몫보다 다른 사람의 몫을 먼저 챙겨준다.	

	절 제	하위 요소
1	나는 필요 이상의 욕심을 부리지 않는다.	중용
2	나는 일과 여가(취미)를 조화시켜 생활한다.	
3	나는 상황이나 분위기에 맞게 내 행동을 조절한다.	
4	나는 나의 한계를 알고 무리하지 않는다.	
5	나는 내 능력으로 할 수 있는 것과 할 수 없는 것을 구분할 줄 안다.	
6	나는 원하는 것을 얻을 때까지 힘든 과정을 이겨낸다.	인내
7	나는 일이 안 풀릴 때도 화내지 않고 참는다.	

8	나는 인내력이 대단하다.	
9	나는 문제의 원인을 파악하기 위해 노력한다.	
10	나는 어떤 일이 완결될 때까지 끈질기게 물고 늘어진다.	
11	나는 식욕과 성욕 같은 본능적 욕구를 조절할 수 있다.	
12	나는 목표를 추구하는 과정 속에서 발생하는 고통을 잘 견딘다.	
13	나는 목표를 달성할 수 있는 기회가 올 때까지 차분하게 준비한다.	
14	나는 남의 것을 탐내지 않는다.	
15	나는 물건이나 자원을 아껴쓴다.	
16	나는 상대방의 마음을 움직여 양보를 얻어내는 방법을 잘 알고 있다.	양보
17	나는 나의 몫을 다른 사람에게 양보한 적이 있다.	
18	나는 양보심이 많다는 소리를 자주 듣는다.	

	책 임	하위요소
1	나는 차례차례 단계적으로 일을 처리한다.	근면
2	나는 부지런하다.	
3	나는 맡은 일을 뒤로 미루지 않는다.	
4	나는 꾸준히 내 능력을 키우고 있다.	
5	나는 시간을 낭비하지 않는다.	
6	나는 그날 보낸 하루를 점검해본다.	
7	나는 하루 일과를 세분화하여 효율적으로 사용하고 있다.	성실
8	나는 해야 할 일을 하지 않아서 후회한 적이 별로 없다.	
9	나는 일을 맡으면 꼼꼼하게 최선을 다한다.	
10	나는 내가 하는 일이 다른 사람에게 좋은 영향을 미칠 수 있도록 애쓴다.	
11	나는 책임을 의무로 생각하지 않고 즐겁게 받아들인다.	

12	나는 부담스러운 일도 당연히 해야 한다면 웃으며 맡는다.	
13	나는 스스로 규칙을 만들어 지키고 있다.	의무
14	나는 나이에 맞는 역할을 충실히 수행하고 있다.	
15	나는 무엇을 해야 할지 잘 알고 있다.	
16	나는 당연히 해야 할 일을 하지 않아 비난받은 적이 별로 없다.	
17	나는 사회적 의무(국방, 납세, 근로, 준법, 환경 보전 등)를 성실히 이행한다.	

촉진군 가치

	희 망	하위 요소
1	나는 무언가 간절히 바라고 원하는 것이 있다.	긍정
2	나는 새로운 일을 할 때 결과가 좋으리라 기대한다.	
3	나의 하루는 생동감이 넘친다.	
4	나에겐 앞으로 좋은 일이 많이 생길 것이다.	
5	나의 미래는 희망적이다.	
6	나는 사람들에게 인기가 많다.	
7	나는 어려운 일을 극복하고 나면 기분이 좋아진다.	
8	나는 다른 사람의 눈치를 보지 않고 소신껏 결정하는 경우가 많다.	신념
9	나는 해결하지 못할 문제는 없다고 생각한다.	
10	나는 노력한 결과가 좋지 않아도 실망하지 않는다.	
11	나는 나 자신을 시험하기 위해 어려운 일을 자청한 적이 있다.	
12	나는 어려운 일이 나 자신을 성장시키는 계기가 되리라 믿는다.	
13	나는 내가 당하고 있는 어려움이 그리 오래가지 않으리라 생각한다.	
14	나는 절망적인 얘기를 들어도 우울하지 않다.	
15	나는 나의 강점을 최대한 활용하여 어려움을 극복한다.	동기
16	나는 목표 달성을 위해 열심히 노력하고 있다.	
17	나는 어려움에 빠져도 좌절하지 않고 해결책을 찾는다.	
18	나는 무기력하게 포기한 경우가 많지 않다.	
19	나는 힘든 일일지라도 헤쳐나갈 자신이 있다.	

	용 기	하위 요소
1	나는 비겁한 행동으로 창피를 당한 적이 없다.	명예
2	나는 명예를 소중하게 생각한다.	
3	나는 어려움에 처해도 위축되지 않고 당당하다.	
4	나는 다른 사람의 모범이 되고자 노력한다.	
5	나는 어두운 길도 혼자서 잘 다닌다.	도전
6	나는 권태를 느끼면 뭔가 새로운 것을 찾아 나선다.	
7	나는 낯선 곳으로 여행하기를 좋아한다.	
8	나는 전혀 모르는 사람을 만나도 두렵지 않다.	
9	나는 내가 하고 싶은 일이 있으면 과감히 뛰어든다.	
10	나는 포기하지 않고 고난과 맞서 싸운다.	
11	나는 잘 모르는 일도 앞장서 맡는다.	
12	나는 "용기가 대단하다."라는 말을 들은 적이 있다.	
13	나는 선택의 순간에 과감한 결단을 내린다.	결단
14	나는 우유부단하게 미적거리는 사람을 보면 답답하다.	
15	나는 선택을 하고 나서 후회해본 적이 별로 없다.	
16	나는 변화와 혁신이 필요할 때 안주하지 않고 새로운 결정을 내린다.	
17	나는 봉사할 일이 있으면 적극적으로 뛰어든다.	봉사
18	나는 봉사를 자주 한다.	
19	나는 봉사하는 과정에서 내 이름이 알려지는 것을 원치 않는다.	
20	나는 자존심을 버리면서까지 누군가를 도와준 적이 있다.	
21	나는 봉사를 마치고 나면 또다시 봉사하고 싶은 마음이 든다.	

	성 공	하위 요소
1	나는 남들이 보지 못하는 독특한 방법으로 사물의 특징을 찾아낸다.	창의
2	나는 어떤 불편을 느낄 때 '왜'라는 물음을 던진다.	
3	나는 어떤 일을 할 때 조직적으로 생각하여 아이디어를 짜낸다.	
4	나는 익숙한 방식으로 진부하게 일을 처리하는 사람을 보면 답답하다.	
5	나는 체계화된 아이디어를 바탕으로 컨셉을 잡는데 능숙하다.	
6	나는 나만의 브랜드를 창출하기 위해 노력하고 있다.	
7	나는 "나의 테마(삶의 주제)는 이것이다."라고 말할 수 있다.	
8	나는 테마를 실현할 콘텐츠(내용)를 가지고 있다.	
9	나는 분명한 기대를 가지고 열정적으로 일을 한다.	열정
10	나는 목표를 이루기 위해 적극적이다.	
11	나는 나 자신에게 칭찬과 격려를 함으로써 스스로 힘을 얻는다.	
12	나는 내가 선택한 일에 쉽게 몰입하여 집중한다.	
13	나는 나 자신의 특성(흥미, 적성, 성격, 추구하는 가치 등)을 잘 알고 있다.	성취
14	나는 10년 정도 집중적으로 시간을 투자하면 성공하리라 믿는다.	
15	나는 생각만 해도 기분이 좋아지는 꿈이 있다.	
16	나는 꿈을 이루기 위한 구체적인 목표가 있다.	
17	나는 목표 설정 방법을 잘 알고 있다.	
18	나는 목표를 달성하는 효과적인 방법들을 사용하고 있다.	
19	나는 생생하게 상상하면 목표를 이룰 수 있다고 믿는다.	
20	나는 목표에 대한 의식이 희미해질 때 나 자신을 되돌아본다.	
21	나는 목표를 향해 달려갈 수 없는 상황에 놓여있더라도 목표의식은 잃지 않는다.	

	정 의	하위 요소
1	나는 나의 권리를 인정받기 위해 다른 사람의 권리도 인정해 준다.	공정
2	나는 합당한 이유 없이 특권을 주장하지 않는다.	
3	나는 최대한 많은 사람들에게 최고의 이익이 돌아갈 수 있도록 문제를 해결한다.	
4	나는 사회적 약자(장애인, 저소득층 같은)를 배려하는 정책들에 대해 관심이 많다.	
5	나는 진솔하게 사람들을 만나고 속이지 않는다.	정직
6	나는 거짓되고 부정한 일을 과감히 배격한다.	
7	나는 부정을 저지른 사람 얘기를 들으면 화가 난다.	
8	나는 정직한 사람이란 말을 자주 듣는다.	
9	나는 양심에 어긋난 일을 거의 하지 않는다.	
10	나는 거짓말이나 잘못된 행동을 솔직히 시인한다.	
11	나는 거짓과 진실을 분명히 구분할 줄 안다.	진리
12	나는 변하지 않는 사물의 법칙을 인정하고 따른다.	
13	나는 옳고 그름에 대한 분명한 기준을 가지고 있다.	
14	나는 노력한 만큼 정당한 대우를 받고 있다.	평등
15	나는 공정한 대우를 받아서 불만이 없다.	
16	나는 다른 사람과 똑같은 기회를 누리며 살고 있다.	
17	나는 인종이나 성 문제로 차별받은 적이 없다.	
18	나는 종교나 문화적 차이로 차별받지 않는 사회에 살고 있다.	

가치발달 검사 사용 방법

1. 가치영역별 문항을 리커트 척도로 변형하여 사용한다. '전혀 그렇지 않다(1), 별로 그렇지 않다(2), 보통이다(3), 대체로 그렇다(4), 매우 그렇다(5)' 같은 5점 척도를 많이 사용한다. 물론 필요에 따라 4점 또는 7점도 가능하다.

2. 검사결과에 따른 각 영역별 득점을 백분율(득점/만점×100)로 변환한다. 이때 변환점수의 소수점 이하는 절삭(버림)하여 간편화한다.

3. 백분율로 변환한 영역별 점수를 비교하여 가치발달상태를 파악한다. 본 검사는 비표준화된 도구로 개인 내부의 가치발달상태를 측정하기 위한 것이다.

4. 미발달된 가치를 파악하여 보완작업을 실시한다. 가치발달상태를 분석한 결과 상대적으로 하위에 있는 가치를 보완해준다. 특히, 평균점(50%) 이하로 나타난 가치에 주목한다.

　

본 검사 문항은 이 책의 본문 제2부부터 제4부까지 각 장의 가치영역별 '구성요소'를 참고로 추출했다. '구성요소'는 검사뿐만 아니라 프로그램을 개발할 때도 유용하다.

가치 기도문

　　모든 것은 생각대로 이루어진다. 그것이 정치든 경제든, 종교든 영역에 관계없다. 단지 차이의 발생은 믿음의 강도에서 온다. 얼마나 절실하게 믿느냐에 따라 현실화가 다를 뿐이다. 자신이 우주정신(또는 자신이 믿는 신이나 신념)의 분신이라 생각하고 절대적인 믿음으로 간절히 간구해보라. 그러면 어느 순간 그 대상과 자신이 하나임을 깨닫게 될 것이다.

　이것이 가능하기 위해서는 간절히 믿는 대상에 대한 충분한 이해와 확신(체험)이 뒷받침되어야 한다. 우리는 확신에 찬 믿음의 정도만큼 대상에 근접할 수 있다. 절대적인 믿음이 생기기까지 공부와 수행이 필요한 까닭이다.

　만약 우주정신을 절대적으로 믿는다면, 아래와 같은 기도문을 사용할 수 있으리라. 여기에서는 절대적인 믿음을 전제로 했기 때문에 '가치의 신'으로 표현했다. 물론 원한다면 우주정신으로, 또는 다른 어떤 것으로 표현해도 상관없다. 핵심은 대상이 아니라 절대적으로 변하지 않는 생각과 믿음이다.

　우리는 바둑이나 낚시 같은 취미를 너무나 좋아한 나머지 실력이 놀랄 만큼 늘어난 경험을 가지고 있다. 또는 음악이나 과학 같은 특정 분야에 몰입한 결과 그 분야의 대가가 된 이도 있다.

이와 같은 이치는 종교에서도 마찬가지다. 하나님을 믿든 부처를 믿든, 또는 알라를 믿든 대상은 무관하다. 신은 형상이 없기 때문에 믿는 대로 나타난다. 만약 형상이 있다면 우리 자신이 만들어낸 모습의 다른(시공간을 초월한) 차원이다. 신이 인간을 만들었듯이 인간 또한 신을 만든다는 사실에 주목하자. 이 세상에 존재하는 수많은 종교는 이렇게 탄생했다. 그렇기 때문에 자신의 신념으로 굳어진 대상에 대한 간절함이 있다면 인성은 신성과 결합된다.

따라서 본 가치 기도문에서 전반부에 해당하는 '열두가치…가신여'는 자신이 믿는 대상으로 대치가 가능하다. 만약 하나님(또는 부처, 알라 등)을 믿는다면 하나님(또는 부처, 알라 등)을 대입시키면 된다. 물론 후반부의 12가치 간구문도 각자 자신의 믿음에 따라 변형하거나 다른 내용으로 대치해도 무방하다.

이러한 논점이 가능한 이유는 다음과 같다.

"우주의 모든 것은 정보-에너지로 구성되어있으며, 이것들은 정보-에너지로 연결되어 있다. 정보-에너지를 파생시키는 능력의 차이가 현상을 다르게 만들어낼 뿐이다."

가치
통섭

열두가치알두(열두 가치를 알고서 두자).

모연마속(모든 것은 연결되어 있고 마음속에 있으니)

가신여(가치의 신이여)!

당신의 분신으로 고귀하게 태어난 _____에게 자유(자율, 초연, 독립)를 주소서.

당신의 분신으로 고귀하게 태어난 _____에게 평화(평온, 화합, 협동, 여유)를 주소서.

당신의 분신으로 고귀하게 태어난 _____에게 행복(기쁨, 건강, 풍요, 만족, 감사)을
주소서.

당신의 분신으로 고귀하게 태어난 _____에게 사랑(나눔, 배려, 헌신)을 주소서.

당신의 분신으로 고귀하게 태어난 _____이 관용(용서, 수용, 신뢰)을 베풀게 하소서.

당신의 분신으로 고귀하게 태어난 _____이 겸손(예의, 친절, 존중)하게 하소서.

당신의 분신으로 고귀하게 태어난 _____이 절제(중용, 인내, 양보)하게 하소서.

당신의 분신으로 고귀하게 태어난 _____이 책임(근면, 성실, 의무)을 다하게 하소서.

당신의 분신으로 고귀하게 태어난 _____에게 희망(긍정, 신념, 동기(의지))을 주소서.

당신의 분신으로 고귀하게 태어난 _____에게 용기(명예, 도전, 결단, 봉사)를 주소서.

당신의 분신으로 고귀하게 태어난 _____에게 성공(창의, 열정, 성취)을 주소서.

당신의 분신으로 고귀하게 태어난 _____에게 정의(공정, 정직, 진리, 평등)가 실현되
게 하소서.

············ _____이 마음 모아 간절히 기원하나이다. ~ 힘.